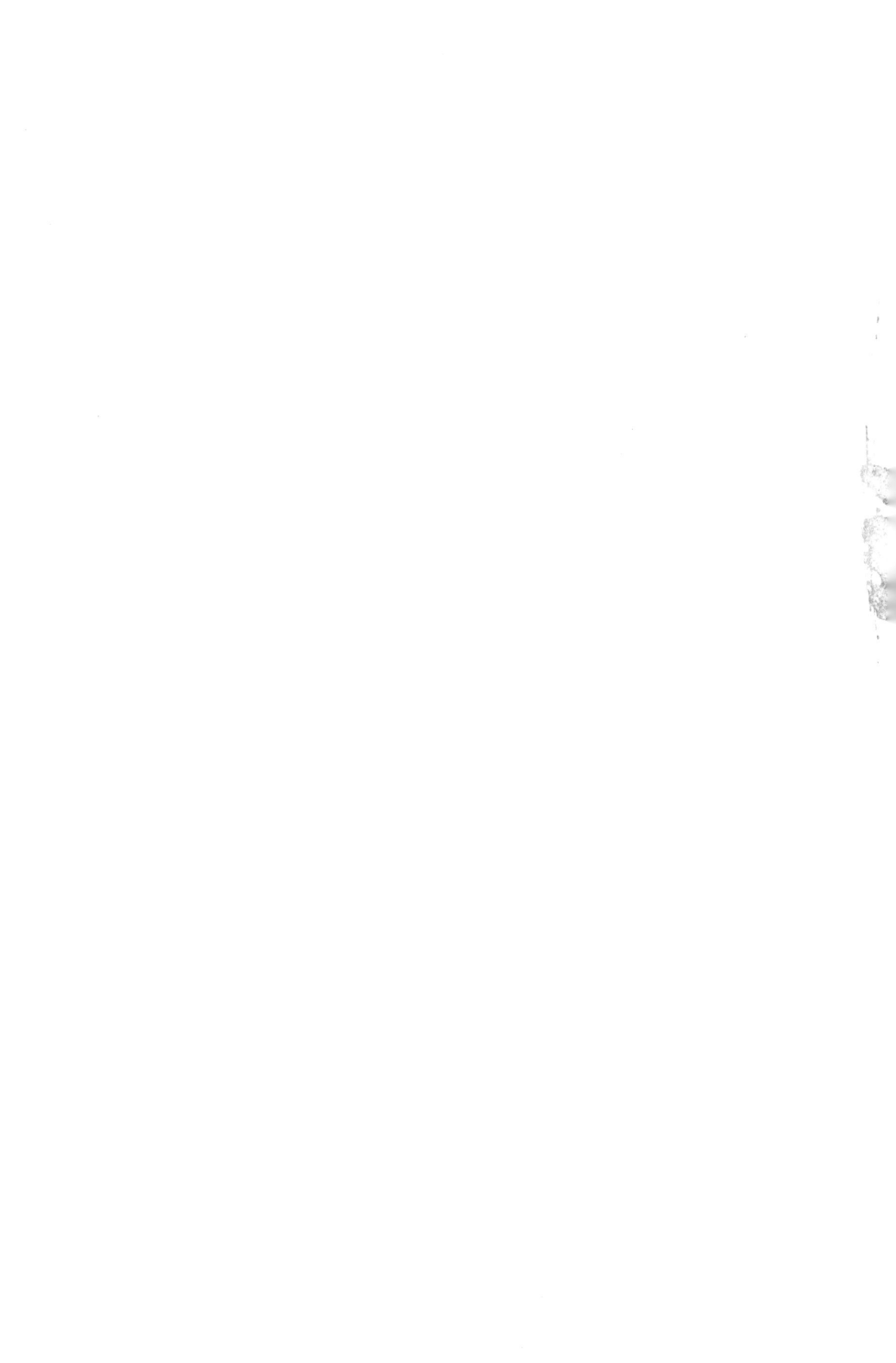

文明的韧性

溯源长江文明带

皮曙初◎著

新华出版社

图书在版编目（CIP）数据

文明的韧性：溯源长江文明带 / 皮曙初著.
--北京：新华出版社，2023.6
ISBN 978-7-5166-6846-7

Ⅰ. ①文… Ⅱ. ①皮… Ⅲ. ①长江流域—文化史—研
究 Ⅳ. ①K295

中国国家版本馆CIP数据核字（2023）第104821号

文明的韧性：溯源长江文明带

作　　者：皮曙初

出 版 人：匡乐成		选题策划：唐波勇
责任编辑：蒋小云		封面设计：李尘工作室

出版发行：新华出版社
地　　址：北京市石景山区京原路 8 号　　　邮　　编：100040
网　　址：http://www.xinhuapub.com
经　　销：新华书店、新华出版社天猫旗舰店、京东旗舰店及各大网店
购书热线：010-63077122　　　　中国新闻书店购书热线：010-63072012

照　　排：李尘工作室
印　　刷：三河市君旺印务有限公司

成品尺寸：170mm×240mm
印　　张：20　　　　　　　　　　字　　数：296千字
版　　次：2023年10月第1版　　　印　　次：2023年10月第1次印刷

书　　号：ISBN 978-7-5166-6846-7
定　　价：68.00元

序

还在1992年的时候，季羡林先生到武汉参观了黄鹤楼和湖北省博物馆，又到荆州参观了当地博物馆，便发出"中国古史应当重写"的感叹。先生认为，在学者们的历史著作中，从而在一般人的心目中，南方仍然是蛮荒之地，在文化上上不得台盘，这是非常不公平的，也是不符合实情的。三十年过去，随着长江流域考古实践成果的丰富和发展，重写中国古史的社会共识已逐渐达成，长江流域的文明进程和文化进步在中华文明发展历程中的地位和作用，正得到更加充分的认识。

以长江中游为例，这里是古人类生存繁衍的重要区域之一，是稻作农业的重要起源地之一，是最早的陶器发现区域之一，也是最早步入早期文明阶段的区域。到夏商周时期，长江流域的史前文化和区域文明逐渐融入以黄河中游华夏文明为核心的中华文明体系中。这一时期，长江中游是商王朝重要的控制区域（以盘龙城为代表），也是商周时期国家战略资源——铜矿的重要来源地。楚文化在春秋战国时期诸文化中，特色鲜明，精神内涵丰富，可以说是目前发现的战国文化中最发达的一支，出土乐器、漆器、青铜器等相当璀璨。楚文化在思想、文化方面也相当丰富，中国历史文化当中很多元素，是在楚文化当中孕育或最先出现的。

国家启动中华文明探源工程后，我们和相关单位围绕"长江流域文明进程研究""长江中游文明进程研究"等重点项目和课题，积极开展工作，取得系列新成果，深化了对长江流域文明进程的认识，进一步实证了我国百万年的人类史、一万年的文化史、五千多年的文明史，实证了在漫长文明发展史中，中国人民创造了璀璨夺目的中华文明，为人类文明进步事业作出了重大贡献，是"建立中国特色、中国风格、中国气派的文明研究学科体系、学术体系、话语体系，为人类文明新形态实践提供有力理论支撑"的生动诠释。

皮曙初是一位学者型的新华社高级记者，他较早敏锐地察觉到历史文化研究的时代意义，近十年来一直跟踪长江流域文明进程研究，走访考古工地，采访专家学者，阅读文献资料，做了大量的积累和思考，采写了不少关于这方面的新闻报道，为普及和推广长江文明研究成果做了大量工作。此次，他将多年来的积累和思考编纂成书，并命名为《文明的韧性》，可以说是对长江文明的进一步普及。

这本书的内容，分为上篇、中篇、下篇三个部分。上篇以中华文明探源工程的新成果为切入，通过人工水稻的起源、史前城址的兴起、文字符号的创造、音乐文明的发生等几个专题，追溯了长江文明从萌芽到发生的过程；中篇以春秋战国时期的楚文化为重点，从文化、哲学、文学、经济等领域，分别探讨历史上长江文明"高光时刻"的开放、融合属性；下篇则从商业文明、制度文明、诗歌文明以及移民流动和生态智慧等不同维度，追寻长江文明在秦汉至明清时期的传承与发展。作者不是专业的学术研究人员，但从全书的内容和体系来看，是具有一定学术性的。作者开展了大量的研究工作，提出了一些具有一定创新性和创造性的观点。比如，他对文明内涵的理解，对汉字起源的探讨，对屈原文学和道德哲学的认识，对长江流域商业文明、制度文明发展的研究等，都提出了自己的见解。

新华社记者的思维往往更加活跃开放。在作者看来，长江是关系国家发展命脉的"经济带"，更是关系民族最深沉最持久力量的"文化带"，关系民生福祉的"生态带"，是一条关系民族复兴大业的"文明带"。这既体现出当下历史研究的时代特征，也是作者丰富历史文化知识积淀的反映。他从中华文明起源和发展的历史视角，梳理长江文明起源、发展及其生生不息的历史传承，追溯"经济带""文化带""生态带"三带合一的长江文明带形成和发展历程，提出长江文明的主要特征和成长基因是"开放"和"融合"。这应该是作者提出"文明的韧性"之内涵。

什么是"文明的韧性"?中华文明作为人类古老文明中唯一持续发展、不断自我更新的文明,虽遭遇种种历史的磨难,却始终保持生生不息的活力,其自在的精神、文化内核,便应是中华文明的韧性所在。作者在这本书中试图揭示这种内在的精神文化基因,没有孤立地看待长江流域文明进程,而是时时将长江文明放在中华文明的大框架下进行思考,用大量的考古材料和研究资料说明,长江文明从诞生之日起,就具有高度的开放性和包容性,他和周边文明乃至域外文明之间的交流和融合从未间断。

"开放"与"融合"是贯穿全书的关键词。作者认为,正是由于具有这样的特征和"韧性",作为世界农耕文明的重要发祥地之一,长江流域才始终保持着极强的文明包容力和回旋能力,为包括游牧文明、海洋文明等各种文明要素在内的文明一体化提供战略纵深。这也是中华文明共有的特性。中华文明的开放性和包容性与一些游牧文明、海洋文明的开放性不同,它没有资源掠夺、土地扩张的意图,不是扩张性、侵略性的,而是交流性、互鉴性的。这大概就是作者笔下"文明的韧性",也是中华文明能够五千年生生不息、绵延不断的密码。

方 勤

(作者系湖北省文物考古研究院院长)

目录

中篇｜融　合

[下篇│不　息]

五千年文明见证　现代化国家引擎

"长江造就了从巴山蜀水到江南水乡的千年文脉，是中华民族的代表性符号和中华文明的标志性象征，是涵养社会主义核心价值观的重要源泉。"2020年11月14日，习近平总书记在江苏省南京市主持召开全面推动长江经济带发展座谈会，强调要保护弘扬长江文化。

人类文明未必总是依江河而生，但是大河文明却是人类最普遍且具有很强可持续发展力的文明。长江，是文明起源时期华夏大地满天星斗中一条璀璨的银河，也是五千年文明持续发展历程中绵亘不绝的滋养。作为世界农耕文明的重要发祥地之一，长江流域一直以极强的文明包容力和回旋能力，为包括游牧文明、海洋文明等各种文明要素在内的文明一体化提供战略纵深。

民族复兴不只是经济的崛起，更是文化的繁盛、文明的复兴。中华民族伟大复兴是古老中华文明的再崛起、再辉煌。长江，是中华文明五千年的历史见证，也是五千年文明不断发展壮大的重要支撑。今天，她将以全新的文明姿态，成为发展社会主义现代化国家的不竭动力，成为中华民族伟大复兴的新引擎。

万年之间的"高光时刻"

940年前的北宋元丰三年（1080年）二月初一，因乌台诗案遭贬的苏轼，经过整整一个月的跋涉，抵达长江中游"僻陋多雨，气象昏昏"的小镇黄州。初来乍到，苏轼眼中的黄州："江城地瘴蕃草木，只有名花苦幽独，嫣然一笑竹篱间，桃李漫山总粗俗。"然而，此后 4 年 2 个月的谪居生活中，苏轼纵情于浩瀚江波与蓑笠民生之间，达到了一生文学艺术创作的巅峰，完成了包括《前赤壁赋》《后赤壁赋》《念奴娇·赤壁怀古》等在内的重要作品。黄州也因为苏东坡而声名远播。

唐宋之时，贬官文化成为长江流域一种特别的文化现象。自古以来，犯官遭贬，常被流放到"边恶之州"。唐宋时期，流贬到长江流域的官员尤多。柳宗元谪永州、刘禹锡到朗州、韩愈在袁州、白居易贬江州、杜牧居黄州……苏轼之前，北宋王禹偁也被贬黄州，并且得了"王黄州"的别号。他们往往一方面在山水田园之间激情创作，抒写"离骚"情怀，一方面在这些蛮荒之地播撒文明的种子，为经济文化重心南移长江流域推波助澜。

历史学家认为，中国古代政治、经济和文化中心在北方，唐宋之际，正是重心南移的时候。到南宋，长江流域农工商业、文学艺术、哲学思潮、科学技术等诸方面都蓬勃发展，出现苏州、杭州这样"夜市千灯照碧云，高楼红袖客纷纷"的"南方大都会"。

过去，人们以为"重心南移"之前，长江流域一直以来都是荒蛮粗野、发展不足，文明的曙光似乎迟迟没有投射到这片河湖纵横、沼泽密布的土地上来。但是，考古发现证明，事实并非如此。

考古资料显示，早在距今 1 万年前，长江中下游就有人工栽培水稻的痕迹；至长江中下游河姆渡、屈家岭文化繁荣时期，稻谷已经颇为丰富，在这些文化遗址中都有较大规模的稻谷遗存；而到距今约四五千年前后，中国史前文明迎来曙光，长江中下游水稻已经呈现大规模种植的景象，甚至出现了大型的水利工程和成套的农耕工具。以稻作农业为核心的农耕文明在这里迅速生长。

位于长江下游的良渚遗址是我国目前所见最早的国家文明形态，有 300 万平方米的城址、精美而独特的玉器以及世界上最早的拦洪水坝系统，是中华文明五千年历史的实证。

"中华文明探源工程"的一个重要结论就是，中华文明有一个多元一体化的源起历程，是一个开放包容、兼容并蓄的统一性文明。在距今 5000 年前后进入早期文明阶段的时候，出现了"天下万国"的局面，学者称之为"古国时代"。这些"古国城邦"广泛分布于黄河流域、长江流域、辽河流域等文化遗址，如"满天星斗"般遍布于华夏大地。他们相互交汇、融合，最终形成一体化中华文明。

著名考古学家苏秉琦提出文化区系类型说，当万年之前农业发生后，由于自然地理环境的不同，形成三大经济文化区：华南水田稻作农业经济文化区，华北和华东南部旱地粟作农业经济文化区，东北北部、内蒙古高原、新疆、青藏高原狩猎采集经济文化区。在三大经济区的基础上又形成若干区域性的考古文化区，由于农业的继续发展和人口的增殖，出现不同文化间的接触、影响、融合。

约在公元前3000年之际，各地分别以快速轮制陶、养蚕缫丝、专业制玉、漆器工艺、烧制石灰、夯筑技术、冶金技术等等促进了社会的发展，而这些新技术一旦出现，就会有一个推广过程，即匠人流动、文化传播的过程。这是中华民族中汉民族形成之前重要的重组过程，由此奠定了多源并趋向一体的基本格局。

"中国的黄河与长江流域，没有难以逾越的地理阻隔，有利于族群与文化的流动、接触和多次重组。"苏秉琦指出，从距今万年到距今四千多年的文化组合与重组，就是在这一舞台上演出的。

另一位著名考古学家严文明认为，中国的周围有高山和海洋作为屏障，本身是一个巨大的地理单元，决定了它在很长时期都基本上走着独立发展的道路。其中，黄河流域和长江流域不但自然环境条件最好，文化最为发达，而且位置比较适中，很自然地产生一种向心作用。"中国古代文化的整体结构也便是一种向心结构。它是一种超稳定结构，是中国文明得以连续不断发展的根本原因。"

人们相信，中华文明作为世界上最古老的文明之一，堪称东方的大两河流域文明。正因为如此，中华文明具有天然的可持续性。中华文明五千年不断裂的奇迹得以实现。从水稻的诞生，到城邦兴起、史前复杂社会结构的形成，从晚周时期楚文化盛极一时，到中唐以后两宋时期经济文化中心南移，长江流域不断创造出一个个文明进步的高峰，与黄河流域浑然一体，宛若太极两仪，龙与凤共舞、国风与辞骚齐鸣，孔孟与老庄竞进，共同构成了东方版图上的宏阔文明场景。

在那个史前文明犹如"满天星斗"广泛分布于华夏大地的文明曙光期，长江文明恰似一条璀璨银河，格外亮眼，与黄河流域共同构成中华文明早期阶段的多彩场景。

春秋战国时期，长江文明迎来又一个高光时刻。长江中下游出土的东周青铜器、木漆器、丝织品等，无论从工艺技术还是艺术造诣上看，都达到了"领跑"水平。曾侯乙编钟的技艺更是堪称世界音乐史上的奇迹和青铜冶铸技术的巅峰。此外，巴蜀文化、吴越文化也各树一帜。他们既受到中原文化和楚文化的影响，又保留着自己的个性，当是与各自的原始文化一脉相承。

秦汉以后，由于北方政治中心的巩固，以黄河流域特别是中原地区为重心的格局凸显。而以西晋末年"衣冠南渡"、唐代"安史之乱"后的南逃以及宋室"靖康南渡"为代表的三次大规模人口南徙，促使中国古代社会的文明重心逐渐南移。长江流域得天独厚的资源禀赋和文明基础，加速了自身在"重心南移"进程中的地位巩固。长江文明进入繁盛时期，再达高光时刻。自南宋至明清，"苏湖熟，天下足""湖广熟，天下足"，经济上成为国家"仰给"，文化和思想也处于全国高位。

五千年文明一脉相承，长江文明以辉煌灿烂的历史与黄河文明交融汇合，从多元走向一体，凝聚成中华文明"超稳结构"的共同体。

中华文明的战略纵深

苏秉琦说："中国多元一统的格局的形成，既有天时地利的环境条件，更有源远流长的族群、文化融合的历史趋势以及思想上的共识等原因。"回望万年绵延发展的历史渊流，长江与黄河，始终如母亲一样，提供源源不断物质滋养、文化滋养、生态滋养，提供激励我国各族人民自强不息的强大动能。

知其源则可畅其流。历史的脉络给今天的发展提供源源不断丰富、生动而宝贵的经验。长江文明在远古时代即已形成，出现上中下游以三星堆文化、石家河文化、良渚文化为代表的史前中心，有着先进悠久的农耕文明、富有底蕴的玉器文明、无与伦比的青铜文明等诸多个性化文明特征。

而今天，长江经济带作为横贯东中西部的主轴，成为中国经济的战略纵深。改革开放 40 余年，沿江省份以约 20% 的国土面积支撑起超过全国 45% 的经济总量、涵养了 40% 以上的中国人口。以沿海为先导、以长江为纵深的开放开发"T 型战略"，将决定着中国改革开放向纵深推进、向深水区航行的速度。

尽管自商周以后，中华文明的政治中心一直主要居于北方，但是正如考古学家李学勤所说："中原王朝在很多方面，其实是依赖于南方地区。一个例子是，商周时期十分繁荣的青铜器工艺，其原料已证实多来自南方。"在江西、湖北、安徽等地，可见一条古老的铜矿采冶遗址带。江西瑞昌铜岭矿冶遗址是已发现最早的铜矿，始于商代。湖北大冶铜绿山遗址规模宏大，开采的时间从西周早期一直到西汉时期。

秦汉帝国使多元一体的中华民族得以形成、巩固。但在两千多年封建王朝史上，政局并非总是一帆风顺，而是波澜起伏的。每逢大动荡之际，中原王朝往往深入南方，寻求转圜。南北朝时期是一个极其重要的民族大迁徙、大融合时期，北方民族入主中原，中原文明"衣冠南渡"，数十万之众的人口南迁，带来中国古代社会经济文化重心的第一次南移。此后，以唐代安史之乱后为转折，经济文化重心向南转移已成大势。从南宋起，经济文化重心稳居长江中下游，成为不可逆转之势。

专家指出，中国古代南方经济最终超过北方，归根结底是由三种情况所决定：一是掌握了先进生产技术的劳动者大量增加；二是先进的生产工具广泛运用，使林莽丛生的广大丘陵山区大规模开发成为可能；三是南方气候温湿，农业具有生产周期短、生产率高的优越性。可见，每一次的"南迁""南渡"，不仅是政治上、军事上的回旋，更是经济上、文化上的纵深发展。长江流域在中国历史上不仅是军事、政治上的战略纵深，更是经济、文化上的战略纵深。

战略纵深原是一个军事上的概念，意指在广阔地域空间上的战略性运动。

如今，这个概念被经济学家广泛借用到经济领域，用以描述区域经济发展重心从东南沿海向中西部地区的推进。而在历史上，长江流域就一直以其经济吸纳能力和文化包容能力，汇通融合北方中原文明乃至南下的游牧文明，为中华文明的一体化发展和滚滚向前提供战略回旋。

不仅如此，长江还以奔腾万里的气概，生生不息流入浩瀚的大海，以开放的姿态，顺应海洋的潮流，为中华文明注入了海洋文明等多元文明元素。

中国古代曾被认为是一个封闭落后的封建帝国，但是历史资料表明，中华文明开放性、包容性的特征其实一直没有改变。学者研究认为，早在春秋战国时期，楚地和巴蜀地区就有一条通过云南抵达缅甸和印度等地的道路。著名的曾侯乙墓中，曾出土一批"蜻蜓眼"玻璃珠，色彩斑斓，带有明显的地中海风格。

唐代国力强盛，长江北岸扬州港接近长江口，是中外闻名的国际贸易大港。到宋元时期，我国航海技术取得突破，人们已经掌握了潮汐的变化规律，可以绘制航海图，更为重要的是发明指南针并应用于航海，为开辟更多、更远的出海航线创造了条件。15世纪时，中国的帆船已成为世界上最大、最牢固、适航性最优越的船舶。明朝郑和七下西洋，28年间航行30多个国家和地区，将中国古代航海事业推向鼎盛，也可以说将中国古代的开放发展推向高潮。

那时候，长江连接起古代"丝绸之路"和"海上丝绸之路"，构成中国历史上原始的开放格局。长江流域产量丰富的丝绸、瓷器、茶叶源源不断地输往东亚、南亚及西亚地区，甚至到达非洲、欧洲地区。外来物品也纷纷涌入。可以说，长江为中国历史上的开放发展，提供了广阔的纵深空间。

可惜，这种开放之势在明清时期戛然而止。

"三带合一"的文明内核

苏轼在长江边完成了从"苏轼"到"苏东坡"的转变。林语堂说："黄州也许是龌龊肮脏的小镇，但是无限的闲暇、美好的风景、诗人敏感的想象、对月夜的倾心、对美酒的迷恋——这些合而为一，便强而有力……"大江奔涌，流淌的是气象万千的风景，更是豪迈奔放的创造激情。五千年文明发展的历史进程中，长江始终如母亲一样，源源不断提供滋养，不仅是物质滋养，而且是文化滋养、生态滋养。

今天，当我们重新审视这条横卧神州大地、跨越东中西部的银色巨龙时，我们应该看到，她不仅是关系国家发展命脉的"经济带"，更是关系民族最深沉最持久力量的"文化带"、关系民生福祉的"生态带"，是一条关系民族复兴大业的"文明带"。

大江大河为经济发展和人民生活提供丰沛的水量、肥沃的土地，更是沟通融合的大通道。长江"黄金水道"自古便是经济"大动脉"，历朝历代承担着粮食、丝绸、食盐、茶叶、瓷器等商品东传西递、南承北送的使命，在促进经济社会发展、扩大人文交流、丰富人民物质文化生活等方面都发挥着不可替代的作用。特别是隋朝大运河开通以后，长江航线四通八达，干支流水运船只络绎不绝，形成了横穿东西、纵贯南北联通整个国土的水运系统。

在近代，面对"数千年未有之大变局"，长江流域担当起中国近代工业文明的先导。洋务运动中，长江一带首当其冲，在军事、工矿、教育等领域率先大举兴革。曾国藩在安庆设立安庆军械所，李鸿章在上海开设江南制造局，张之洞在湖北"厉行新政"，"提倡新式工业，尤不遗余力"。有专家指出，就整个长江流域而言，一系列近代工矿业的举办表明洋务运动为长江开启了一个时代，这就是近代工商文明时代。

长江古称"大江"，不仅因为江面宽阔，更在于它浩浩荡荡、气象雄伟，无时无刻不显露出大气魄、大手笔。

"气之动物，物之感人，故摇荡性情，形诸舞咏。"正是这种大开大合的宏阔气象，滋养了长江流域古往今来多绚烂多彩、浪漫豪放的文化个性，使之成为具有鲜明特色的"文化带"。更重要的是，长江流域孕育出无数风流人物，江南山水陶冶了一代又一代的文化精英，成为历史风潮的引领。著名学者张正明说过："唐代以来，中国有创造性的学术都出在长江流域，如禅宗、理学、乾嘉朴学、经世实学和革命新学等，无不源于长江流域而且盛于长江流域。"

今天，历代诗人、文学家、艺术家、思想家们留下的绚丽篇章和历史遗迹，遍及长江上下游、左右岸，成为各地重要的历史人文景观和人们文化生活中重要的精神财富。他们散可做满天繁星，聚可为长江文化的璀璨银河。他们也是在长江这个特殊的自然地理条件与环境生态中发展起来，满足着世世代代人们对美好生活的向往，也创造了整个国家特有的文化品格和价值追求。

江河是大地的血脉。长江干流全长6300多公里，仅次于非洲的尼罗河和南美洲的亚马孙河；年径流量9600多亿立方米，仅次于亚马孙河与非洲的刚果河；横跨中国东、中、西部，大部分区域为优越的亚热带湿润季风气候，四季分明、降水丰富、热量充盈。相似的自然环境使得长江各区域文化也有着极为相似的存在，为长江文明带的形成奠定了生态根基。

物质与精神财富的创造，离不开生态禀赋的支撑。长江拥有独特的生态系统，是我国重要的生态宝库。"长江经济带""长江文化带"的形成与发展，只有在丰富多彩的"长江生态带"这个自然根基上发展起来，方能呈现勃勃生机。

在漫长的发展历程中，人们与水相生，也与水相争，与特有的自然生态相伴，同时也在不断调适自身与自然的最佳共生状态，形成了独有的自然理念与生态智慧。这种"天人合一"的思想被许多学者奉为"东方的生态智慧"。正是在这样的自然理念和生态智慧的指引下，人们创造了大禹治水这样的历史神话，也创造出像都江堰这样水利工程史上的奇迹。

走向现代长江文明

静水流深。长江文明曾经寂寂无声，但是其源远流长、博大精深却又令人叹为观止，值得我们好好去挖掘、珍惜和保护。

"求木之长者，必固其根本；欲流之远者，必浚其泉源。"历史的脉络给今天的发展提供丰富、生动而宝贵的经验。回望历史，长江流域有着共同的稻作农业基础，也有着紧密的航运联系，人口流动频繁，商品流通迅捷，沿岸城市交往密切。"水牵云转，万里贸迁"，长江上中下游之间融会贯通、连为一体，成为中华文明重要支撑。

而今天，长江经济带覆盖沿江 11 省市，横跨我国东中西三大板块，人口规模和经济总量占据全国"半壁江山"，生态地位突出，发展潜力巨大，应该成为发展现代化国家的样本和引擎，成为践行新发展理念、构建新发展格局、推动高质量发展的引领。

作家刘醒龙说："长江万里，最伟大的业绩是将万水千山化为共同能量。"中华民族向来尊重自然、热爱自然。从历史和现实的经验教训中，中国人民得出结论：生态文明建设是关系中华民族永续发展的根本大计。

党的十八大以来，从"共抓大保护，不搞大开发"，到"使长江经济带成为我国生态优先绿色发展主战场、畅通国内国际双循环主动脉、引领经济高质量发展主力军"，党中央持续推动、深入推动、全面推动长江经济带发展。这是在开启全面建设社会主义现代国家新征程的时代坐标下，赋予中华民族母亲河新使命的重大决策，也是在中华民族伟大复兴的历史进程中，赋予这条人类历史上最古老文明带新活力的重要战略。

在中华民族走向复兴的进程中，长江又肩负起新的伟大使命，满载几亿人口对美好生活的向往，开启全面建设社会主义现代化国家的新征程。从这个意义上说，长江大保护，不仅是长江生态的大保护，而且是长江文化的大保护，长江文明的大保护！以长江流域为样本的文明发展新图景，将会成为中华民族伟大复兴的形象标识。

生态兴则文明兴，生态衰则文明衰。长江拥有独特的生态系统，是我国重要的生态宝库。保护生态就是保护文明的延续和发展。长江大保护不仅是保护人与自然的共生关系，更是保护人类历史的绵延发展。

走向现代长江文明，建设人与自然和谐共生的大美长江，最根本的是要正确处理生态环境保护和经济发展的关系，探索协同推进生态优先和绿色发展的新路，让长江经济带成为我国生态优先绿色发展主战场。

文化是一个国家、一个民族的灵魂。文化自信是一个国家、一个民族发展中更基本、更深沉、更持久的力量。长江文化是中华文明的辉煌篇章，是五千年文明的历史见证、历史记录和历史创造。国家的富强，民族的强盛，要以文化兴盛为支撑，中华民族伟大复兴需要以中华文化发展繁荣为条件。长江治理不仅是生态的治理、黄金水道的治理，而且是文化的治理，是文明的治理。没有文明的继承和发展，没有文化的弘扬和繁荣，就没有中国梦的实现。

走向现代长江文明，要把长江文化保护好、传承好、弘扬好，延续历史文脉，坚定文化自信，让人民寻得见、感受得到万里长江的万年文脉，在新的历史起点上铸就长江文化的新辉煌，推动中华文化展现永久魅力、焕发时代风采。

长江是流通的动脉，也是开放的纽带。历史上，长江以水为纽带，连接上下游、左右岸、干支流，形成经济社会大系统。今天，长江仍然是连接丝绸之路与 21 世纪海上丝绸之路的重要纽带。

走向现代长江文明，要当好畅通国内国际双循环主动脉。一方面坚持全国一盘棋思想，推进智慧化、现代化治理体系，实现上中下游协同联动，畅通国内大循环；另一方面着力构建更深层次更宽领域更高水平对外开放，推动长江经济带发展和共建"一带一路"相融合，奋力构筑高水平对外开放新高地。

总之，重振长江文明带，走向现代长江文明，是推进长江经济带科学发展高质量发展的更深内涵，也是全面建设社会主义现代化国家的必有之义。

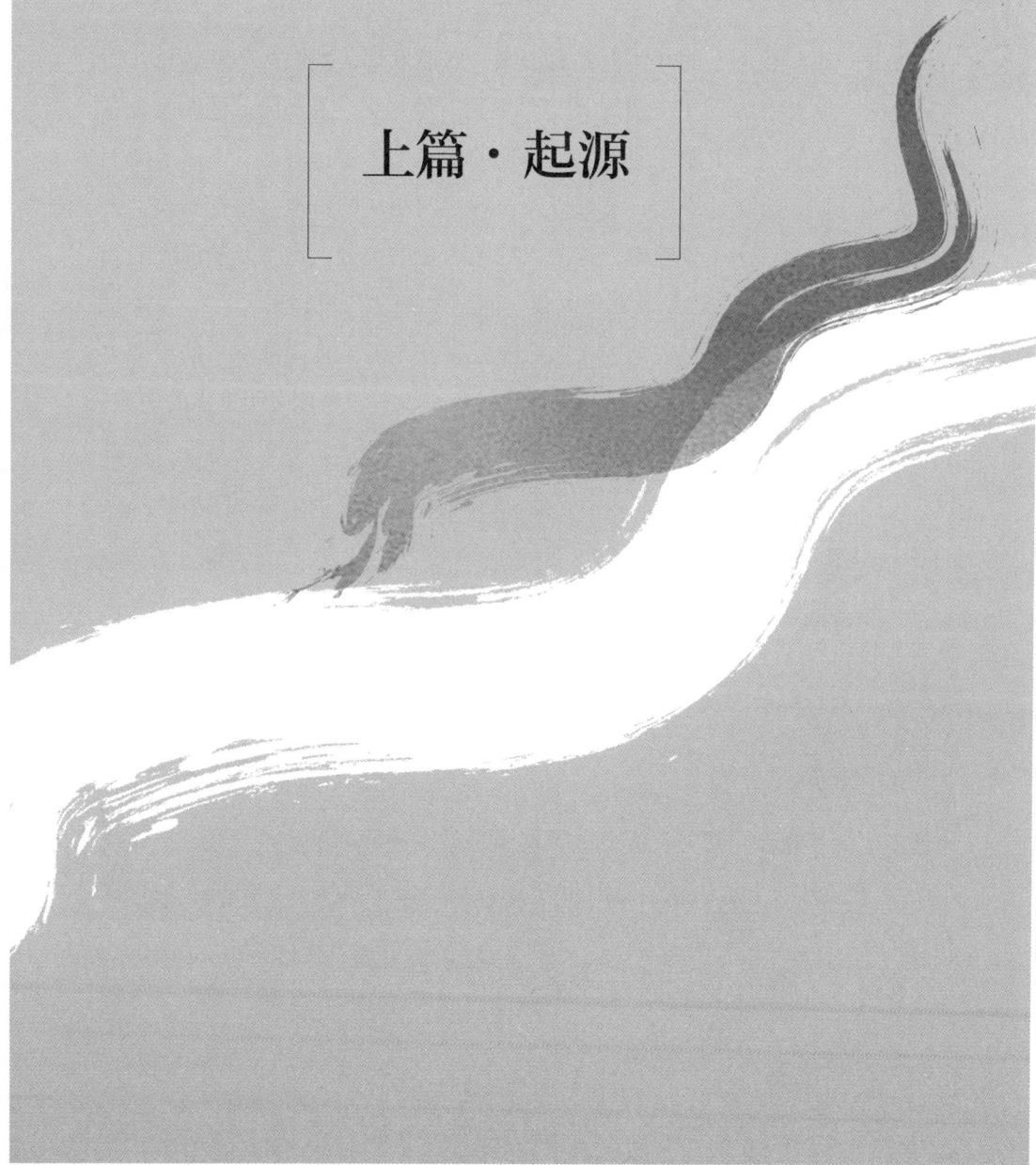

上篇・起源

第一章　水稻开启长江文明史

　　展开一幅凹凸不平的立体世界地形图，忽然发现，我们从小就熟稔并引为自豪的"地大物博"，在这张地图里却显得有些局促。高高隆起的西南青藏高原、黄褐色的西北戈壁荒原以及纵横连绵的高山山脉，占据了中国版图上相当大的比例，余下的平原、河谷以及山塬之间小块的盆地，包括触摸上去如同卵石密布的江南丘陵地带，这些以绿色为主的部分，远不及欧洲大陆和非洲大陆的一马平川，也不及北美大陆、南美大陆的广阔无垠。

　　然而，作为世界上最古老的文明之一，就在东亚这片高低不平的土地上诞生，不仅在历史上一次次创造灿烂辉煌的奇迹，引领全球文明进步的潮流，而且连绵不断延续至今。今天她仍然以其"甘甜的乳汁"，养育着地球上18%的人口，并且正在迎接一个民族伟大复兴的新时代。不得不说这是这颗星球上最伟大的奇迹。

　　著名考古学家严文明说，中国位于东亚大陆，地势西高东低，四周有高山和大海作为屏障，成为一个独立的地理单元。他将这个相对独立的巨大地理单元分为青藏高寒区、西北干旱区和东方季风区，前两者自然环境较差，人口稀少，而后者则历来人口稠密，也是最有条件成为农业文明起源的区域。[1] 这个区分与近现代地理学家们提出的胡焕庸线也大体相一致。1935年，地理学家胡焕庸在自黑龙江爱辉（黑河）至云南腾冲划出一条直线，这条线东南半壁36%的土地供养了全国96%的人口，而西北半壁64%的土地仅供养4%的人口。这条线被称为胡焕庸线。

　　然而，正是由于中国这种相对独立的地理单元属性，以及独特的地理面

---

[1]　严文明：《求索文明源》，首都师范大学出版社2017年9月第1版，P39。

貌特征，给了文明自源性成长一个独立的空间，让中华文明既可以独立生长于世界文明大系之中，又能够以其独特的开放包容性能与外界发生着必不可少的联系。在这样独立生存和开放发展二元并立的结构下，中华文明才有了绵延数千年乃至上万年而不竭的成长动力。胡焕庸线虽然将中国大陆的半数以上划到降水量低、自然环境较差的区域，但是支撑中华文明成长的稻作农业和旱作农业两大农业生产体系，却在南北两个纬度上差不多同时展开。

这是一场促使人类从狩猎采集生活走向驯化农耕生活的深刻的革命。如果一定要追溯人类文明的原点的话，对物种的驯化或许就是花果山上的水帘洞，孙悟空带领众猴子溯溪寻源，最后找到了水帘洞，从此花果山的猴子们告别了猴子的生活，进入一个有秩序的制度化生存时代。

第一节　风起"农谷"

在那张与实际海拔高有着等比例关系的世界地形图上，如果不仔细去看，很难发现在中国中部、北纬30度左右，四面山脉的环绕之下，有一片绿色的平原地带。虽然并不起眼，但如果忽略东边大别山脉和南边长江的阻隔，那么它实际上与整个华中、华东的长江中下游平原、洞庭湖平原连为一体的。这个被秦巴山、大别山和长江围裹的绿洲，就是江汉平原。

顾名思义，江汉平原是长江与汉江冲积而成的平原地带。汉江从秦岭发源，蜿蜒流经陕西、湖北，在汉口龙王庙附近注入长江，成为长江最大的支流。汉江由秦岭与大巴山之间的峡谷地带东出之后，折而向南，进入一片开阔的地带。这便是古代典籍中所谓的"云梦泽"，是一片湖泊水网密布的山林沼泽之地。有学者研究认为，"云梦泽"历史上地势地貌总的形势是中部低，外围高，中部为湖泊、沼泽，外围为漫滩和台地[①]。随着江河泥沙的沉积，浩瀚的湖面逐渐缩小，漫滩与台地不断扩大，形成了今天被称为"鱼米之乡"的江汉平原。

近年来，考古工作者也发现，长江中游发现新石器时期史前城址有17

---

① 　郑明佳：《江汉平原古地理与"云梦泽"的变迁史》，《湖北地质》1988年第2卷第2期。

座，它们具有明显的空间分布规律，基本上沿江汉湖盆和洞庭湖盆边缘分布，也就是沿着大洪山、荆山、鄂西山地、武陵山向江汉平原和洞庭湖平原延伸的结合部，形成一条新月形带状结构。带状内侧为江汉和洞庭湖凹陷盆地，地势低平，湖泊、河流沟渠纵横交错，大部分地区现在和历史上多为水网沼泽地带，新月形地带与长江之间的广大区域内鲜有史前遗址分布。[①]

今天的江汉平原仍然是河流纵横交错，湖泊星罗棋布，是长江中下游平原的重要组成部分。在江汉平原北部边缘，大约也是古云梦泽的台地之处，今天有一个被称为"中国农谷"的地方，近年来广受社会关注，不仅有数十万亩平坦肥沃的高产农田源源不断产出粮食，而且引进了一批农产品龙头企业，还有一批农业院士团队入驻"中国农谷"院士村。

湖北屈家岭文化遗址所在地

风起"农谷"。"农"字是这里的传统优势，也正在成为新兴的战略资源。"农谷"的概念，是中部农业大省湖北省借鉴"硅谷""光谷"概念，按照现代农业发展的要求和方向，以科技为支撑，机制创新为核心的农业试验示范区。官方给予的目标定位是"中国农耕文化的传承地、农业产业化的展示地、现代农业科技的应用地、未来农业发展方向的引领地"。以"农"为"谷"，确实是一种创想，虽然要实现"谷"的目标任务是艰巨的，而且需要长时间

---

① 刘辉：《长江中游史前城址的聚落结构与社会形态》，《江汉考古》2017年第5期。

的发展积累，但从这一创想所依托的历史背景来说，提出"中国农谷"这个概念并非空穴来风。而且笔者认为，只要当地政府能够持之以恒地坚持"农"和"谷"的战略，实现战略目标也并非可望而不可即。

"农谷"的依托是什么？往近去说，是这里有一家大型国营农场，而往远了说，这里或为长江中下游农耕文明的发祥地之一。

"中国农谷屈家岭核心区"位于湖北荆门市屈家岭管理区，以前叫作国营五三农场，是湖北省创办最早、规模最大的国营农场。在新中国成立以前，这里曾是一望无际的百里荒原，茅草蔽日，野兽出没，人迹罕至，尤其是钉螺遍地，血吸虫泛滥，附近老百姓染上血吸虫和血丝虫病十分普遍，到处都是"大肚子"和"粗腿子"。新中国成立后，1952年至1953年间，湖北省委省政府派出一支开荒队，进驻这里开荒灭草，翻开茅草覆盖之下的泥土，发现竟然是种植庄稼的好土地。几代人筚路蓝缕垦荒拓原，终于开出百里农场，15万亩平坦而肥沃的黑土地，成为湖北重要的粮棉油生产基地。寂寂无闻的荒滩草地，一下子成为全国闻名的国营五三机械农场。

然而，人们还不知道，时光倒转五千年，这个寂寂无闻的荒芜之地，却可能创造了人类发展史上的"大时代"。

屈家岭第一次考古发掘地

在今日屈家岭管理区屈岭村，有一株古柏树伫立田间，古柏苍劲葱郁，四周则是绿油油的稻田。如果不是树下立着一块"第一次挖掘现场"标牌和一排"屈家岭遗址简介"宣传牌，你可能想象不到，就在这株古柏树下，人们第一次揭开了长江中游史前时期的神秘面纱。

1954年夏，一场洪水淹没了五三农场刚刚开垦出来的农田，拓荒成果转眼之间泡了汤。为了根治水患，当年冬季，开始修建石龙过江水库。当石龙干渠修至屈家岭村西古柏树旁时，人们挖出了大量红烧土块和石器、陶器。一位工程技术人员敏锐地意识到这不是一般的地下埋藏物，很可能是重要的历史文物，立即上报文物工作队。

也就是从那时起，长江中游新石器时代史前文化第一次进入了今天人们的视野。1955年开始发掘的屈家岭遗址，开启了长江中游地区史前文化探寻的大幕。通过调查发掘，考古人员发现了大量打磨精致的石器、独具特色的黑陶器、彩陶器以及彩陶纺轮，证明了它是新石器时代遗址。屈家岭的陶器器形独特，其中以蛋壳彩陶和彩陶纺轮最具特色。第一次发掘时，虽只发掘800多平方米，但发现一块面积约500平方米烧土面，这一大片烧土是由泥土掺杂稻壳和作物的茎做成的。研究表明，这些羼在土中的谷壳，属于粳稻，与今天我国栽培的粳型品种颇为相近。

屈家岭文化陶器。资料图片拼图

由于屈家岭遗址特征突出，很快就被命名为"屈家岭文化"。通过大量的调查、发掘和研究，考古工作者发现，屈家岭文化分布遍及长江中游地区，并形成一个相对独立的文化区域，年代距今约 5100 年至 4500 年，相当于黄河流域仰韶文化晚期至龙山文化阶段。

在屈家岭文化遗址中，考古工作者还发现了房屋建筑遗址，大量的石器、陶器、骨器，有农具，也有渔猎、纺织器物，表明屈家岭文化的经济生活以稻作农业为主，同时辅有畜牧、渔猎和纺织作业。出土的陶杯、陶盏等饮酒器皿，还表明当时已有大量的粮食剩余，可以用来储存和酿酒了。这是在长江中游第一次发现史前稻作遗存。原来，5000 年来屈家岭一带一直以水稻为主，耕作不息。但据《五三农场场志》记载，1935 年汉江遥堤溃口，这一带首当其冲，原本美丽富饶的鱼米之乡变成茫茫百里荒原，路断人稀。直至新中国成立后，1953 年开始挥锹垦荒，建立五三农场，稻耕农作在古老的"农耕胜地"上重又生根发芽。

考古学家、历史学家们得出这样的猜想：长江流域早在 5000 年前就是我国重要的水稻种植区，不仅将中国水稻的原产期向前推进了上千年，而且证明长江流域就是农耕文明的重要发祥地之一。

这个猜想在后来的考古实践中不断获得实证。在屈家岭发现水稻遗存后不久，1973 年，长江下游的浙江余姚河姆渡遗址轰动世界，其中又发现距今 7000 年左右的稻谷遗存，数量之巨大得惊人。遗址之中，还发现大批翻地用的骨耜。河姆渡遗址的发展，以当时全世界已发现的稻作遗存中最古老的年代和最确凿的证据，扭转了整个学术界的视线，人们第一次真正意识到中国可能是世界上最早的稻作起源地或起源地之一。[①]

河姆渡文化炭化稻。摄于国家博物馆

① 裴安平、熊建华：《长江流域的稻作文化》，湖北教育出版社 2004 年 10 月第 1 版，P23。

彭头山文化含炭化稻谷的陶片。摄于国家博物馆

1988 年，在湖南澧县的彭头山遗址，发现大量羼合在红烧土或陶器中的稻谷和其茎叶，显示其栽培稻的产量已经不小，这不仅将稻作起源的时间从河姆渡文化时期又提前了 2000 年左右，即距今已有 9000 年左右历史，而且让学者们意识到稻作起源的中心不仅出现在长江下游，而且也可能在长江中游地区。1993—1995 年，在江西万年仙人洞和湖南道县玉蟾岩两地，考古人员又相继发现很可能是水稻花粉和植硅石的物证，距今 12000 年前；在玉蟾岩，还发现几粒完整的稻谷，据测定其中有的接近于野生稻，而有的则明显地接近于栽培稻。迄今为止，这仍是世界范围内已知最早的稻作农业证据。

风起"农谷"，不仅是今天的一个美好愿景，也是在文明发生时期的历史真实。稻作农业使长江流域的原始居民有了定居生活的可能，他们将彻底告别完全依赖于自然界的采摘农业，食物的来源从"野生"走向"驯化"，人们获取食物的方式从"收获"走向"创造"。这是人类进化史上的一次伟大革命。这次革命将不仅带来人体结构的变化、大脑容量的剧增，更将引发社会结构的彻底改变，复杂的生产工具应运而生，复杂的社会关系也逐渐形成。

人类离"文明"已经不远了。

第二节　大两河流域的"农业革命"

民以食为天，文明的起源以食物结构的改变为基础。从采摘、狩猎到农耕定居是人类文明发展史上的一次重大变革，有人称之为"农业革命"。英国考古学家戈登·柴尔德认为，农业是人类进化史上的一大里程碑，农业的成立乃是"新石器革命"。农业的出现为人们提供了安定的食物来源，过去那种追逐猎物而四处迁徙的生活，得以转向定居生活。^①农耕定居的理想场所是冲积平原，所以以农耕为主要特色的新文明，总是逐水草而居，水草丰盈、土壤肥沃的流域平原成为人类文明的主要发源地。虽然我们不能做出人类文明一定在大河流域诞生的论断，但是也不可否认，历史上最灿烂的那些原始文明，常常都在河谷平原上绽放。被称四大古老文明的古巴比伦文明、古埃及文明、古印度文明以及中华文明，都是在大河流域发轫。进一步的研究还发现，原始文明的发生与谷物农业的发展有着非常密切的关系，而谷物农业常常在河谷地带、流域平原上出现，于是人类历史上一次伟大的"革命"基本上是在地球上若干大河流域同步发生。

今天底格里斯河和幼发拉底河之间的美索不达米亚平原一直延伸到约旦河谷，被公认为世界上最早的农业起源地之一。作为人类植物性食物主要来源之一的麦类，包括小麦、大麦和燕麦，就发端于这一地带。人们在约旦河谷的吉甲，发现了距今1.14万年到1.12万年的大麦和燕麦，在幼发拉底河河畔的阿布胡赖拉，发现了黑麦的种植痕迹。^②麦类的驯化和栽培，使美索不达米亚平原上的原始人类开始了灌溉农业，过上了定居生活，并创造了无比灿烂的苏美尔文明和拥有《汉谟拉比法典》的古巴比伦王国。

麦类的种植范围迅速扩大，从中亚向南亚甚至北非地区延伸，并在尼罗河流域和印度河流域得到极大发展，古埃及文明、古印度文明先后在这些流域兴起。和美索不达米亚文明一样，他们都是在河谷平原上发展起来的农业文明，主要农作物是小麦和大麦，还有其他一些农作物，以及一些被驯化的动物，如山羊、绵羊、牛、猪等。我们有理由相信，那些辉煌的原始文明，便是以灌溉农业和定居生活为基础发展起来的人类历史上的杰作。

从谷物的驯化到灌溉农业的发展是一个漫长的过程，考古学上这个过程

---

① （日）宫本一夫著，吴菲译：《从神话到历史：神话时代、夏王朝》，广西师范大学出版社2014年1月第1版，P74。

② （英）艾丽丝·罗伯茨：《驯化——十个物种造就了今天的世界》，读者出版社2019年5月第1版，P65。

从公元前 1 万年持续到公元前 3000 年前后。这个漫长积累的过程却是人类历史上最重要的一次革命，它不仅使人类从旧石器时代走向了新石器时代，而且为人类文明的诞生准备了物质基础和生理条件。在采集食物的旧石器时代，人类的全部精力都在寻找食物和维续生存上，对于精神创造和情感交流还停留在动物性、低层次上；但是随着谷物农业的发展，食物变得充裕起来，人们不再需要大范围地迁徙和奔波去寻找食物，开始定居于森林之外的平原河谷上，并且有充分的精力去思考一些过去未曾想过的问题，去创造一些可以更好改善生存环境和情感沟通的工具。

这时候，由于食物结构的改变，生活习性的改变，人体自身的结构也在发生，大脑更加发达，身体更适应于平原上的定居生活和农业生产。他们的创造能力变得空前强大，他们开始创造文明了！

在东亚这块相对独立的地理单元上，由原始人类进化而来的先民们也在进行这样一场"革命"。他们从丛林中走了出来，在河谷平原上发现可以被驯化的植物种子，开始了灌溉农业的发展，并创造了自成一格的文明。今天，我们可以称这种文明为"长江—黄河大两河流域文明"。他们是基于黄河流域与长江流域这样一个广袤范围内谷物农业发展而诞生的人类优秀文明之一。

过去人们一直以为中国古代文明起源于黄河流域，而黄河流域是粟和黍的起源地。因 1921 年在河南省渑池县仰韶村首先发现而得名的仰韶文化，距今有 7000 年至 5000 年，主要分布于黄河中游地区，已发现上千处遗址，其生产生活方式以农耕为主，渔猎为辅，并有猪、狗等驯化家畜。20 世纪 70 年代以后，黄河中下游发掘了磁山、裴里岗、大地湾、北辛等一系列新石器时代较早阶段的遗址，出土文物提供了早期农耕生活的资料，这些遗址的年代较仰韶文化还早，距今 8000 年至 7000 年前，出土的石器中有石磨盘和石磨棒等谷物加工用具，甚至还有专门用于储存粮食的窖穴，出土的谷物遗骸主要是耐旱的粟黍类。这是黄河流域传统的栽培植物，适应于黄河流域干旱和盐碱性质的黄土环境下的生存。因此，有些学者将中国一贯的农耕文明归为以"黄河—黄土"为基础。

但是，现在则有充分的证据证明，长江流域是稻作农业的起源地和最发达的地区，而其起源的年代、发展的规模、影响的范围不在黄河流域旱作农业之下。长江流域雨水丰盈充沛，土壤黑质而肥沃，且有茂密的森林和沼泽，正好形成与黄土农业迥异的农耕风格。

屈家岭田野调查和考古发掘

自屈家岭遗址发现以来，长江中游地区新石器时代考古文化遗址发掘已经取得巨大突破。主要分布在环洞庭湖地区西侧山前地带的彭头山文化，是目前发现长江中游地区年代最早的史前考古学文化，距今经约8500年至7800年，居民已经开始定居生活、种植水稻，并从事采集和狩猎活动。分布于鄂西长江两岸、距今约8500年至7000年的城背溪文化，也有种植水稻、采集、狩猎活动的痕迹，其太阳人石刻的发现还反映出原始宗教的部分信息。在城背溪文化基础上发展起来，主要分布于长江三峡地区、清江和沮漳河流域的大溪文化，距今6500年至5100年，这时的许多房屋的基土和墙皮中都掺进大量稻草和稻壳，稻作农业经济更加明显。

屈家岭文化主要继承了大溪文化，石家河文化又与屈家岭文化一脉相承，屈家岭文化和石家河文化的成熟，实现了长江中游地区史前文化的空前统一，形成相对独立的文化区域，它除具有自身特点外还吸收周邻考古学文化区的诸多因素，其稻作农业的发展、城址的兴建等是探索中国早期文明起源的重要线索。以屈家岭文化为标志，长江中游地区史前文化开始中国早期文明的新历程。①

在此之前，关于稻作农业的起源地，学术界普遍接受的观点是在印度和东南亚。以前苏联植物学家和农学家 Н.И. 瓦维洛夫为代表，在他的植物起源中心说中，提出全球有 8 个作物起源中心，其中水稻的起源中心在"印度—热带亚洲"。他立足于细胞遗传学，认为印度栽培水稻的变种组成在世界上是最丰富的，与中国及其他亚洲次生栽培区不同的是，印度有利的特点是具有水稻的显性基因。瓦维洛夫的思想影响广泛，此后学者的观点大都认为水稻起源在印度和东南亚地区，包括中国的华南地区。还有一种观点是"山地说"，认为亚洲稻起源于山地或丘陵地带，包括印度东北部、缅甸北部山地以及中国云南山地，是水稻的起源中心，然后向四周传播。

然而，这些水稻起源中心的论断，主要是根据作物品种分类和分布状况推测而来，缺乏考古学上的支撑。随着从 20 世纪 50 年代开始在屈家岭遗址中发现水稻遗存，到 70 年代在河姆渡文化遗址中发现大量的稻谷遗存和农具，考古实物资料越来越丰富，证明了早在公元前四五千年，就有稻作农业的证迹，"长江流域起源说"逐渐兴起。②

随着考古发掘工作的进展，证据变得更加充分。著名考古学家苏秉琦曾指出，所有这些稻谷遗存的年代都远远早于中国其他地区发现的稻谷遗存，也早于一般认为可能是稻作农业发源地的印度恒河流域和东南亚山地的发现，

---

① 孟华平：《屈家岭文化——长江中游史前文化发展的重要界标》，《屈家岭——长江中游的史前文化》（湖北省博物馆编）文物出版社 2007 年 9 月第 1 版。

② 严文明：《求索文明源》，首都师范大学出版社 2017 年 9 月第 1 版，P409。

所以长江中下游应是稻作农业起源的一个重要中心。[①]

与此同时，人们还在河南舞阳贾湖遗址也发现了距今 8000 年以前的稻作遗存。贾湖遗址因出土被认为是中国音乐历史源头的骨笛而天下闻名，但其实这里还发现大量稻壳、炭化稻粒、水稻硅酸体以及石铲、石镰、石磨盘、石磨棒等从耕作、收割到加工整套的稻作农业工具，让人们重新认识淮河上游稻作农业的历史。

淮河流域稻作农业是初始起源地之一还是自长江流域传来，目前仍在探讨之中。从已有的考古资料来看，我们可以认为，整个长江中下游地区，北及淮河、南达南岭的这样一个区域范围，可以看作是世界人工栽培水稻最早的起源区，或称驯化水稻起源的轴心地带。近年，在长江下游的浙江省浦江上山遗址也出土了炭化稻米，年代也在距今一万年以上。事实证明，至少在仰韶文化时期，长江流域的农业生产水平与黄河流域已经不相上下，长江流域的驯化水稻已经成为主要栽培作物之一。

水稻以及其他农作物的驯化和栽培，无疑是人类发展史上的一次重大革命。"人类历史上第一次重大的科技革命源于农业，因为农业从大约 12000 年开始之后，便成为早期文明地区赖以生存的基础。"[②]作物农业让人类有了长期定居的可能，告别采摘和游牧的生活，开始结成原始聚落的新生活，并且通过这种长期定居和聚落式生活构筑起一定的社会关系和社会秩序。在长江流域的原始居民驯化和栽培水稻的同时，黄河流域也在驯化和栽培旱地农作物粟和黍，并逐步形成一个以粟作农业为主的旱地农业体系，这是根据黄河流域黄土堆积、气候干燥的自然地理特征而兴起的。发生在东亚大陆板块上的两大作物体系，成为长江流域和黄河流域两大文明区赖以生存的基础。

在研究中华文明形成过程中，学者们注意到这样一个问题：究竟是以黄河为中心向外扩散到长江，还是两大河谷同时出现多个不同聚落，在一定的历史条件下结合起来形成共同体？目前，国内大多数学者已经形成共识。"长

---

① 苏秉琦：《满天星斗：苏秉琦论远古中国》，中信出版集团 2016 年 11 月第 1 版，P34。

② 吴军：《全球科技通史》，中信出版集团 2019 年 4 月第 1 版，P23。

江流域文明的起源并不晚于黄河流域，某些文明因素的发达程度甚至还要超过黄河流域。而这都是以稻作农业的充分发展为基础的。"严文明认为，稻作农业和粟黍农业共同构成了中国长期以来农耕文明的基础。[①]

现在，学者们普遍接受了这样一个事实，世界上最主要的作物起源中心，后来形成具有自身特色的农业体系的有四个地方：一个是驯化了小麦、大麦等作物的西亚，在这一农业体系发展和传播的基础上，先后产生了美索不达米亚文明、尼罗河文明和印度河文明；一个是栽培了玉米和南瓜等的中美洲，在它的基础上后来产生了玛雅文明和安第斯文明；另外两个就是黄河流域和长江流域。[②]独特的地理环境和气候特征，成就了黄河流域和长江流域不同的谷物农业体系特征；正是这种不同的谷物经济基础，成就了后世辉煌灿烂的中华文明，造就了中华文明的多样性、多元化。

第三节　农耕文明一脉万年

作为新中国培养出来的第一代学农大学生，袁隆平从 20 世纪 50 年代开始，在长江中游湖南安江农校拉开中国杂交水稻研究的序幕。1979 年 4 月的杂交水稻国际学术会议上，袁隆平宣读了自己的论文《中国杂交水稻育种》，第一次将杂交水稻研究的成功经验传递给世界。40 年后的今天，我国杂交水稻年种植面积超过 2.4 亿亩，占水稻总种植面积的 57%，总产量约占水稻总产的 65%。杂交水稻年增产约 250 万吨，每年可多养活 7000 万人口。

有人称袁隆平开启的是一场"水稻革命"。得益于此，中国用世界 7% 多的耕地，养活了全世界 20% 左右的人口，对全球粮食安全作出了巨大的贡献。有意思的是，追根溯源，地球上最早的那一粒人工栽培水稻，可能就出自距离袁隆平杂交水稻研究"大本营"不远的地方，出现在长江中游和长江下游。碳 -14 年代测定的最新数据显示，玉蟾岩出土的栽培稻距今 16000 年，对这

---

① 严文明：《求索文明源》，首都师范大学出版社 2017 年 9 月第 1 版，P59。
② 严文明：《求索文明源》，首都师范大学出版社 2017 年 9 月第 1 版，P13—14。

一数据虽有不同意见，但玉蟾岩遗址、仙人洞遗址以及上山遗址所见水稻遗存均在一万年以前，则已经是公认的结论。

水稻成为当今世界主要粮食作物

当然，这些古老的稻种还只是有限的品种，也并没有大规模种植，只是人们在采集、狩猎的同时展开的小规模试验，他们还没有大规模种植的经验，也没有相应的工具和技术，未能开辟大片的农田。但是，到距今8000年至7000年间，情况发生了改变，人工稻的品种数量开始超过野生品种，种植水稻的工具也相应出现。这在长江下游河姆渡文化遗址和长江中游的大溪文化遗址中得到印证。在这些遗址中出土的实物均表明，水稻的栽培技术及其耕种规模上，都已经达到了一定的水准，尤其是农业生产工具的运用，表明"农业革命"已在进行。河姆渡遗址出土大量骨耜，表明稻作农业已经拥有了新的农业生产工具，进入一个新的耕种阶段，有学者称之为"耜耕"阶段。[①]稻田的出现是稻作农业集约化发展的标志，江苏吴县草鞋山遗址是最早发现的古稻田遗址，属于马家浜文化，其出土的炭化稻确定为人工栽培稻，为中国稻作农业的起源、栽培稻起源的研究提供了实物依据。湖南澧县城头山遗址也发现距今6500年的古稻田，具有人工开掘、单块面积大、以田埂分割等特点，它既不同于地势低洼的野生稻自然生长区，也不同于刀耕火薅、广种薄

---

① 裴安平、熊建华：《长江流域的稻作文化》，湖北教育出版社2004年10月第1版，P214。

收的粗犷耕作地。[1]

河姆渡文化骨耜。摄于国家博物馆　　　　　　　良渚文化石刀。摄于国家博物馆

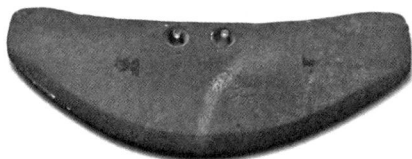

　　新工具的使用为农耕技术到良渚文化、石家河文化时期的突破性变革奠定基础。到新石器时代晚期，也就是距今 5000 年前后至 4000 年间，长江下游的良渚文化遗址、长江中游的屈家岭—石家河文化遗址中，水稻的种植已经相当普遍，占据了原始经济生活的主导地位。更为重要的是，良渚文化遗址中陆续发现石犁、耘田器等新式农具，屈家岭文化也出现了石犁，这可以看作是稻作农业的"犁耕"阶段。[2] 新生产工具的使用是原始农业生产技术发生革命性变化的标志，长江中下游水稻生产效率得到突破性的提升。在良渚文化遗址，水稻分布非常广泛，甚至成堆出现，水稻品种既有籼稻，也有粳稻。2011—2012 年良渚古城莫角山遗址东坡的发掘发现了一个填满大量炭化稻米的灰坑，推测可能是两次火灾导致，据测算，两次火灾造成的稻谷损失为 1 万—1.5 万公斤。[3] 据统计，截至目前良渚文化莫角山遗址区共发现了 6 处大规模的稻谷堆积遗迹，其中规模最大的池中寺台地，炭化稻米多达 36 万余斤，考古人员认为这里应是一处大型粮仓。[4]

---

① 裴安平：《中国的家庭、私有制、文明、国家和城市起源（下）》，上海古籍出版社 2019 年 7 月第 1 版，P347。

② 裴安平、熊建华：《长江流域的稻作文化》，湖北教育出版社 2004 年 10 月第 1 版，P215。

③ 刘斌、王宁远：《2006—2013 年良渚古城考古的主要收获》，《东南文化》2014 年第 2 期。

④ 贾艳：《良渚先民的水稻生产》，《大众考古》2019 年第 4 期。

　　同时，在良渚文化和石家河文化遗址中，已经发现了大型城垣城址、水利工程以及宗教祭祀建筑的遗迹，表明已经进入早期的城市和国家文明形态。这些规模庞大的工程建设，也佐证了粮食生产的极大丰富。以石家河古城遗址为例，根据石家河考古队提供的资料，石家河城垣是一项规模浩大的工程。城址面积达 120 平方公里，四周有城垣和环壕。城垣底宽达 50 米左右，顶宽 10 到 20 米，高达 3 到 5 米，四面城垣周长约 4000 多米，墙外还有宽阔的环城壕沟。从石家河城内外遗址分布状况和由此反映出的社会生活的制度性、从城垣工程的规模和能够承担这种巨大工程的人力物力等方面分析，当时城内应有居民 22500 人至 30000 人或 30000 人至 50000 人。城建工程所耗费的人力物力，更是无从计算。有学者曾做过测算，仅环壕本身的土方量，需要 1000 人工作 10 年才能完成。如果没有一个强有力的集中化权力中心的指挥和运作，要组织实施和完成这样浩大的工程几乎是不可能，如果没有充足的食物供应，要供养如此庞大的城市体系和民力更是无从谈起。

　　从对野生稻的驯化和栽培，到人类定居聚落的初步形成，从稻作农业的崛起和兴盛，到早期国家文明形态的确立，长江中下游地区经历万余年成长和发展起来的独特农业基础，为中华文明的诞生创造了物质基础。稻谷或许并非最佳的营养来源，但是他有着其他作物所不具备的优点，例如它的生长能力无疑是最优异的，产量高，适合于大片的平原河谷地带广泛种植，泛滥的河水甚至可以成为促使其提高产量的因素，稻谷的抗虫性也是很强的，可储存的时间比较长。因此，稻谷作为驯化食物的优越性很快显现，在促进人口的定居生活和快速繁殖方面表现卓越。有学者指出，长江流域在中国史前文化和文明历程中的辉煌成就与重大贡献，无一不包含稻作农业的努力与全力支持。[①] 在稻作农业的哺育下成长和发展的长江流域史前文化，不仅实证了中华文明五千年历史，也是中华文明"多元一体化"的实证。近年来开展的中华文明探源工程已取得重大成果，其中一个重要结论是中华文明是多元的，具有包容并蓄的特质，在演进的过程中不是相互灭绝，而是互相整合，融为

---

① 裴安平、熊建华：《长江流域的稻作文化》，湖北教育出版社 2004 年 10 月第 1 版，P225。

多元一体的格局。

长江流域原始稻作不断发展壮大，还北上江淮和黄淮，东传朝鲜半岛、日本列岛。关于贾湖遗址的稻作证据，部分学者认为是长江流域水稻北上的结果。而根据考古资料分析，大约从距今 7000 年开始，稻作已经北上并最终抵达黄河流域。目前已知黄河流域最早的稻作出现在江苏连云港二涧村遗址，距今约 7000 年。而在此前的黄河流域遗址，全部都是旱地作物，包括粟和黍等。距今 7000 年至 5000 年以后，稻作农业在黄河流域明显发展，尤以关中、中原、鲁南较为集中，甚至直逼旱作农业。"毫无疑问，就整个过程而言，长江流域应是中国稻作北上的'发动机'或'助推器'。长江流域的稻作越发展，北上的稻作走得就越快、越远。"①

不仅北上，而且东出。目前在朝鲜半岛发现的稻作遗存距今 3000 年前，稻作文化出现在日本则是从绳纹文化到弥生文化的过渡时期，正值中国春秋战国至秦初。一种说法是，周武王灭商后，"箕子走之朝鲜"，率领 5000 人奔走朝鲜半岛，"教民以礼义、田蚕、织作"，稻作农业发展到朝鲜半岛，其后又由朝鲜半岛南下到日本九州岛。另一种说法则是，春秋战国至秦代，拥有大型海船的吴越人由海路出逃，携带稻种及农耕技术抵达日本。严文明先生认为，在中国进入青铜时代后，稻作农业扩大到了今天的云南、东南沿海以及台湾等地，并且或者经由辽东半岛，或者经由海路到达朝鲜半岛，最后在绳纹时代晚期到弥生时代初期抵达日本。②

《史记·货殖列传》记述："楚越之地，地广人希，饭稻羹鱼，或火耕而水耨。"水稻一直是长江流域及其以南人民的主要食物来源。唐宋以后，长江流域经过多番水利兴修，水稻种植效率极大提高，全国的粮食供给越来越多依赖南方水稻。苏轼就曾说："两浙之富，国用所恃，岁漕都下米百五十万石，其他财赋供馈不可悉数。"虽然秦汉以来，政治经济文化中心重在北方，但在唐宋之后，重心南移日益明显，滚滚长江成为中国经济文化的重要滋养。明

---

① 裴安平、熊建华：《长江流域的稻作文化》，湖北教育出版社 2004 年 10 月第 1 版，P174。
② 严文明：《求索文明源》，首都师范大学出版社 2017 年 9 月第 1 版，P424。

清时期，民谚说"苏湖熟，天下足""湖广熟，天下足"，长江中下游是全国主要粮仓。明代《天工开物》记载，"今天下育民人者，稻居十七"，就是说水稻占了全国粮食供给的七成，而麦、黍、粟等不过十中之三。

今天，水稻仍是全球种植面积最广、产量最高的粮食作物之一，遍布除南极以外的世界各大洲。全球水稻种植面积已达 1.5 亿公顷，种植面积最大的国家是印度，而中国稻谷产量是世界上最高的，年产 2.1 亿多吨，占全球稻谷总产量的三分之一以上。源自长江中下游的水稻，至今仍是养育全球大多数人口的主粮。可以说，人工栽培的水稻，作为长江流域最古老的发明，对中华文明、对整个人类文明的贡献，无论怎样形容都不为过。

以水稻之一斑，可窥中华文明发展之全貌。70 多年新中国建设、40 余年改革开放取得的卓越成就，正是厚植于中华五千多年文明历史、厚植于中华优秀传统文化的结果。江水滔滔，从"天府之国"到"湖广熟，天下足"的两湖平原，直至"江淮稻粱肥""富饶甲海内"的下游三角洲，长江流淌万年，形成了朴素而深厚的农耕文化。精耕细作、聚族而居的农业文明也孕育了华夏儿女独特的生活方式、文化传统，赋予中华文化重要特征，更蕴藏着中华文明数千年绵延不断、长盛不衰的"基因"密码。

第二章　史前"城市群"，文明"满天星"

著名考古学家俞伟超说："历史已逝，考古学使它复活。"

一段时间里，由于受国内外疑古思潮的影响和冲击，曾经作为常识的"中华五千年文明"似乎变得底气不足，古史传说时期的文明存在屡屡遭受质疑。新中国成立70多年来，日益丰富的考古发现，不仅揭示华夏大地上一个个史前文明中心的存在，而且描绘出一幅"满天星斗"的中华文明起源图景。长江流域密布的史前文化遗址不断被点亮，更是在这"满天星斗"的文明图景中绘出一条璀璨的"河带""星系"。

第一节　玉器时代

见过石家河玉器的人，无不为其造型别致、丰富生动、技艺精湛而且充满神秘色彩而惊叹。2015年底，考古人员在湖北省天门市石家河遗址的核心区谭家岭遗址，意外发现一批陶制瓮棺，瓮中尸骨都已腐烂，却留下大量玉器。除了以往在石家河遗址发现过的玉虎、玉蝉、玉管、玉笄、玉人头像等，这次还发现有虎脸座双鹰、虎形玉如意、连体双人头像等造型更为独特奇谲的玉器，体积不大，但工艺非常精细，形象也生动逼真。

此次发掘的领队、湖北省文物考古研究所石家河工作队队长刘辉说："刚开始还没觉得有什么特别，石家河以前就出土过大量玉器。等到第8号、9号瓮棺打开，大家才感到无比震惊，这些玉器做工太精细了，大大超过以往的石家河玉器，显示出瓮棺主人不一般的地位！"比如，9号瓮棺中有九只陪葬玉虎，每只长约3厘米，宽高约1厘米，体积小但做工精；虎脸座双鹰的鹰喙尖利回勾，线条流畅，构图复杂；充满神秘感的玉人头像头戴冠帽，眼目凸出，口含獠牙，表情庄重，与四川三星堆青铜纵目面具颇为神似。

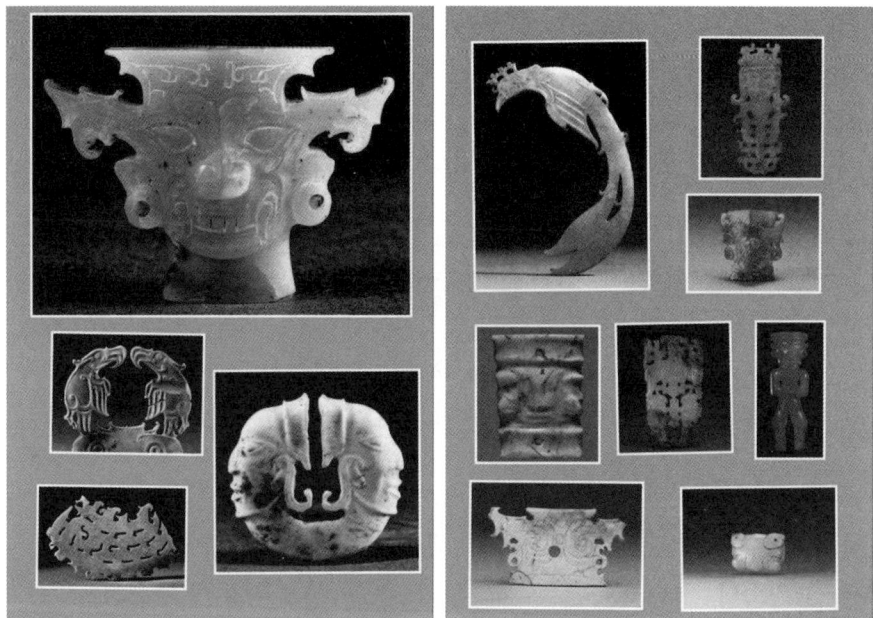

石家河玉器。资料照片拼图

"新出土的一件玉虎，造型太成熟了，几乎不像是那个时代的作品。"湖北省文物考古研究院院长方勤说，"那天我到石家河发掘现场，正好在清瓮棺，我忍不住就打了一下下手，这个虎形玉器是当时我亲手清理出来的。后来把现场拍的照片给大家看，有的人说是西周，有的人说是战国。"

其实早在1955年，考古人员就在石家河城外的罗家柏岭发掘一批玉器，玉器的种类有玉人头像、玉虎面、玉蝉、玉鹰、玉龙、玉凤、玉管、玉璜、玉笄等，以玉人头像、玉蝉、玉虎居多。其中一件玉凤最为精致，为团凤造型，现藏于国家博物馆。这些玉器完全超出人们对新石器时代玉器的认识，当时的发掘简报也认为，它们是周代的遗物，但后来证实它们是新石器时代晚期的作品。

石家河遗址最早是在1954年发现。1954年冬，天门、京山两县联合修建石龙水库干渠，在开挖到天门县石家河镇地段时，发现大量石器、陶器等古代遗存。这一重要发现经上报后，国家文化部派中国科学院考古研究所研究人员赴湖北进行考察。1955 年初春，考古研究人员对水渠沿线的几处重点遗址进行了抢救性发掘，发掘面积约 1600 平方米。自此，拉开石家河遗址考古的帷幕，初步了解到石家河遗址的部分文化内涵，所获资料成为之后"石家河文化"提出的重要依据。

1973 年，位于遗址群西北部的邓家湾发现一批泥塑小动物，引起考古学界关注。随后小规模试掘及多次调查，确认石家河遗址是一处大型新石器时代聚落群。

20 世纪 80 年代初期，中国考古学界出现一派生机，甘肃大地湾和辽宁牛河梁等重大考古发现一个接着一个。这些遗址中所发现的遗迹遗物与同时期的一般新石器时代遗址颇多不同，处处闪现文明的火花，而它们所在的位置都远离号称文明发祥地的中原地区。为研究江汉平原新石器时代文化的特点，探讨石家河遗址群的内涵及其在长江中游新石器文化中的地位等问题，北京大学考古学系、湖北省文物考古研究所、荆州博物馆于 1987 年 6 月联合成立石家河考古队，从当年秋季开始，对石家河遗址群进行有计划的考古调查和发掘，发掘主要地点有邓家湾、谭家岭、肖家屋脊和土城等。

在考古队正式发掘之前，位于遗址东南方位的肖家屋脊遗址上已经建立了一座石河镇砖瓦厂，遗址的南部已经遭受严重破坏。考古工作开展后，该厂仍未能停止生产。考古队不得不把主要精力投入肖家屋脊，因而在那里发掘的次数最多，发掘的面积也最大。发现肖家屋脊有居址，也有墓地，还有一些宗教性遗迹。其中墓地分为若干片，从屈家岭文化到石家河文化晚期，墓葬的分化越来越显著。屈家岭文化的大墓只有几十件器物，石家河文化的大墓则有一百多件器物。到石家河文化晚期，仅在一座瓮棺中就随葬有 56 件玉器，包括人头像、虎头像、蝉、鹰和许多装饰品。少数瓮棺只有几件玉器，而大多数则一无所有，证明石家河文化时期社会的分化已达到相当尖锐的程度。

肖家屋脊玉器的出现，让考古学家重新认识 1955 年出土的那批玉器，它们并非出自西周时期，所属年代都是距今 4000 多年以前的石家河文化晚期。此后，经过一系列规模不等的考古发掘和田野调查，考古学家得出结论：石家河遗址是长江中游地区面积最大、延续时间最长、等级最高、附属聚落最多的新石器时代聚落遗址，在距今 6500 年前即开始有人类居住生活，距今 4300 年左右达到鼎盛。

石家河肖家屋脊玉器。资料图片

2001 年 3 月，石家河遗址就被列入"中国 20 世纪 100 项考古大发现"。而近年来一系列"惊天动地"的新发现，带来了对长江中游地区文明化进程的新认识。2016 年，石家河遗址被评为"全国十大考古新发现"之一，专家评价其为"史前长江中游的文明中心"，说明"长江中游地区是中国文明起源中不容忽视的区域"。

谭家岭新出土玉器有 240 多件，超过了以往两次的总和。这些玉器普遍使用了圆雕、透雕、减地阳刻、浅浮雕线刻等工艺，多数玉器表面有精美的线刻图案。部分瓮棺中还有玉料随葬，显示出制玉遗迹。专家惊叹，石家河玉器颠覆了人们对"史前"的认识，代表了中国乃至东亚地区史前玉器加工工艺的最高水平。

然而，这些玉器的玉料从何而来？如何雕琢而成？使用的是什么工具？史前的人们为何要磨制如此精湛的玉器？他们如何在加工玉器的过程中实现社会分工？一系列的问题，让考古学家和历史学家重新审视中国史前社会。

基于考古发现，一些学者提出了中国古史上的"玉器时代说"，认为与国际上通行的石器时代、青铜时代、铁器时代"三期说"历史划分有所不同，中国存在一个特殊的历史时代，即在石器时代与青铜时代之间，确切地存在一个玉器时代。

考古学家张光直1986年在讨论玉琮对中国古史的意义时说，如果把中国新石器时代和三代文化发展划成一条直线，则可以分成几个清楚的段落，即：

（1）石器时代，代表原始社会、阶级未萌的阶段；

（2）玉琮时代，代表巫政结合、产生特权阶级的时代；

（3）青铜时代，代表巫政结合进一步产生国家、城市、文明阶段；

（4）铁器时代，代表工商业城市发达、农业技术跃进的时代。

"西方考古学讲石器时代、铜器时代、铁器时代，比起中国来中间缺一个玉器时代，这是因为玉器在西方没有在中国那样的重要。玉器时代在中国正好代表从石器到铜器的转变，亦即从原始社会到国家城市社会中间的转变阶段，而这种转变在中国社会史上有它自己的特征。"[1]

苏秉琦先生则认为，从考古资料可知，住在燕山南北及长江流域的先民，较其他地区居民更早地从石头中辨识出美玉，并加工成装饰品，至迟到公元前三四千年之交的红山文化和公元前三千纪中期开始的良渚文化，分别出现以猪龙或以琮璧为中心的玉礼器系统。玉礼器的出现，代表着更高超的工艺水平，并出现了从制石人中分化出专门从事制玉的工匠。[2]

玉器的出现催生了新的社会分工，同时也是催生了新的社会制度体系。显然，并不是出现了玉器就可以称为玉器时代，只有当玉器在社会生活中占有重要地位，具有明确的社会属性，成为一个时代显著的社会标识，才可能将其从传统的新石器时代中分离出来而成为一个单独的社会历史阶段。也就是说，玉器代表了新的社会生产力和生产关系。

20世纪90年代，关于"玉器时代"的讨论更为激烈。其中吴汝祚等人提出的"玉器时代说"认为，玉器时代作为中华文明起源的一个特点，是与

---

[1]　张光直：《中国青铜时代》，生活·读书·新知三联书店2013年3月版，P313-314。

[2]　苏秉琦：《满天星斗：苏秉琦论远古中国》，中信出版集团2006年11月第1版，P40。

其他地区古文明起源的不同点之一。但是，玉器时代作为一个特殊历史阶段，是因为具有以下几个显著特点：出现成组玉礼器；玉、巫、神三位一体；出现了文字；出现城市；出现以棺椁为葬具和人祭或人殉的习俗；冶铜业的产生。[1] 只有具备了这些特征，才能将这种特殊的制石工艺阶段与新石器时代区分开来。

吴汝祚认为，玉礼器是社会发展到一定阶段的产物，尤其是成组礼器的出现，表明社会已经有了一定的礼仪制度，它与其后文明社会的礼仪制度相联系，在人们的社会生活中占有重要的地位。[2]

良渚玉器综合反映了距今 5000 年以前的社会历史阶段具备以上特征。良渚的墓地里出土的玉礼器，越高等级的墓葬越丰富、越精致，表明了当时的社会已经有了一定的礼仪制度，以玉琮、玉璧和玉钺为代表，反映出社会等级和社会阶层的划分。一般认为，良渚玉琮是典型的玉、巫、神三位一体的玉神器，其内圆外方的造型，代表着"天圆地方"的宇宙观念，而其中间贯通的构造，也反映出天地贯通的神学思维。所以玉琮被认为是"贯通天地的一项手段或法器"。[3] 玉钺则被认为是权力的象征，只有在较少的大墓里才可能被发现。

所以，一般认为良渚玉器或为祭祀天地的礼器，或为威权武力的象征，是巫术与政治的结合。成组玉礼器的出现，反映了整个社会的分层与分化，而这正是文明产生的基础。

长江中游石家河文化遗址中发现的玉器，没有良渚玉器那样的大件器，而是以小巧精致为特点。但是，这些雕琢十分细腻的玉器，同样具有神秘的巫灵色彩，很多研究者认为他们主要也是宗教礼仪用品。比如，罗家柏岭出土的一件玉人头像，头戴平顶圆帽，额头有一个倒三角形标记，两耳各戴一环，梭形立眼，神态庄严；肖家屋脊出土的一件"神人"头像，则头戴浅冠，头两侧有弯角形装饰，梭目宽鼻，开口露齿，两侧嘴角各有上下一对獠牙。

---

① 吴汝祚、牟永抗：《玉器时代说》，《中华文化论坛》1994 年第 3 期，P31-37。

② 吴汝祚：《探讨中华文明起源的几个有关问题》，《华夏考古》1995 年第 2 期，P55-60。

③ 张光直：《中国青铜时代》，生活·读书·新知三联书店 2013 年 3 月版，P303。

这些玉像很可能是人们崇拜的"神人"形象，或者扮演"神人"的巫师形象，反映出石家河文化巫神崇拜的可能。

红山玉龙。摄于故宫博物院

良渚文化玉璧。摄于故宫博物院

　　资料还显示，石家河文化玉器大多出土于大型瓮棺葬，而小型瓮棺葬里较为少见，大型瓮棺葬里随葬玉器的数量和精致程度也明显不同，应该是与墓主人生前的身份和地位相关。随葬玉器数量越多、越是精致的瓮棺葬，其墓主人身前的权力和地位显然越高，他们或为掌控聚落武力的首领，或为掌握接天通地宗教权力的巫师，或者是巫政合一的权力控制人，不论如何均可反映出当时社会结构已经出现等级分明的制度化。

　　除了以往在石家河遗址发现过的玉虎、玉蝉、玉管、玉笄、玉人头像等，石家河近年来新发现的玉器中，还有虎脸座双鹰、虎形玉如意、连体双人头像等新面孔，造型更为独特奇谲。龙、虎、凤都是传统的图腾形象，龙的崇拜在红山文化中较为普遍，而虎则是古巴蜀文化的图腾，凤是楚人的图腾，良渚特色的玉琮也有发现，石家河玉器既有同时期其他地域文化交流的痕迹，也可以看到后世楚文化的影子。文化交流与礼制传承已经较为普遍地发生。

　　在石家河文化遗址中，祭祀遗迹、类似文字的刻画符号、规模庞大的城址以及少量铜块铜料的发现，显示出距今五千年以前，长江中游社会也已出现了明显的阶层分化，进入了早期的城市和国家形态。长江中游和长江下游地区一样，已经迈入了文明时代的门槛。

第二节 五千年前"城市群"

石家河遗址群位于湖北天门市石家河镇。天门古称竟陵,"竟陵者,陵之竟也"(《东皋杂录》),谓山陵至此而绝之意。天门位于江汉平原中部偏北处,地势自西北大洪山脉向东南依次递降,最高在天门市和京山县交界处的佛子山主峰,海拔为191.5米,北部为岗状平原,中南部为河湖平原,西南部最低点海拔仅23.2米。据《水经注》记载,竟陵为"古郧国也,郧公辛所治"。战国时期为楚之竟陵邑,秦置竟陵县,后晋石敬瑭、北宋赵匡胤(其父名赵敬)时因避讳两度改名景陵,北宋以后景陵之名一直沿用至清代。雍正四年(1726年),为避康熙陵墓名讳,改称天门。

自1955年首次发掘以来,石家河已历多次发掘和田野踏查,发掘罗家柏岭、贯平堰、石板冲、土城、三房湾、邓家湾、谭家岭、肖家屋脊等40多处遗址。"石家河遗址40余处遗址点的发掘与地形地貌密切关联。天门往南、往西的乡镇地势低,目前历次发掘都没有发现史前遗址。而东西方向、北部方向遗址比较多。当时汉江没有大堤,容易被淹,丘陵和山地结合地带住人,高点住人,低点种水稻。"湖北省文物考古研究所石家河工作队原队长刘辉说。

二十世纪八九十年代,全国陆续发现多处龙山时代城址,石家河土城有较完整的土城圈高出地表,周围则是一圈低冲,形似环形壕沟,整个城圈十分完整,当地百姓中留传有此为古竟陵城的说法,考古人员猜测土城可能是石家河文化古城遗址,是石家河遗址群的中心。

然而经过试掘,结果表明这里整个城垣体构筑在石家河文化晚期文化层之上,是西周时期的城垣遗址。

但是,在田野踏查过程中,考古人员又发现石家河遗址群西边有一道"堤",看起来不是一般大,与现代的河堤差不多。这再次引起考古人员注意。正巧它的中段有一座窑,考古人员利用它挖了一道缺口,从剖面上清楚看到人工夯筑的不大规则的层理,筑造的技术跟许多龙山时期的城址相似。在夯层中捡到的陶片几乎全是屈家岭文化晚期。而它的最南端向东拐弯的地方，发现有一片石家河文化早期的地层压着它，这样考古人员断定它就不会晚于石家河文化早期了。

石家河谭家岭遗址及发掘点

根据这些重要信息，考古人员对遗址群所在的地形和地貌做了仔细考察，并且对各个遗址暴露出来的遗迹遗物做了详细分析和全面估量，结果证实这里存在着一座从屈家岭文化晚期到石家河文化时期的巨大城址。其形状大致呈不甚规则的长方形，南北长约 1300 米，东西宽近 1200 米，城内面积达 120万平方米。石家河考古队《石家河遗址群调查报告》显示，石家河城垣是一项规模浩大的工程，西城墙保存状况最好，长达千余米，墙体笔直，墙基宽50 米左右，顶宽 4 至 5 米，高可达 6 米，城墙以外还环绕着宽大的壕沟，将遗址群的核心部分完全包围起来。这样规模庞大的古城遗址，在新石器时代晚期城址中可谓首屈一指。

经过进一步的考古发掘和调查，研究人员认为，石家河古城是长江中游地区面积最大、延续时间最长、等级最高的新石器时代聚落遗址，在长江中游具有明显的中心城市特征。2014 年以来的新一轮考古发掘，又在石家河古城核心区谭家岭发现距今 5200 年前的城址，有 26 万平方米的占地面积。它的发现，直接将石家河作为长江中游文明中心城市的历史向前推进了 500 年。

目前，考古人员在长江中游已经发现 17 座史前城址，包括天门石家河、天门谭家岭、天门龙嘴、天门笑城、应城陶家湖、应城门板湾、孝感叶家庙、安陆王古熘、黄陂张西湾、沙洋城河、沙洋马家垸、荆州阴湘城、公安鸡鸣城、澧县城头山、澧县鸡叫城、公安青河、石首走马岭等。这些城址的存续年代分别在大溪文化时期至石家河文化时期。其中城头山城址是我国目前发现的最早城址，有着“中华第一城”之称，大约始筑于距今 6000 年前，而龙嘴城存在时间较短，后被谭家岭城所替代；谭家岭城在屈家岭文化早期就已发端，一直存续到石家河文化时期，但在石家河文化晚期的石家河城，则完全覆盖了谭家岭古城址，面积已是谭家岭城的四五倍了。

屈家岭文化时期至石家河文化晚期共有 15 座城址。这 15 座城址不仅具有以石家河城为中心的地理分布特征，而且从古城形制、营造方法上都极为相似，一般选址在由岗地向河湖平原过渡的地带，挖环壕截去岗端，环壕内堆土筑墙，城壕俱阔。从文化等级上来看，石家河城是其中规模最大，也是层级最高的一座，专家推算城内人口规模较大，内部有手工作坊区、居民生活区、祭祀区和墓葬区等明显的功能分区，显示古城的规制也是最高的。

通过大量的出土资料分析，考古人员认为屈家岭文化—石家河文化时期史前城址分布有着明显的层次等级，由超级城址（中心城址）、大中型城址、小型城址和一般聚落组成，也就是以石家河城为中心，形成一个具有密切关系的“城市群”，中心城在一定程度上控制了半径约 100 公里左右范围内的大小聚落，类似于"都—邑—聚"的结构模式。①

被列入 2018 年度"全国十大考古新发现"的城河遗址，位于湖北省荆门市沙洋县后港镇。在这个面积约 70 万平方米的史前城址里，考古人员发现城垣、人工水系、大型建筑、祭祀遗存等重要遗迹，尤其是北城垣外侧发现的王家塝墓地，勘探发现史前墓葬 235 座，是迄今发现规模最大、保存最完整的屈家岭文化墓地。

其中一座双坑的竖穴合葬墓，长 4.38 米，宽 3.95 米，南北向平行的两个墓室里，有明显的独木棺痕迹，棺内棺外随葬大量磨光黑陶，还有漆盘、竹编器物等；另一座同穴三室墓，长 5.95 米，宽 4.1 米，三个平行的墓室内，也各有一座独木棺，棺内除了象牙器、漆器、磨光黑陶外，还各有一把象征权力的石钺，棺外还有暗红色大漆盘。

城河遗址提供了一个从城垣、居址到墓葬三位一体完整的史前古城样本。但与石家河城相比，它也只能算是一座"二线城市"。而还有些一二十万平方米的小城址，则只能算是"三线城市"了。但是，这样一种层级分明的聚落等级体系，反映出在一定区域内已经出现了分层控制的社会结构。越来越多的学者认为，这种分层控制的社会系统，或许就是进入早期国家形态的表现。

不仅在长江中游如此，长江下游的"城市群"特征也很显著。

在考古学上，长江中游新石器时代经历了彭头山文化（距今 9000 多年以前，同时期还有仙人洞文化等新石器早期文化）、城背溪文化（距今 8500 年至 7000 年前后，同时期还有皂市下层文化）、大溪文化（距今 6500 年至 5100 年）、屈家岭文化（距今 5100 年至 4600 年）、石家河文化（距今 4600 年至 4000 年）等考古学文化，形成了从距今 9000 多年前至距今 4000 年前后的完整系列。在这一系列中，从早期的水稻生产到石家河晚期城址与国家文明形态形成，发展脉络已经日渐清晰。

在长江下游，也可以看到这样一个清晰的考古学文化发展脉络，大体是：距今 10000 年至 9000 年的上山文化，陶器、石磨等工具已被使用；距今 8000

---

① 刘辉：《长江中游史前城址的聚落结构和社会形态》，《江汉考古》2017 年第 5 期。

年左右的跨湖桥文化，曾发现中国第一艘独木舟；距今 7000 年至 5300 年的河姆渡文化，水稻栽培成为主要食物来源；距今约 7000 年的马家浜文化和距今 6000 年的崧泽文化，也是显著的稻作农业文化；发展至距今 5300 年至 4200 年的良渚文化时期，长江下游也进入了城址广泛分布的阶段；在良渚文化消失之后，还有一种全新的文化类型出现，即钱山漾文化，但其影响远不及良渚文化影响深远。

良渚古城遗址可谓长江流域新石时代晚期聚落文明的杰出代表，甚至可为中国五千年文明的历史见证。良渚古城遗址能够正式列入《世界文化遗产名录》，足以说明其文明成就已经得到国际社会的认可。和中游"城市群"有所不同的是，良渚古城是长江下游迄今发现的唯一一座带有城垣建筑的大型古城，但是聚落的等级分化已非常突出，以中心聚落为主体，其下还有二级、三级甚至更多等级的小聚落，从而构成一个个聚落群。[①] 根据浙江省文物考古研究所《余杭良渚遗址群调查简报》，良渚遗址群已发现聚落遗址 100 多处，遗址群内遗址密集，类型丰富，大型中心址、高规格祭坛、高等级贵族墓地齐备，而整个遗址群的核心就是良渚古城遗址。

根据浙江省文物考古研究所《杭州市余杭区良渚古城遗址 2006—2007 年的发掘》简报，良渚古城总面积约 290 余万平方米，其布局大至呈正南北方向，城墙底部普遍铺垫石块作为基础，上面再用黄色黏土堆筑，底宽 40 米至 60 米左右。当然，良渚古城最引人瞩目的还是其外围存在一个庞大的水利系统，已发现有 11 条水坝，分为塘山水坝群、高坝系统和低坝系统三部分，共同构成了一个完整的良渚古城外围水利系统。根据发掘的大量出土遗物以及实验室碳 -14 年代测定，可以确定为良渚文化时期遗迹，是在距今 5000 年前后统一规划和建设的水利系统。[②]

有意思的是，在长江上游成都平原也发现一批史前城址。自 1995 年至今，已发掘的史前古城遗址已有 8 座，年代在距今 4600 年至 3700 年间。其中最大的是位于成都市新津县城西北的龙马乡宝墩村的宝墩遗址，始建时的长方

① 陈声波：《良渚文化与华夏文明》，江苏人民出版社 2019 年 12 月第 1 版，P61。
② 浙江省文物考古研究所：《杭州市良渚古城外围水利系统的考古调查》，《考古》2015 年第 1 期。

形内城就有 60 万平方米，城内有几组高等级建筑群，后来加筑的外城，面积为 274 万平方米，外城内分布了 20 多个遗址，与石家河古城的情况非常相近。[①]研究认为，宝墩文化可能受到长江中游屈家岭文化—石家河文化影响，其以水稻为主的农业体系也是从长江中游传入。它与数百年后的三星堆文化则有着直接的传承关系。

历史的神秘与精彩，往往就在于古今遥相呼应，一脉相承。今天，一个以武汉城市圈、长株潭城市群和环鄱阳湖城市群为中心的长江中游城市群正在悄然形成，而时光回溯到四五千年前，恰恰也有一个"史前城市群"引领长江中游向前发展，成为中华文明发生的一道曙光。在今天长江上中下游成渝城市群、中游城市群和长三角城市群三大城市群蓬勃发展的地方，正是中华文明发轫时期长江流域三个史前文化集中爆发的区域。

第三节　古国文明领跑者

2016 年，当年"全国十大考古新发现"授予石家河遗址时，专家给出的评语是：石家河遗址新出土大量史前玉器，其精美程度一度令人无法相信是"史前"的作品，石家河玉器工艺水平高超到"令人震撼"，代表了史前中国乃至东亚地区玉器加工工艺的最高水平，同时也说明长江中游地区直至龙山时代仍然是中国文明起源中不容忽视的区域。

然而，除了精美的玉器，还有更多令人叹为观止的考古发现，成为石家河作为"史前文化高地"的实证。

在位于石家河古城中心位置的三房湾遗址，可见这样一番壮观景象：数以万计的厚胎红陶杯残件密集堆放土层之中，厚达数米，与它们相伴的，还有陶窑、黄土坑、洗泥池、蓄水缸等遗迹。专家推断，这里是一处以烧制红陶杯为主的大型专业窑场，密集堆放土层之中的残件，或为生产过程中丢弃的残次品。当地群众戏称三房湾是"史前工业园区"。

---

① 赵殿增：《从古城址特征看宝墩文化来源》，《四川文物》2021 年第 1 期。

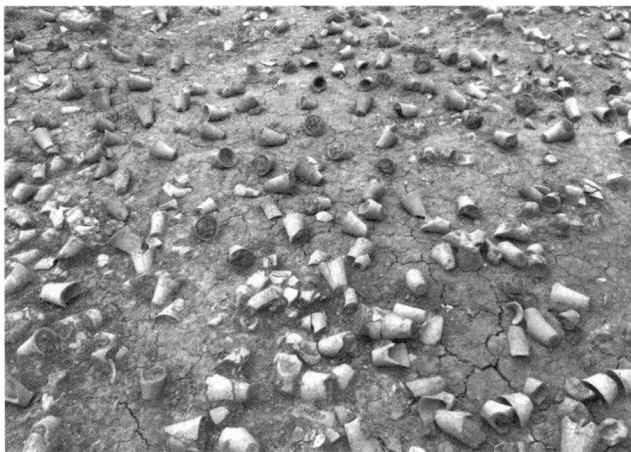

石家河出土红陶杯遗存

有"史前工业园",还有"史前玩具总动员"。在石家河邓家湾遗址,考古人员曾发掘出数量惊人的陶塑人偶和小动物。陶偶姿态各异,绝大多数头戴浅沿帽,身着细腰长袍,也有不戴帽和露胳膊露腿的,有的跨腿站立,有的举腿起步,有的挥手抬足,有的跪坐抱鱼。陶塑小动物种类甚多,有猪、狗、羊、鸡、狐、猴以及大象、猫头鹰、龟鳖等各种形象,或动或静、或走或蹲,大都憨态可掬,有如萌宠。动物的造型往往突出特征而忽略细部,所以绝大部分动物容易辨认。

据现场考古工作人员介绍,当时的陶工还特别着意表现不同动物的各种姿态。例如,狗的姿态就非常多,有昂首翘尾站立的,有拖尾行走的,有侧卧翘首的,有的背上驮一只小狗,还有的像是在汪汪叫。大象的姿态也有很多,有抬头伸鼻卷物的,有低头伸鼻寻物的,有大门牙前伸做攻击状的,有伫立憨厚可掬的。

"原始陶塑艺术,是先民经济生活、原始宗教社会的写照。高超的陶塑工艺是石家河文化的又一特色。在天门石家河遗址群中发现了数以千计的陶塑品,所有的陶塑品都为泥质红陶。"天门市博物馆馆长邓千武说。

在石家河古城西边的印信台遗址,考古人员发现五座人工堆筑的台基,全部由较为纯净的黄土夯筑而成,沿台基边缘,还有 100 余套瓮棺、扣碗、立缸等遗存。台基之间，红陶缸首尾套接相连，蜿蜒数十米长，排成颇为壮观的套缸遗存。专家推测，印信台遗址属于石家河文化晚期多次进行祭祀活动的特殊场所。这也是长江中游地区目前所见规模最大的史前祭祀场所。

石家河出土套缸遗存

精美玉器是自制还是引进？红陶杯是实用酒器还是祭祀礼器？陶塑品是玩具还是艺术作品？套缸之中又隐藏着什么样的秘密？这些问题目前尚无定论，但如此大批量的手工制品集中出土，反映了大规模专业化生产的存在，也反映出已经出现聚落等级与社会阶层的明显分化。

无论是从长江中游地区规模最大的石家河古城，还是从谭家岭、印信台、三房湾等聚落功能的专门分区，抑或是从出土遗物的丰富度来看，无疑可视为长江中游地区文明的中心，具有文化引领与文化辐射的重要地位。时任湖北省博物馆馆长、省文物考古研究所所长方勤认为，在石家河时期，不仅是石家河一个文化的贡献，包括同期的中原陶寺遗址、石峁遗址，以及四川平原的宝墩遗址，都相对形成了一个文化高地，一个文化圈。这一时期，在这几个文化圈的相互作用下，文化圈之间形成了一定的共识，很多文化符号、文化元素都形成了相对的共识体，并且被后代所继承。石家河、石峁、陶寺、宝墩这几个大的文化圈的相互作用，对中华文明形成产生了巨大的贡献。①

① 方勤：《荆楚故事——从石家河谈起》，"社科院考古所中国考古网"微信公众号，2017年2月17日。

为了更好地发展生产，原始手工业逐渐从农业中分离出来。考古人员发现，石家河古城里，手工业得到了很快的发展，制陶普遍使用了轮制技术，有专门的制陶作坊，而且有些作坊专门生产一种产品。这种专业化生产一直延续到石家河文化晚期，生产的陶器越来越精致，留下了众多的陶塑作品。除自用外，还与外面的各个聚落进行交换，包括今湖北省的各地以及河南省的很多地方。

在邓家湾遗址，考古人员还发现了铜片和铜矿石碎块。在史前文化中发现小件铜器已经不是新鲜事，但在长江流域还一直是空白。邓家湾的发现加上肖家屋脊的铜矿石碎末，正好填补了这一缺环。根据对石家河文化所出土玉器的研究，证明在玉器加工技术方面，已使用了金属。考古人员推测邓家湾发现的铜片，可能是一把残铜刀，铜矿石的发现证明当时已经懂得冶炼的技术。

经济基础决定上层建筑。原始人类从采集狩猎到作物种植的"农业革命"，带来社会结构的一次深刻变革。远古时期的长江中下游地区，肥沃的土壤为原始农业提供了良好的条件。水稻的栽培使粮食的剩余和囤积成为可能，促使社会分化，城市出现，国家兴起，长江流域的古代人类也由此迈向早期文明。著名考古学家苏秉琦将史前的中国文明状态传神地描述为"满天星斗"：新石器时代乃至夏商时期，同时存在着发展水平相近的众多文明，散布在中国的四面八方，犹如天上群星之星罗棋布，而中原文明只是众星之一，而且并非众星之核心。

近年来的考古新发现，不断将这幅史前文明的"星光图"描绘得更加璀璨缤纷。

北京大学考古文博学院院长赵辉教授认为，包括良渚古城和水坝在内的一系列新发现，大大丰富了对良渚社会发展状况的认识：有高度发达的科学技术；有深彻的社会动员能力和高效的组织管理能力；有明确的城乡差别；古城与周围地区结成不可分割的经济体；存在武力、暴力；具有明显的一神教因素。这些发现均明确指向良渚古城存在一个强制性的公共权力，也即良渚的国家性质。

在良渚国家考古遗址公园里，你可以"身临其境"，在大型建筑基址、大型防护性工程、村落、作坊、祭坛、墓地等原始遗迹中，体验一个庞大而完整的史前古城古国面貌，感受文明生发时期人类在滚滚长江的哺育和滋养下，创造出的历史奇迹。

长江中游石家河也已获批建设国家考古遗址公园，占地8平方公里，覆盖核心区域遗址点40余处，也将重现一个集手工作坊、居民生活、祭祀区等为一体的史前古城风貌。走进石家河镇，在稻田与村舍之间，一些地方城垣与环壕还依稀可辨。城墙外往往有宽阔的环城壕沟，构成了坚固的防御体系。站在城垣之上，你一定能够感受，如果没有一个集中化权力中心的强有力的指挥和运作，要组织实施和完成这些工程量极为浩大的城防建筑几乎是不可能。

学术界过去一般沿用西方学说，将文字、城市、金属器的出现作为文明形成的主要标志。但是，无论在良渚、石家河还是其他新石器时代文化遗址，大型建筑、治水工程、宗教祭祀以及专业化的农业和手工业生产等，足以表明已经进入早期文明形态。

文明的起源并不只有一个标准。越来越多学者认为，中华文明的形成有着自己的规律，是一个从"满天星斗"向"多元一体化"发展的进程。长江流域在这光彩夺目的"满天星斗"中，犹如华夏大地上一条银河，显得格外亮眼。著名考古学家李伯谦在2010年聚落考古会议上提出了中国文明起源的十条参考标准：

（1）聚落规模出现分化；

（2）出现围沟、城墙等防御性设施；

（3）出现大型宗教礼仪活动中心和建筑；

（4）墓葬规模出现分化；

（5）出现专业手工业作坊和作坊区，出现大型仓储设施；

（6）出现专门的武器和象征最高权力的器物；

（7）发现文字和少数上层人物垄断文字使用的迹象；

（8）大型特大型聚落有异部族居民日常生活的遗迹；

（9）部落之间存在上下统辖关系；

（10）大型特大型聚落对外辐射。

这些参考标准都体现了聚落内部以及聚落之间明显的专业分工、社会分化和等级体系，分析良渚、石家河以及同期或时间稍晚的各个史前文化，显示包括长江中下游区域、中原地区、黄河下游乃至辽河流域等多个区域，已经陆续进入了古国文明阶段。

苏秉琦先生在"古文化—古城—古国"观点基础上，提出"古国—方国—帝国"理论，认为中国国家起源问题可以概括为发展阶段的三部曲，即古国、方国和帝国。在距今5000年前后，在古文化得到系统发展的各地，古城、古国纷纷出现，中华大地社会发展普遍跨入古国阶段。[①] 距今6000年至5000年，中国史前第一座古城出现在长江中游澧阳平原的城头山上，此后相继崛起的湖北天门龙嘴、石首走马岭等古城；距今5000年至4500年，长江中游出现数量众多的古城，其数量较其他区域明显多了很多。因此，有学者认为这一时期长江中游地区是处于领跑地位的，是中国国家起源的旗手和领跑者。[②] 而随着古城发展，粮食产量更加充足，古城社会结构、社会关系更加复杂化，聚落分化明显，社会分工明确，权力架构明晰，宗教威权确立，礼器礼制形成，城市建制完善，聚落体系进入古国崛起的阶段。大约距今5000年前，长江下游的良渚古城，率先进入古国阶段，上述古国文明形态的标志性特征明显。良渚古国是"玉器时代"的古国形态，以玉琮、玉钺等为代表的礼制体系和宗教、武力威权社会关系体系，以及以稻田、水利系统为代表的社会生产力体系，共同构成了古国文明形态。其后，长江中游的石家河城，黄河流域的山西陶寺古城、陕西石峁古城等，也相继于距今4500年至4000年间，出现古国文明形态，被认定为国家起源的象征。这些璀璨的古国文明，在东亚大地上共同构成了一幅"满天星斗"的文明肇始图景。

---

① 苏秉琦：《中国文明起源新探》，生活·读书·新知三联书店2019年10月第1版，P116-152。

② 裴安平：《中国的家庭、私有制、文明、国家和城市起源（下）》，上海古籍出版社2019年7月第1版，P467。

第三章　谁创造了汉字

摩尔根《古代社会》认为，人类社会经历蒙昧时代、野蛮时代而进入文明时代，进入文明时代的标志是"标音字母的发明和文字的使用"，并说"刻在石头上的象形文字可以视为与标音字母相同的标准"。恩格斯在《家庭、私有制和国家的起源——就摩尔根的研究成果而作》进一步认为，正是"由于拼音文字的发明及其应用于文献记录而过渡到文明时代"①。对中华文明探源，离不开对汉字之源的追溯。虽然现代学者认为，文字并不能作为判断文明起源的决定因素，但是文字的出现，却是社会文明程度的重要表征。

传说中，汉字是仓颉创造的。许慎《说文解字序》说："黄帝之史仓颉，见鸟兽蹄远之迹，知分理之可相别异也，初造书契。"仓颉是黄帝史官，从鸟兽足迹中悟出道理，创造了文字。这是中国古代对汉字起源的普遍认识，所以一般认为文字起源于黄帝时期。传说并不可靠，常被史家疑辨，"见鸟兽蹄远之迹"，突然创造出文字，其实并不合理，有违科学规律。19 世纪末，一个偶然的机会甲骨文被发现，才终于找到了最早的中国文字系统实证，汉字的探源至少可以上衍至殷商时期。然而，经过百余年的研究，人们发现，甲骨文已经是成熟的文字体系，显然非一蹴而就，势必经过漫长的发展演变而来，有一个从发生发展到成熟的过程。

那么，究竟是谁创造了汉字，又基于汉字的出现而书写了华夏大地上生生不息的文明？

---

① 恩格斯：《家庭、私有制和国家的起源》，人民出版社 2018 年 12 月第 1 版，P25。

第一节　神秘的刻画符号

今天湖北天门石家河是长江流域一个小镇，而在距今 5500 年至 4000 年间，这里却是长江中游的文明中心。考古发现，以石家河为中心，密集分布着 40 多个新石器时代遗址，其中石家河古城遗址面积 120 万平方米，是迄今所见长江中游最大的新石器时代古城遗址，使用时间长达 1000 多年。

在石家河文化遗存中，考古人员发现一种神秘的套缸遗迹，数十件大口陶缸首尾相连，相互套接，排成一线。这种独特的遗迹，出现于祭址附近，研究人员认为应与祭祀有关，但为何这样套接排放，却是未解之谜。

更令人不解的是，部分套缸的上腹部刻画有神秘的符号。这些符号大多以简单的直线和弧线勾勒而成，看起来以象形为主，但又颇有点写意的味道。出现最多的一种符号，由上、下两条弧线与左边一条斜弧线相交而成，形似号角，又如鸟之一翼（ ）。还有一种由两个圆圈构成的符号，大圆圈中间一有个小圆圈，看似太阳，又像是在石家河遗址中经常出土的陶纺轮（ ⊙ ）。最引人注目的是在石家河肖家屋脊出土的一件陶罐上，刻着一位头戴花翎、腰系短裙、脚着长靴、右手高举一把石钺或是玉钺的人物，俨然一位军事首领，又像是来自未来世界的机甲战士（ ）。

石家河文化套缸及刻画符号。资料图片

　　石家河遗址群的刻画符号最早发现于
1987 年，迄今已在肖家屋脊、邓家湾两个
遗址点上共发现约 55 个。对于这些符号的
意义，学者们有着不同的猜测和揣摩。有
专家认为，这些符号有些像号角，也有像
石钺或玉钺的，似与军事有关；有的像石
镰，当与农事有关；还有像高柄杯或红陶
杯中插一小棍的，似乎又与祭祀有关。军
事、农事与祭祀是当时最重要的事情，反
应在刻画符号上也是情理之中。还有一些
学者还认为，石家河发现的刻画符号与文

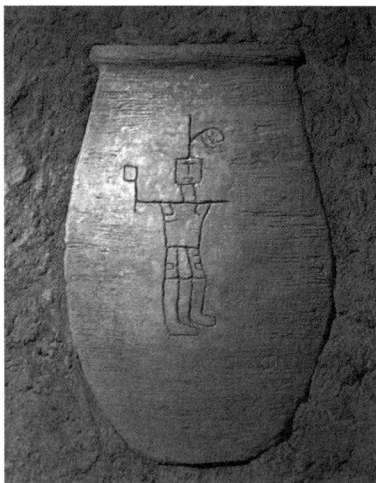

石家河刻画符号

字有密切的联系，已经初步具备了原始文字的特征。郑中华研究认为，石家
河文化的符号是以祭祀内容为题材的象形符号。从笔画来看，主要是直线、
弧线，有少数戳孔；从形状来看，出现了一些比较固定和规范的符号；从结
构来看，出现了单体符号之间的组合规律；从表现手法来看，不少符号颇似
正视图，同时还以竖线、圆孔等指代一些不易绘出的东西。特别是某些固定
的符号之间的组合，类似于汉字中的偏旁、部首。[①]

　　其实，石家河刻画符号只是我国新石器时代大量刻画在陶器、陶片上的
几何图形或者象形符号中的一例。自 20 世纪 20 年代现代考古学被引入中国，
我国考古学家建立了自己独立的考古学理论和实践体系。特别是新中国成立
以后，我国考古事业的蓬勃发展，新石器时代遗址大量发掘，将中国史前史
的年代系列描绘得日益清晰。在全国各地的新石器时代遗址和墓葬里，考古
学家发现了不少的原始符号，刻在或绘在陶器和陶片上，还有一些刻在龟甲、
骨片上。这些原始刻画符号引起专家学者的极大关注和讨论，有些被认为是
跟汉字起源相关的重要材料，有些甚至被认为已经是原始文字的雏形。对汉
字这一世界上最古老的书写文字的起源，找到大量新的线索和依据。

---

① 郑中华：《论石家河文化的刻划符号》，《江汉考古》2000 年第 4 期，P54—61。

　　较早的刻画符号在西安半坡遗址中发现。20 世纪 50 年代在对西安半坡遗址进行发掘中，考古工作者发现"半坡人"已经会生产彩色陶器，他们还在彩陶上绘有人面、鱼、鹿、植物等图案。一些陶器的口沿上还刻有特别的符号，有二三十种之多。这些符号大多笔画简单、形状规则，以竖刻一直的符号为多，也有竖刻两直的符号，还有形如"Z""T""+"等形状的符号。半坡刻画符号属于距今约 7000 年至 5000 年前的仰韶文化时期。研究发现，这些符号有的是在陶器未烧以前就刻好的，有的则是在陶器烧制成后才刻上去的，一些研究者推测，它们可能是代表器物所有者或器物制造者的专门记号。

　　半坡刻画符号的出土，拉开了中国文字起源研究的新篇章。此前对于汉字的溯源，除了甲骨文的研究以及对少量考古所得符号资料的探讨，更多还是以文献记载和神话传说为据。而半坡刻画符号的问世，一些学者认为是具有文字性质的符号，是"中国早期较原始的文字"[1]，是"文字起源阶段所产生的一些简单文字"[2]。当然，也有学者对此并不认同，认为这些符号可能只是一些标记，还不能称其为早期的文字。但不论怎样，这些符号的某些部分在后来的文字中还可以找到其影子，二者之间具有一定的关联性，因而不能说他们与文字没有关系。正如考古学家严文明先生所说："文字的产生是一个很复杂的过程，不能认为文字产生以前的各种符号体系都同文字的产生没有一点关系。"

　　据牛清波整理[3]，我国出土刻画符号广泛分布于黄河流域、长江流域、淮河流域以及东北、华南等地新石器时代遗址。黄河流域从老官台文化、仰韶文化到马家窑文化、大汶口文化、齐家文化、龙山文化等考古学文化时期的遗址，都有刻画符号出土，年代最早的可以追溯至距今七八千年前。长江流域，下游自河姆渡文化至良渚文化，中游自彭头山文化至屈家岭、石家河文

---

① 李孝定：《从几种史前及有史早期陶文的观察蠡测中国文字的起源》，《南洋大学学报》1969 年第 3 期。

② 于省吾：《关于古文字研究的若干问题》，《文物》1973 年第 2 期，P32–35。

③ 牛清波：《中国早期刻画符号整理与研究》，安徽大学博士学位论文。

化，以及上游宝墩文化遗址中，也有大量刻画符号出现，其中最早可以追溯至七八千年前跨湖桥文化遗址中。淮河流域贾湖文化、双墩文化、龙虬庄文化遗址中，刻画符号也有分布。此外，东北地区、华南地区的一些新石器时代遗址中，也发现有刻画符号。

1981年，考古人员对位于湖北宜昌三斗坪镇的杨家湾新石器时代遗址进行发掘，发现了一批陶器上的刻画符号。杨家湾遗址属大溪文化中期，距今约6000年前左右。遗址共发现74件有刻画符号的陶片，都位于圈足器的底部外表，有的符号仅发现一次，有的符号则反复出现。这批符号的整理者余秀翠研究认为，杨家湾遗址刻画符号共有70种，分为八大类：一是水波形和闪电形状的自然类；二是形似谷穗、垂叶、野草、花瓣、嫩芽、大树等的植物类；三是犹如长蛇、贝壳之类的动物类，其中贝壳形的符号反复出现；四是如同站立的人体类；五是鱼钩、渔网及舟、弓等形状的工具类；六是形如数字的数字类，这类符号出现较多，形状简单，似乎代表一定的抽象意义；七是一些有着较为复杂结构的符号；八是一些不规则刻画的其他符号。余秀翠认为，这些符号是人们有意识有目的刻划的，已经代表固定的含义，是当时杨家湾氏族居民对某种事物的复述与描绘，新石器时代杨家湾居民，已经开始用一定的书写符号记录他们语言中的某些概念。[①]

杨家湾刻画符号是大溪文化鼎盛时期的刻符，它与仰韶文化彩陶刻符的出现大体上是同步的，其符号的数量和类型可以和半坡陶符相媲美。此外，在长江中游大溪文化遗址中，还有多处发现有相类似的刻画符号。位于湖北宜昌秭归县茅坪镇的柳林溪遗址介于城背溪文化和大溪文化之间，距今7000年至6000年左右，1998年至2000年两次发掘，发现80件有刻画符号的陶器，共有230多个单一符号，这些符号中既有结构复杂的纹饰样的图案，也有简单抽象的符号，如线条、波形、菱形、X形、田字形等等。至屈家岭文化时期，阴湘城、清水滩、四固台等遗址中，也都发现刻画符号。到石家河文化时期，刻画符号则更为成熟，所显示的意义似乎更为明显。

---

① 余秀翠：《杨家湾遗址发现的陶文剖析》，《江汉考古》1994年第1期，P105-108。

　　长江下游的新石器时代遗址中也有大量刻画符号出土。早在河姆渡遗址出土陶器上，考古人员就发现一批刻画符号。年代稍晚一些的崧泽文化以上海清浦县崧泽遗址的发现而得名，崧泽遗址出土陶鼎、陶豆、陶壶等器物上，也有刻画符号。至良渚文化时期，刻画符号大量出现，见于良渚遗址、马桥遗址、新地里遗址、澄湖古井群遗址、南湖遗址、龙潭港遗址、庙前遗址等良渚文化遗址中，符号种类和数量丰富，学术界的研究也颇多，尤其是澄湖古井群遗址、南湖遗址发现的刻符，因为不只是单个的符号，而是连续出现，更加引人瞩目。

　　新石器时代遗址出土的大量刻画符号，究竟是何用意，仅仅是作为一种纹饰？还是表达某种抽象的意义？或者是作为一种记录工具？目前还没有定论。但是，既然它们如此普遍地出现在上至七八千年前、下至四五千年前的陶制器皿之上，说明在数千年的时间里，人们在烧制陶器的时候，一定还想往陶器上添加点什么，他们在进行物质创造的同时，已经开始某种精神上的创造——把自己的想法固定在物体之上，使他们不再一闪而过。也许当时也有结绳、堆土、串贝等记事的方式，还有口口相传的故事传递，但是先民们已经意识到，这些方法都不能长久地留存，也不能更大范围地传播。因此，在陶器上刻上一定的记号，或许正是他们要表达或传递的某种信息。

　　裘锡圭《文字学概要》将早期刻画符号分为两类，一类以几何形符号为主，另一类以象形符号为主。比如，半坡陶符即以几何图形为主，直线形居多，折线形、竖钩形、两线交叉形较多，也有弧线形，一般都认为这些几何符号是原始的记事方法，代表了一定的意义。而在山东泰安大汶口文化遗址，如大汶口、大朱村等遗址地发现的陶器上的符号，多以象形为主。比如一幅典型的大汶口陶符，看起来像太阳和山峰的图案，中间还有云气承托。于省吾先生就认为，这是早晨旦明的景象，宛然如绘，是原始的"旦"字，也是一个会意字。[1]

---

① 于省吾：《关于古文字研究的若干问题》，《文物》1973 第 2 期，P32-35。

第二节　谁是最早的汉字

目前得到公认的世界上最早的文字，是苏美尔的楔形文字。苏美尔是美索不达米亚城市文明的第一个中心，在这个古老的城市文明里，已经出现了佃耕。时间大约是公元前 3000 多年前，掌管着土地的贵族收取佃农的粮食、牲畜时，创造了记账的新方法，即用芦秆在软泥板上刻画出相应的符号，然后将泥板烘干，便于保存。最初，刻在泥板上的是谷物、牛、羊、鱼等的图形，是象形的图案。后来，这些象形图案不断简化，简化为线条组合而成的符号。他们是从那些象形的图形抽象而来，变成固定的符号。"楔形"就是芦秆在泥板上书写的样子，即横线、竖线、斜线等线条的形状。当这些符号抽象到可以相互组合以表达不同的意义，特别是可以表达一些抽象的语意的时候，就已经是一个文字系统了。约在距今 3700 多年前的时候，美索不达米亚文明的新中心古巴比伦国颁布了著名的《汉谟拉比法典》，并将其刻在石柱之上，留存至今。这已经是成熟的楔形文字。

两河流域楔形文字泥板

美国历史地理学家房龙在《人类的故事》里描述了古埃及人象形文字的形成过程。最初，古埃及人也和其他原始部落一样，用象形的图案描述想要记录的事物，但后来，他们的图画远比本身的表象更有深意。他们用相同的图案表达完全不一样的语义，房龙称之为"表音文字"。比如，一个拿着锯的小人的图案，一开始可能就是表达了砍树的意思，但在埃及的书写系统里，它变成了动词"看到"的意思。今天英文里的"saw"仍然有这两个含义，一是表示"锯"这种工具，另一个则是动词"see"的过去式。再比如一个眼睛的图形，在古埃及的象形文字里，可以表达"看"的意思，还可以表达"我"，即正在说话的人的意思。"这种'表音文字'成了埃及人之间互通书信、书写账目和记载历史的工具，目的是让后世子孙能够从先辈的经验中受益。"①

中国新石器时代的刻画符号究竟是不是文字、是不是汉字的前身，仍有很大争议，但是文字的起源不是一朝一夕之功却是学术界的共识。楔形文字早期也只有零星使用的个例，直到公元前 2600 年左右连续使用才变得明显。

学者们认为，文字是记录和传播思想的工具，必须是一个完整的书写系统，而不是用简单的绘画或抽象的线条来描述事情。但是文字的形成需要一个过程，这个过程并非一蹴而就，而是一个十分漫长的历程。就像古埃及人从象形的图形中抽象出另一层含义，这不仅是一个人的想象和创造，而是要得到大众的认同，并最终确定为某种固定的符号，表达某种确切的含义。只有当符号和绘画的含义得到固化，并且能够进行一定形式的组合，从而表达任何想要表达的语义，才算形成一套完整的文字系统。目前发现甲骨文之前的刻画符号，虽然广泛分布于全国各地，但是基本上都是零星、单个的，大都一器一符，看不出用作为记录语言的证据，这也是很多学者反对将其作为文字的原因之一。但同时，我们也不能忽视的是，这些符号和图形所要表达的意义，在后来的文字系统中是可以觅其踪迹的，也就是说，这些符号与汉字的形成存在着一定的承继关系。

① （美）房龙著，夏欣苗译：《人类的故事》，上海译文出版社 2013 年 6 月第 1 版，P20。

　　年代最早的刻符是河南贾湖遗址中发现的甲骨契刻符号，距今已有大约8000 年历史。20 世纪 80 年代，河南省中部舞阳县城北的贾湖村名噪一时。经过六次考古发掘，考古人员不仅发现了世界上最早的可吹奏乐器——骨笛，而且在一些龟甲、骨器、石器上，发现有刻画符号。这些符号比半坡刻画符号和大汶口陶符早一两千年。根据已公布的考古发掘信息，贾湖遗址发现的刻画符号共有 17 例。其中有些符号形状与 4000 多年以后的商代甲骨文颇有相似之处，比如其中一例形似眼睛的刻符，颇像甲骨文的"目"字。加上这些符号契刻在龟甲之上，因而常常引来研究们对贾湖刻符与甲骨文之间的联想。

　　学者唐建研究认为，从文字发展的阶段看，殷墟甲骨卜辞已是相当成熟的文字，在它之前，我国文字起源必然有一个相当长的发展过程，所以贾湖遗址甲骨契刻符号的发现，为探索我国文字起源提供了极为重要的线索。"由于贾湖遗址甲骨契刻符号的绝对年代大大早于南美索不达米亚复杂刻划的绝对年代，这为汉字起源于中国提供了最重要的考古证据。"[1]

　　与贾湖遗址同处淮河流域的安徽蚌埠双墩遗址，其年代距今 7300 年左右。在这里，考古人员发现有刻画符号的陶器 600 多件，数量庞大，内容丰富，符号多种多样。双墩遗址刻画符号的主要发现整理者之一徐大立研究认为，双墩刻画符号，既有象形符号，也有会意符号和指示符号，既有单体符号，也有复合符号和组合符号。从符号所反映的内容看，既有动植物类，也有几何类、自然类等。[2] 双墩遗址刻画符号所表现的内容，大都与当时的生产生活密切相关，如捕鱼、猎野猪、网鸟、俘鹿、种植、养蚕、编织、饲养家畜等，还有陷阱、网具、矛、叉、弓箭等，这些符号既有写实的，也有简化和抽象等表现形式。"双墩刻画符号的主要特点是简洁、生动、形象，具有文字书写特征。"徐大立认为，刻画符号中出现了一部分固定的单体符号，当这些符号与其他符号相组合时，可以从中分析出其所显示的内容，成为一种可

---

[1]　唐建：《贾湖遗址新石器时代甲骨契刻符号的重大考古理论意义》，《复旦学报（社会科学版）》1992 年第 3 期，P94-107。

[2]　徐大立：《蚌埠双墩遗址刻画符号简述》，《中原文物》2008 年第 3 期，P75-79。

以会意并解读的符号。① 因此，双墩遗址刻画符号，也被认为对探索中国文字起源提供了重要线索。

当然，学者们数十年来对汉字起源讨论激烈，尤其是对新石器时代的这些刻画符号，能不能作为文字的起源来看，是不是汉字的直接来源，争议很大。比如半坡刻画符号，有人认为它是原始的文字，有人还将其与后来的汉字相比较，认为与汉字有着某些内在的联系，但也有人认为，虽然它可能是早期文字的一种，但与汉字的起源并没有关系，可能是古彝族文的始祖。严文明先生说，可以设想，在古代中国广大的范围之内，原始文字很可能并不止一种，各地区不同的人群完全有可能分别创造出多种的原始文字来记录自己的语言。② 从广泛分布的新石器时代刻画符号来看，这种设想不无道理。

著名考古学家苏秉琦提出远古中国"满天星斗"说。他认为在中华文明的起源时期，也就是新石器时代乃至夏商时期，同时存在着发展水平相近的众多文明，散布在中国的四面八方，犹如天上群星之星罗棋布。正如中华文明在起源时期经历了"满天星斗"式的孕育和形成过程，中国早期的文字萌生，似乎也经历了一个"满天星斗"格局的孕育和形成历程。无论是贾湖、双墩，还是半坡、大汶口，以及良渚、石家河等等，探寻中国文字的起源，必定要从这些早期符号中寻找踪迹。而真正在符号与文字系统之间建立联结的，应该是连续性符号的出现，即不再是一器一符，而是有连续多个符号组合出现，他们或许表达了一个完整的信息，一个故事或者一句话。

良渚文化陶器上的刻画符号早在 20 世纪 30 年代就有所发现，何天行、施昕更就曾先后披露了他们所发现的良渚"符号文字"。此后在良渚文化遗址中陆续发现刻画在陶器乃至玉器上的符号。20 世纪 70 年代，考古工作者对江苏吴县澄湖古井群进行发掘，发现两件带有刻符的陶器，其中一件鱼篓形黑陶贯耳壶，腹部有 4 个符号，是陶器烧成后用锋刃器刻画的。这种连续排列的符号，似乎已是用于记录语言。因而，一些学者更加坚定了对良渚文化已

① 徐大立：《文字起源之前——双墩 607 件刻划符号的文字学含义》，《中国文化遗产》2006 年第 1 期，P70-75。

② 严文明主编：《中华文明史（第一卷）》，北京大学出版社 2006 年 4 月第 1 版，P314。

有文字起源的信念。许多学者还对他们进行释读。比如李学勤将其释为"巫戊五俞"，读为"巫钺五偶"，即巫神所有的五对钺。董楚平则将其释为"方钺会矢"，表示进行军事会盟的意思。而张明华、王惠菊认为，这四个字如果自左至右读，似乎记录了一个以鱼为图腾的强大部落征伐吞并了擅长造船的部落，而如果自右至左读，又似乎是一个以鱼为图腾的部落制造了一批玉器的记录。①

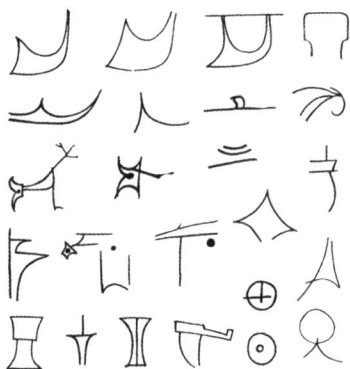

石家河文化刻画符号

大汶口文化刻画符号

河南舞阳贾湖裴李岗文化刻画符号龟甲
（河南博物院供图）

双墩文化刻画符号

---

① 牛清波：《中国早期刻画符号整理与研究》，安徽大学博士学位论文。

无独有偶，1986 年、1987 年，在浙江余杭县南湖发现 60 多件黑陶器，有 5 件刻有较明显符号，所属年代为良渚文化时期。其中一件黑陶罐上出现连续刻画的 8 个图案，图案集中，且紧密相连，系烧成后刻画的，似乎是一个连续语句的表达。李学勤对此进行了精彩的释读，为"朱旗践石，网虎石封"，意思是朱旗（可能是人名，也可能是族名）去到石地，在石地网捕老虎。[①]

20 世纪 90 年代，在山东邹平丁公遗址一处龙山文化晚期灰坑中，考古人员在一块陶片上，也发现刻有排列成行的 11 个符号。一些学者认为，这已经是一段较为成形的文字。随后，在江苏高邮市龙虬庄遗址，一块磨光黑陶残片上，也有排列成行的 8 个符号，年代比丁公陶文略晚。

很多研究者认为，符号的连续出现，或许反映出先民尝试记录语句的努力，也就是说，他们已经是原始文字萌芽了。由于发掘材料有限，对于这些刻画符号的解读十分艰难，因而对他们能不能算作是早期的文字，一直处于激烈争议之中，至今仍无定案。但是，我们完全可以说，远古时代的刻画符号遍布中国各地，它们共同为解释汉字的起源提供依据。总结起来，我们可以得出这样一些基本的结论：

（一）大约在距今 8000 年前后，实现了农耕定居生活并发展了制陶手工业的新石器时代原始先民，陆续开始了以符号、图案表达某种用意的尝试，他们将这些符号刻在烧制的陶器上。

（二）至新石器时代中晚期，能够使用刻画符号的聚落或群体遍布于东亚大陆的许多角落，包括长江流域、淮河流域、黄河流域乃至西北、东北、华南等地的新石器时代遗址中，都有刻画符号出土。

（三）原始先民刻画的符号和图案最初以象形为主，描绘的是现实中的事物和情景，但是通过不断的创造，这些符号逐渐变得抽象，并出现了一些简单的线条和几何图形。

（四）新石器时代的刻画符号在各个遗址里相对独立地发展起来，相互之间有较大的差异性，但是他们之间也有相互交流的趋势，良渚文化的刻符与

---

① 李学勤：《试论余杭南湖良渚文化黑陶罐的刻划符号》，《浙江学刊》1992 年第 4 期。

大汶口文化刻符之间已可以发现某些共同的特点。

（五）原始的刻画符号主要是一器一符，因而还很难说某一类符号就是文字，但是在一些遗址里已经可以见到有的符号重复出现，推断它们已经开始表达一些固定的意思。

（六）文字是一个系统，而不是单体符号的集合，但是它们由单体符号所构成，而且这些单体的符号只有固化为某种特定的抽象含义，它们才有可能组合成文字。在新石器时代遗址刻画符号中，已经可以看到一些符号从形、意上与后世的文字之间存在着某种关联性，因此可以推断后世的文字与这些符号之间存在着一定的承继关系。

（七）只有当抽象的符号能够自由组合，以表达不同的想要表达的意思的时候，才算是文字系统的诞生，澄湖古井群、丁村等遗址里连续符号或许是一句完整的意思表达，但仍难以认定其为文字。但是，由单一符号到连续符号的发展，也许就是文字诞生的必然过程。

第三节　五千年文明不断裂的标志

《淮南子·本经》记载："昔者仓颉作书，而天雨粟，鬼夜哭。"极言文字的创造，是一件如此神秘的事件，又有着何等惊心动魄的力量。文字的出现是人类社会发展史上最伟大的发明创造，它彻底改变了人类的发展、地球的发展。汉字作为中华文明的载体，是中华民族最重要的发明之一，也是人类最伟大的创造之一。它和世界上最早的几种文字体系如美索不达米亚的楔形文字、古埃及的象形文字、古印度的印章文字，都是人类最古老的文明记忆。尽管这些文字的起源迄今都还笼罩着神秘的面纱，是人类历史上的未解之谜，但他们对人类社会进步的历史贡献却毋庸置疑。

而这些古老的文字系统大都已经掩埋于历史的尘沙，只有汉字独树一帜，是唯一延续下来、不曾中断的文字，至今仍在广泛使用，显示出独特文化魅力和文明生命力。至少在甲骨文出现以后，汉字的发展脉络便清晰可见，而甲骨文作为成熟的文字系统，它是如何产生、发展起来，虽然目前还没有充分的证据证明它是由新石器时代那些广泛分布的刻画符号直接演化而来，但是它与这些刻画符号之间广泛而深刻的联系表明，这些文明曙光时期的刻画符号即汉字诞生的源泉，是甲骨文创造的基础。

　　一百多年前，"一片甲骨惊天下"。甲骨文的发现，宣告中国在3000多年前的殷商时期就已形成成熟的文字书写系统。自1899年甲骨文发现以来，出土的有字甲骨约有10万片，如以平均每片10字计，总字数已达100万左右。[①]而根据有关统计资料，已经发现的甲骨文单字约4500个，其中能够释读的约1500字。这已经充分表明，甲骨文是颇为复杂的文字体系。甲骨文是十分成熟的汉字系统，它不可能如神话传说中那样，一人造成，一蹴而就，在它之前，应该存在更早、更原始的书写系统。

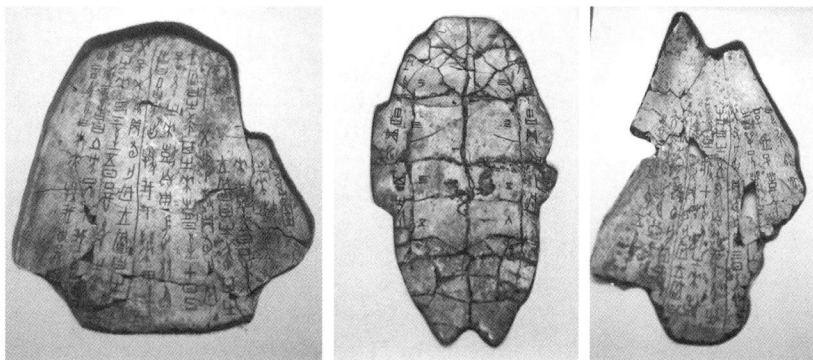

商王武丁时期的刻字卜骨。摄于国家博物馆

殷墟出土刻字甲骨。摄于河南省博物院

---

① 严文明主编：《中华文明史（第一卷）》，北京大学出版社2006年4月第1版，P316。

古代传说和文献典籍通常将汉字起源归为仓颉的功劳。仓颉何许人也，无从考据，但是仓颉造书的方法，却值得品味。许慎《说文解字序》称："仓颉之初作书，盖依类象形，故谓之文，其后形声相益，即谓之字。"这与新石器时代刻画符号的发展历程存在着高度的相似性，即最初是以象形为主，根据对客观事物的观察结果描绘而成，后对象形的符号和图案进行抽象，或以会意的方式抽象为一定的线条图案，或以形声的方式进行重构，形成具有固定表达含义的符号，将这些固化的符号进行组合，就形成了可以系统表达的文字。

许慎将文字归为六类，即"六书"："一曰指事，指事者，视而可识，察而见意，上下是也；二曰象形，象形者，画成其物，随体诘诎，日月是也；三曰会意，会意者，比类合谊，以见指㧑，武信是也；四曰形声，形声者，以事为名，取譬相成，江河是也；五曰转注，转注者，建类一首，同意相受，考老是也；六曰假借，假借者，本无其字，依声托事，令长是也。"指事、象形、形声、会意就是最基本的造字方法，转注和假借则是后来衍生发展的文字使用方法。

从甲骨文4000多个单字的结构来看，"六书"都已经具备了。所以，甲骨文是一种相当发达的文字系统，汉字的演变在它以前肯定有一个很长的过程。[①] 而在甲骨文之前的刻画符号，已经可以看出象形、指事、形声、会意的端倪。研究者还指出，甲骨文里保留着一些比较明显的原始文字的痕迹。[②] 甲骨文中还存在着比较多的表意字，虽然已经变得不太象形，但是表意字的构成仍然带有比较原始的"图画"性质。比如，李学勤在观察大汶口陶器符号特征时表示，其与后世的甲骨文、金文形状结构接近，一看就会产生很像文字的联想。

我们可以推测，在甲骨文之前，贾湖甲骨契刻、双墩刻画符号、大汶口图像符号、邹平丁公"陶书"、良渚陶器连刻符号等等，都有可能融会到汉字产生的主流，不同程度地被后来统一的汉字所吸收。也就是说，在古代中国

---

① 李学勤：《中华古代文明的起源——李学勤说先秦》，生活·读书·新知三联书店2019年1月第1版，P24。

② 严文明主编：《中华文明史（第一卷）》，北京大学出版社2006年4月第1版，P319。

广大范围内，原始文字的发端很可能并不止一种，也不在一处，各个区域的原始先民可能分别创造了不同的记录事物的符号体系，并在这些符号体系的基础上发展了不同的原始文字系统，但是这些原始文字系统在长期的文化交流与融合中也实现了"合流"，形成统一的原始汉字书写系统。

到殷商时期，这个统一的汉字书写系统已经基本成熟。与中华文明的形成过程一样，中国文字也经历了一个从多元化走向一体化的过程。这个多元一体化的过程不仅将新石器时代如"满天星斗"的各个文明方国、部落统一为华夏大国，而且使流传于各个"文化共同体"的"原始文字"实现统一。学者们注意到，到新石器晚期，各地的刻画符号之间已经存在一定的相似性或者关联性。比如，与大汶口陶器符号形体相似的符号，在石家河文化陶器、良渚文化玉器和陶器上均有发现。

文字起源是一个十分漫长的过程，这个过程或许比文字本身所记录的历史时间还要长。从人类开始通过简单的标记、符号、图形有意识地记录某些想法开始，大约经历了四五千年的时间，而这些图形和符号在何时、在哪里率先变成可以被称作文字的书写系统，由于考古资料的有限，目前还难有定论。但是遗存在陶器和甲骨上的符号表明，从距今八九千年前至 5000 年前，当是文字的孕育阶段，即以图形和符号记录事件的阶段，其萌生的地域是广泛分布于长江、黄河、淮河流域乃至其他地方。而在距今四五千年前的新石器时代晚期，符号和图形应当已经演变为有意识的表达和传播工具，成为具有原始文字性质的书写系统，这是文字的产生阶段。这种书写系统不是统一的，而是各自独立发展起来的，比如长江下游有自己独立的系统，黄河下游也有自己独立的系统，但是他们之间已经有了交流，并且在交流中互相影响、相互借鉴。

从这些众多的原始书写系统到甲骨文，是中国古代文字的初步成熟时期，各个原始的书写系统，经过一个广泛的融合、淘汰和演进过程，最终形成成熟的、被广泛接受的甲骨文书写系统，并随着夏商王朝的统一而成为一体化的文字。这一时期，或许存在一个或者一些具有先知先觉能力的智者，对各地的原始书写系统进行搜集整理，并创造具有权力意志的官方文字，作为夏商王朝推进统一的工具。他们最终被抽象为传说中的仓颉。

所谓仓颉造字的传说，或许是某一个原始文字系统的创造过程，也可能是多个原始文字系统"合流统一"的过程。仓颉如果确有其人，应该是对各种原始刻画符号进行系统化整理和加工，并确定为一套原始文字系统的人。根据上海博物馆藏战国楚简《容成氏》记载，仓颉氏或为轩辕氏之前的远古首领，那么他作为一套原始文字系统的整理者和推广人的可能性是比较大的。

随着夏商王朝对古代中国的统一，原始文字系统最终统一为甲骨文书写系统。甲骨文记录了商王朝王族的活动情况，主要是占卜情况，那时候，文字系统更多地由专门的"贞人"集团所掌握，借助神秘的占卜权为王族服务，实施着对民众的控制权。甲骨文进一步发展，在周代已经成为成熟的汉字了，这些汉字或刻在金石之上，或书于简帛之间，使两周以后的历史有了明确的记载。

至秦始皇统一文字，这是汉文字走向最终的完善阶段。秦始皇统一文字之后，汉文字最后定型，并得到广泛推广使用。在秦始皇统一中国之前，各地的文字还存在较多的差异性。列国的金文、陶文、帛书、简书等，仍然存在区域差异，就是一样的文字，也有好几种写法。公元前 223 年，李斯奉诏"罢其不与秦文合者"，创制小篆，"车同轨，书同文"。公元前 221 年，秦灭六国，建立统一的中央集权国家，小篆成为全国统一的文字。

刻画符号作为文字的源头多点发生，在长江流域、黄河流域、淮河流域等地区广泛萌芽。但是，从符号的演进和变化来看，则是延续的，他们相互之间有着千丝万缕的联系，并与后世的文字有着一脉相承的联系。而当他们最终归于一统之后，就对整个中国地域产生了巨大而深远的影响。文字的统一将不同的族群焊接成了一个伟大的民族。随着岁月的变迁，天下分分合合，但"书"必"同文"成为汉字顽强坚持的原则，也成为华夏儿女剪割不断的纽带。汉字在相当大的程度上影响着中华民族的思维方式、表达方式，进而维护着中华文明的连续性，对中国统一起了十分重要的作用。[①]

---

① 严文明主编：《中华文明史（第一卷）》，北京大学出版社 2006 年 4 月第 1 版，P329。

　　总之，我们可以说，汉字是中华文明五千年一脉相承的标志。中华文明五千年连续不断，首要的标志就是中国文字的连续性，以及由汉字而书写的历史的连续性。中国是世界上历史文献最丰富、系统、完整的国家，汉字作为历史的载体，成为中华文明生生不息的承载。不仅是今天的汉字与中国古老的原始文字之间没有断裂与分离，而且在中国这样一个地域概念范围内，不论有多少种方言，方言的变化差异有多明显，汉字都是共同的标记，是整个中华民族的文化认同，是超越了地域和方言差别的共同文化载体。

第四章　比文字更早的精神创造

音乐是比文字产生更原始的一种文明载体。在中国数千年甚至上万年的文明渊源中，音乐和诗歌一样，是浸润于民族灵魂最深处的文明成果，音乐的起源和发轫，也可以说是中华文明的先声。遗憾的是，在人类发明留声机以前，声音是无法保存的，我们不可能听到远古时代人们是如何歌唱、如何用古老的乐器奏响属于那个时代的文明最强音。但是，越来越多的考古资料表明，早在人们开始进行制陶、种谷等物质创造的同时，就已经开始进行音乐的创造，甚至可以说音乐是比文字、诗歌出现更早的精神创造，更久远地投射于华夏文明的底层。

第一节　第一声"清笛"

很难确切地说什么是文明起源的标志。一般认为，文字、城市、青铜器和礼仪性建筑是文明发生的要素。这是基于将文明社会与新石器时代部落社会区分开来所下的结论。著名考古学家严文明认为，文明的本质是在社会分工和分裂为不同阶级的基础上创造出前所未有的物质财富和精神财富。因此未必每个文明的发生都必备以上四种要素。文明的起源可以体现在文字、城市、青铜器和礼仪性建筑方面，但也可以体现在别的方面。[①]

什么是文明？"文明"一词在汉语中的含义十分广泛。早在先秦的文献中就已经有"文明"一词出现，其本来意义为"文采光明"，后引申为"文治教化"，如《周易》中说："见龙在田，天下文明。"现代汉语中"文明"则通

---

① 严文明：《求索文明源》，首都师范大学出版社 2017 年 9 月第 1 版，P52。

常表示个人或社会的文化教养和道德修养程度。而这里所说的"文明",则是指人类社会发展进步的历史阶段。摩尔根在《古代社会》将人类社会划分为蒙昧时代、野蛮时代和文明时代三个阶段,并把前两个时代中的每一个时代分为低级阶段、中级阶段和高级阶段。摩尔根社会阶段划分的依据是生活资料生产的进步,当发展到野蛮时代的高级阶段,"从铁矿石的冶炼开始,并由于拼音文字的发明及其应用于文献记录而过渡到文明时代"。[1]

文明是与野蛮相对应的一种社会状态。换言之,这里所说的文明时代,是指的人类社会进步的一种状态(历史属性),以及因为这种状态而形成的地域特征(地理属性),比如最早进入这一历史状态的几个地域,包括古代美索不达米亚、古代埃及、古代印度以及中国,都形成了各自特有的属性。历史学家们将这些特有的历史—地理属性归纳为不同的文明社会类型。如何定义这个文明社会属性,历史学家、社会学家、人类学家和哲学家们给出了许多不同的答案:有的从生产发展或者生产工具使用给出定义,如由狩猎采集社会进入了农耕和商业社会,有的从习俗、艺术和智识的进化来给出文明的定义,也有的从宗教产生与发展进行定义,还有的从国家制度形成来定义。笔者认为,根据对文明社会内涵的理解,至少有三个方面的特性是人类社会进入文明状态所必须具备的:

一是创造。人类社会进入一个创造能力迸发的阶段,这种创造既包括物质的创造,也包括精神的创造,既包括应用新的生产工具发展生产,发展农业、手工业和商业,也包括使用精神产品传递感情、传递思想,包括用文字记录历史和进行广泛的知识传播。

二是约束。在进行创造的同时,人类也学会了节制,他们知道无限的创造也许会给自身带来无限的伤害,因此需要通过一定的社会关系约束自身的行为,比如宗教的约束、强权的约束、律令的约束等等,正因为有了这些约束,人类才得以告别野蛮。

三是制度。基于创造的冲动和约束的必要,人类学会了建立一套社会制

---

[1] 恩格斯:《家庭、私有制和国家的起源》,人民出版社 2018 年 12 月第 1 版。

度，比如宗教制度、国家制度、等级制度等等，这些制度将创造限定在一定的范围之内，也使人与人之间的约束固化为一定的社会关系。

所以，文明的本质首先在于创造，包括物质的创造和精神的创造，以及基于创造而生成的约束关系和制度体系。显然，创造和约束都不可能一蹴而就，而是经过漫长的孕育和摸索才得以实现。

在中国古代传说中，曾有一个创造发明层出不穷的时代：伯余作衣裳，史皇作图，仓颉作书，尧作宫室，鲧作城郭，化益作井，夔作乐，昆吾作陶……对于人类社会发展来说，这些都是十分伟大的创造，其中既有物质资料的创造，也有精神产品的创造，正是由于这些创造的出现，才奠定了人类文明的基础。然而，在古代典籍中，这些伟大的发明创造大多语焉不详，没有明确的时间和过程记载，今人已经无法考证他们的真实性和确切经历。而且，在古史传说和古代典籍中，这些创造都被集中于少数英雄人物或智识先知的身上，这可能也与历史真实是不相符的。

但是不可否认的事实是，一个涉及人们衣食住行、社会生活、典章规制等方方面面的创造体系，在史前时代，已经悄然形成。这个创造体系建立的时代，按照典籍所载为三皇五帝至三代时期，而从考古学上看，则是新石器至铜石并用的时代。今天的考古发现，已经有相当多的资料为这些传说中的发明创造提供了参照，也为中华文明探源提供依据。比如，音乐是中华文明史上一项伟大的精神创造。在中国数千年的文明体系中，以音乐为基础的礼乐制度占据十分重要的历史地位，甚至成为中华文明制度体系的一个显著特征。而考古资料表明，中国的音乐创造可以追溯到距今八九千年前。

1986年5月，两支在地下沉睡了八九千年的骨管，在河南省舞阳县一个叫贾湖村的地方横空出世。这些长约20厘米的骨管上，都整齐排列7个小圆孔。考古人员惊呼："笛子，这是笛子！"其后，考古人员又陆续在贾湖新石器遗址发现多支骨笛。特别是1987年5月发现的一支七孔骨笛，保存完好。经过测音和试奏，这些来自远古的骨管，竟能演绎完整的乐曲，音高准确，音色坚实而嘹亮。一曲《小白菜》吹出，令人激动不已，那悠扬的笛音，仿似穿越八千年时空，从文明长河的源头飞扬而至。

贾湖骨笛。摄于河南省博物院   贾湖骨笛。摄于国家博物馆

萧兴华参加了贾湖骨笛历次测音工作，也是试奏时的吹奏者。他说，这些骨笛能奏出完整和准确的五声音阶，可以断定，在距今近万年前的新石器初期，就音乐文化领域而言，居住在中原地区的先民们，率先进入了音乐文化的文明时期。"从旧石器时期出现的四声音阶，发展到新石器时期应用的五声音阶，就是中国音乐从蒙昧时期发展到音乐文化文明时期的分水岭。"[1]

贾湖遗址发现于 1962 年，是淮河流域迄今所知年代最早的新石器时代文化遗存。自 1983 年以来，已进行八次发掘，共出土骨笛 40 余支。考古学家将他们分为三期：早期约距今 9000 年至 8500 年，骨笛为五孔或六孔，可吹奏四声和完整的五声音阶；中期距今 8500 年至 8000 年，骨笛为七孔，可吹奏六声和七声音阶；晚期距今 8000 年至 7500 年，骨笛为七孔或八孔，可吹奏七声音阶和变化音。

从简入繁，由低级到高级，这些骨笛经过 1000 多年发展，形制渐进，又一脉相承，与遗址遗存分期和发展序列相一致。贾湖骨笛的原料，大多数是用丹顶鹤的尺骨制作而成。"鹤鸣于九皋，声闻于野"，"鹤鸣于九皋，声闻于天"。鹤鸟有长达 1 米以上的气管，有强度是人类 7 倍的骨骼，引颈而歌，声振林樾。以鹤骨为笛，其声清越。贾湖先民在原始的音乐创造活动中，为穿越 8000 年的乐音，找到了生命的载体。[2]

---

[1] 萧兴华：《中国音乐文化文明九千年——试论河南舞阳贾湖骨笛的发掘及其意义》，《音乐研究》2000 年 3 月第 1 期，P3-14。

[2] 霍锟、李宏编著：《贾湖骨笛》，大象出版社 2017 年 10 月第 1 版。

　　贾湖遗址已发掘墓葬数百座，而发现骨笛的仅有 20 多座，为很小一部分。发现有骨笛的墓葬中，一般还伴有龟甲、叉形器、柄形器等随葬器物，时间跨度延续一千多年，并多葬在同一区域内。专家推测，这些墓主人应当有着特殊的身份和地位，比如巫师、祭师或酋长等。他们借助笛声清扬婉转的穿透力，掌握着与天神沟通的权力。

　　我们已经知道，贾湖遗址发现有八千年前的稻作农业遗存，表明这里的原始先民已经开始了稻作农耕定居生活，贾湖遗址还发现有我国最早的刻画符号，表明原始先民已经开始了精神创造的尝试；而贾湖遗址骨笛的出土，则是原始先民已经有了一定音乐思维能力的实证。贾湖骨笛或许是一种原始的文化现象，但更是一种原始的精神创造。当然，这种原始的精神创造并不只发生在贾湖一处。在稻作农业重要发祥地之一的长江下游，距今 7000 多年前的河姆渡遗址中，考古人员也发现一种乐器——骨哨。河姆渡骨哨是以鸟类肢骨制作，一般长 7 厘米左右，管径 6 毫米至 8 毫米，管上通常开有 2 至 3 个小孔。河姆渡骨哨已经发现有 160 件，其中部分骨哨今天还能吹响，吹出如鸟鸣一般简单的旋律。我们可以想象，这些骨哨和贾湖骨笛一样，或许是先祖们在采集狩猎时相互传递的信号，或许是从事某些原始聚会、展开原始舞蹈时的音乐伴奏，或许是祭师们在原始祭礼上发出的沟通天神的信息。

河姆渡文化骨哨。摄于国家博物馆

　　在遍布全国的新石器时代遗址中，考古人员发现了越来越多的原始乐器：陶埙、陶铃、陶钟、陶角、石磬、鼍鼓等等。在今天看来，这些原始乐器虽然简朴、粗拙，然而每一件原始的乐器都是一次伟大的创造，它们是原始先民在进行物质创造的同时，已经开始精神创造的明证。

"超百万年的文化根系，上万年的文明起步，五千年的文明古国，两千年的中华一统实体。"著名考古学家苏秉琦说，中国文明从一万年前起步。贾湖骨笛及众多原始乐器的出土，将中国音乐文明的源头，从传说中公元前3000年的黄帝时期，一下子提前到公元前7000年的新石器时代早期。这些"世界上最早的至今仍可演奏的乐器"表明，早在新石器时代早期，我国原始居民已经有了一定的音乐创造能力，他们借助于音乐悠扬婉转的穿透力、传播力及其直达人心的冲击力，开始搭建起一个在天地人神之间建立某种神秘联系的原始制度。

第二节　用音乐定义"礼"

文字的意义在于表达和传播，而在文字出现之前，音乐的表达传播功能更为显著。在文献记载中，音乐一直是中国古代社会制度、国家治理的一部分。礼乐文明是中华文明的标志性存在和创造性特征。

一般认为，礼乐制度为西周王朝建立之初所定。《史记》记载，周成王时，"既绌殷命，袭淮夷，归在丰，作周官，兴正礼乐，度制于是改，而民和睦，颂声兴"。周公辅助成王，制礼作乐，厘定了一套复杂的礼仪制度及与之相配合的用乐规定，作为维护统治秩序的手段。礼乐制度成为治国之道，礼为纲，乐为目，礼以节外，乐以和内，礼乐相合，是宗庙、社稷与王朝等级的仪式化和制度化表现。但从考古资料来看，礼乐文化或许早在新石器时代的部落社会就已萌发。比如有学者认为，贾湖骨笛不是单纯的乐器，而是某种原始宗教或礼仪制度的象征。骨笛的主人，借用它所发出来的悠扬乐音，来沟通神人，述说整个部落的心声和诉求。[1]

《吕氏春秋·古乐》载："昔葛天氏之乐，三人操牛尾，投足以歌八阕：

---

[1]　霍锟、李宏编著：《贾湖骨笛》，大象出版社2017年10月第1版。

一曰载民；二曰玄鸟；三曰遂草木；四曰奋五谷；五曰敬天常；六曰达帝功；七曰依地德；八曰总万物之极。"《毛诗序》则说："言之不足，故嗟叹之，嗟叹之不足，故咏歌之，咏歌之不足，不知手之舞之，足之蹈之也。"这些记载是对我国原始乐舞场景的生动勾勒，是远古时代一幅幅活灵活现的生活场况。而考古发现新石器时代出土彩陶上，也常可见描绘原始乐舞的图案，证明原始乐舞是一种普遍而真实的存在状况。在原始的部落社会里，歌唱、舞蹈、奏乐通常是"三位一体"的存在，这样一种"三位一体"的活动，既是"感物而动，故形于声"的心灵共鸣，也是再现与自然、与外敌搏斗过程的艺术表达，更有"敬天常""达帝功""依地德"的祭祀祈求。这样的表达方式在有些部落社会里一直保留到现今社会。

　　或许我们可以假想，在人类还没有真正形成语言沟通机制之前，就已经在原始的采集狩猎劳动中，发现了"击石拊石"所带来的节奏律动，从而敲击成乐，伴乐而歌。河姆渡遗址除了发现骨哨，还出土有一个音孔的陶埙。陶埙在新石器时代中晚期已经是较为普遍的吹奏乐器，遍及长江流域和黄河流域。但河姆渡所见的骨哨和陶埙则出现于7000年前，是较早的乐器类实物。在长江中游屈家岭文化至石家河文化遗址中，考古人员发现了另一种特别的"乐器"：陶响球。这种陶制圆球通常直径3至5厘米，形制不一，最常见为球形和椭球形，部分有彩绘，球体上有镂孔，球内中空，贮有泥丸或石粒，摇动起来发出有节律的声响。这种特别的陶响器主要出现在长江中下游新石器时代晚期遗址中，山东、河南、甘肃等地也偶有发现。关于陶响球的用途，学界有不同的看法，有人认为是一种玩具，兼具乐器和娱乐功能；部分学者则认为更可能是一种兼用于巫术的法器，是古代巫师们在乐舞相伴的仪式上用以掌握节奏和发号施令的工具。[①]《尚书·益稷》中有记载："戛击鸣球，搏拊琴瑟以和"。过去一般都将这里的"鸣球"与"击石拊石"的"石"视同一物，即"磬"。但根据出土陶响球实物，有人推测，这里所谓"戛击鸣球"的"鸣球"，或许并非石磬，而是陶响球一类的原始乐器。原始先民们在劳动中发现音乐，

---

① 刘再生：《中国古代音乐史简述》，人民音乐出版社2006年5月第2版，P26。

发明乐器，他们用乐器表达对自然、对生命的敬畏和祈求，在这样的过程中，音乐从简单的愉悦享受逐渐演化成为一种更高的精神追求。

石家河文化陶响器。摄于湖北省博物馆

考古人员注意到，新石器时代出土的原始乐器，往往是在少数原始大墓中才有，并与象征权力的玉器、钺等同时出现。贾湖遗址八次发掘已经发掘数百座墓葬，而所出土的四十多支骨笛，几乎全部出自其中的二十几处墓葬之中。这些"少数派"墓葬通常规模相对较大，随葬器物丰富，部分还有龟甲、叉形器、柄形器等特殊器物共存。因此，学者一般倾向于认为这些墓主人的身份是比较特殊的，可能是掌握着权力的部落首领或者是掌握着神权的宗教祭祀人员。也就是说，乐器的出现往往与原始聚落里的等级身份相关联。随着社会分化和等级观念的出现，金字塔形的社会结构逐渐形成，一部分掌握着特殊能力和本领的人占据了聚落社会的顶层，他们凭借技能而获得权力，这种权力在原始聚落里不外为两个方面：一是以更强的武力捍卫部落利益，从而形成在部落中的威权；二是以独有的技能掌握"沟通天地或者祖先神灵"的神秘力量，从而形成用原始宗教进行的精神掌控。那些拥有音乐技能的人，或许就是在原始先民的精神追求方面进行掌控的人。

在距今 5000 年至 4000 年间，一些新石器时代聚落遗址考古发掘中，常发现有大型祭祀场所的存在，有些祭祀遗址周边还出土相当数量的乐器，或可表明音乐在宗教礼仪或者祭祀典礼中的应用。典型的如山西襄汾陶寺遗址、陕西神木石峁遗址、湖北天门石家河遗址等。1983 年，在陶寺遗址出土一枚铜铃，铜铃不大，做工也比较粗糙，却是迄今我国考古发现最早的铜制乐器，相较于二里头青铜礼乐器的出现要早一两百年。铜铃出现于陶寺文化晚期，此前在陶寺文化中则有陶铃、陶鼓、鼍鼓、石磬、陶埙等多种乐器。在陶寺遗址上千座墓葬中，有几座被认定为一类墓葬的大墓，其中出土随葬器物较多，有的多达一两百件，其中更有龙盘及陶鼓、鼍鼓、石磬的组合。龙盘是绘有龙纹图案的彩绘陶盘，鼍鼓则是用鳄鱼皮蒙制的木鼓，龙盘或许标志着陶寺古国王者的身份，而陶鼓、鼍鼓、石磬的组合出现，则是王者独尊的礼乐象征。所以，有学者认为，在陶寺时期确实已经存在某种约定俗成的、严格按照等级次序使用礼器的规制。[1]陶寺遗址是一座大型古城遗址，城址规模宏大，存续历时较长，以碳 -14 测定年代判断，学者认为其极有可能是尧、舜时期的都城所在。果真如此的话，则其礼制的发生与典籍记载具有一定的吻合性。

同样的情况也发生在长江流域。湖北天门石家河遗址是与中原龙山文化大致同期的长江中游最大规模史前城址，其中出土有大量精美的玉器，数以万计的红陶杯、陶塑小动物等，还有十分独特的红陶套缸和刻画符号，显示出存在原始祭台的可能。石家河出土的原始乐器除了陶响球，也有陶铃。石家河陶铃 1956 年发现于石家河三房湾遗址，呈扁圆形，铃身两面刻有兽面纹，腔体为椭圆形、上小下大，与后起的铜铃、铜铙在形制上颇为相似，可见有

---

① 许宏：《何以中国：公元前 2000 年的中原图景》，生活·读书·新知三联书店，2016 年 5 月第 1 版，P13。

着一脉相承的关系。资料显示，陶铃是新石器时代晚期较为普遍存在的一种乐器，上可溯至仰韶时期黄河和长江"大两河流域"的广大区域，向下则与二里头文化成熟形态的铜铃有承继关系。[①] 陶铃是铜铃的先声，从其结构形式来看，也可能是钟的先声。钟是商周以后最为重要的乐器，是礼乐的"中心"，从铃到钟的演变，是从内部撞击到外部撞击的演变，这一小小的改变，却是中国礼乐文明史上的一次巨大飞跃。

在历代典籍中，古史传说时代的音乐创造，就是一个与三皇五帝统治部族分不开的过程，如黄帝时的伶伦，颛顼时的龙飞，帝喾时的咸黑，帝尧时的质，舜帝时的夔，都是"帝"所任命的乐官，是乐舞的创造者和乐舞仪式的执行者，比如《吕氏春秋·古氏》载，伶伦"听凤凰之鸣，以别十二律"，质"效山林谿谷之音以作歌"《尚书》载，舜帝命夔典乐（掌管乐舞），"教胄子，直而温，宽而栗，刚而无虐，简而无傲"，夔于是"击石拊石，百兽率舞，庶尹允谐"，大家一起载歌载舞，其乐融融。至此，乐舞已成为一种教化的工具。

音乐为什么会和制度模式、治理体系建立了如此紧密的联系，甚至成为古代社会制度的核心？从上述考古发掘和史料记载的音乐起源来看，我们总结有这样几种可能：首先，音乐是原始先民在劳动中创造的，是原始先民劳动中愉悦自我的工具，但是随着劳动分工和社会分化发展，他们需要通过一定的机制实现协同，音乐是创造协同的理想方法，因此被组织者所利用，成为创造协同的工具；第二种可能，原始的乐器制造并不简单，属于稀缺品，在一个原始聚落里往往只有少数人可以拥有，最有资格拥有的往往是聚落的权力掌控者；第三种可能是，先民们认为音乐具有某种沟通天地、沟通神明的功能，因而在原始聚落里的图腾信仰、宗教祭祀等活动中，他们以音乐承载了自己的精神信仰，于是那些掌握祭祀礼仪的人便掌控了音乐，使之成为一种工具；此外还有一种可能，即在军事上的应用，或许可以说就是一种原始的"军乐"，先民们依赖于音乐的号令作用，实现军事行动中的一致。无论

---

① 许宏：《何以中国：公元前 2000 年的中原图景》，生活·读书·新知三联书店 2016 年 5 月第 1 版，P23-24。

哪一种可能性，其结果都是将本来由人民群众在劳动中创造的音乐功能化、制度化、仪式化，成为一种制度礼仪、统治工具。随着国家文明的诞生，王朝模式的出现，统治者进一步强化音乐的制度功能，进一步将其发展为歌功颂德和教化万民的工具，使其成为维系社会稳定和统治秩序的精神文化力量所在。

新石器时代音乐文化的萌芽，发展到夏商时期，逐渐成为社会的精神文化支柱。按《吕氏春秋》的记载，大禹治水成功后，"于是命皋陶作《夏籥》九成，以昭其功"，皋陶所作的《夏籥》九章，即一种大型乐舞，其功能在于昭彰禹的治水功业，音乐已经成为帝为自己歌功颂德的工具。史料记载，夏代已经有了青铜冶铸的技术，如《左传·宣公三年》载，"昔夏之方有德也，远方图物，贡金九枚，铸鼎象物，百物而为之备，使民知神"。二里头文化被认为是夏文化，二里头文化遗址出土铜器证实夏代的铸铜技术。在偃师二里头文化遗址还出土了一件铜铃，被认为是我国历史上青铜乐器时代的开章。"其合瓦形的铃体，似乎是奠定了中国古代许多金属乐器的基础，后世的铙、钟、钲、铎等都是承袭铜铃的形体而铸制的。"[1]

江西省博物馆藏商代兽面纹合瓦形腔青铜铙　　　　长沙博物馆藏商代蛙纹铜铙

商代音乐规模已经相当可观，一方面是传世文献记载增多，另一方面出土文物的数量也更丰富。根据传世文献的记载，商是一个尚巫、有着强烈宗教意识的年代，巫舞文化与音乐文化融为一体，成为商代文化的一大特征。

---

[1]　《中国音乐文物大系·河南卷》，大象出版社 1998 年 11 月第 1 版。

《尚书》谓商："恒舞于宫，酣歌于室，时谓巫风。"甲骨文中也有关于商代祭祀乐舞的记载。这一时段出土的乐器也非常丰富，从陶器、石器到铜器，从单个的铃、鼓，到成组的编磬、编铙，显示出富有仪式感的音乐形态。安阳殷墟遗址出土了各类乐器。1976 年河南安阳妇好墓中出土编铙，一组 5 件，将音高不同的铙组合为一个"乐队"。商晚期，青铜乐器已经十分普遍，从河南、山东，到湖北、湖南、江西等地，均有出土。尤其是成组编铙的出现，可以说标志着我国"钟磬悬乐"已初步成形。

第三节 礼乐大成

音传情，乐通声。音乐和舞蹈可以说是人类最早的精神创造活动，也是人类共同的情感外显和传播方式。在中华文明进程中，一个突出的特点是从新石器时代的"满天星斗"走向夏商周三代时期的"一体化"，从新石器时代广泛分布于中华大地的聚落文化到方国文明进而走向王朝"一体化"的进程，在这一进程中，音乐与符号文字一样，也从一个广泛分散的原始状态，逐渐凝聚而成为统一化的表达形式。这是一个更加深刻的创造过程：通过不断的融合、损益和提炼，既融合各种原始音乐形态的不同表达形式，又提炼因共同的农耕文明形态而形成的在音乐上的共同特质，形成了一套被原来分散的各个原始文明共同接受的认知仪式用乐样态，从而达成了全域性的文化认同，形成了一体化的礼乐制度。

这种一体化礼乐文明至周代定型，形成国家礼乐观念，从国家制度层面将礼乐形态定位、固化，并分出多种类型和等级，在王室和诸侯国依制实施。

周代是中国历史上制度文明的成熟时期，以编钟为代表的"钟磬悬乐"臻于完善，礼乐制度更是对后世影响深远。西周初年，周公在革新殷商典章制度的基础上，"制礼作乐"，制定了具有宗教、政治、伦理多重功能的礼乐制度，明确规定了王、诸侯、卿大夫、士等阶层的乐悬制度以及在不同场合应演奏的钟乐曲目。编钟与编磬"金""石"相配，形成"乐悬制度"。《周礼·春官·大司乐》说："正乐县之位，王宫县，诸侯轩县，卿大夫判县，士特县。"

周王室设立专门的机构"大司乐"，管理音乐行政和德化教育，以"乐德""乐语""乐舞"教化年轻人，并执行严格的乐悬制度。"乐悬"依等级而不同，这是不可僭越的制度。这种等级森严的礼乐制度体现了周王朝一体化的政治思想和统治意图，也极大推动了我国音乐文明的发展。

1978 年在湖北随州出土的曾侯乙编钟，至今一直被认为是人类音乐史上的奇迹。曾侯乙编钟一直被认为是三代礼乐文明"金声玉振"的集大成，堪称中国青铜时期音乐文化的"巅峰"，将中国古代音乐文明推向了"登峰造极"。作为"编钟之王"，它的出现，让人们看到公元前 5 世纪人类文明极为丰富的内涵。这是一个十分精彩的时代，有人称之为"轴心时代"。从西方到东方，从毕达哥拉斯、苏格拉底、释迦牟尼到老子、孔子、墨子……可谓群贤毕至。经考证曾侯乙编钟下葬的时间约为公元前 433 年，正是这一时代青铜技艺与音乐文化的高浓度缩影。

曾侯乙编钟。摄于湖北省博物馆

曾侯乙编钟有巨大的钟架，为铜木结构，呈曲尺形，长 7.48 米，宽 3.35 米，高 2.73 米。65 件编钟分三层八组悬挂在钟架上。全套编钟总重量 2567 公斤，加上钟架上的用铜，合计用铜 4421.48 公斤。如此庞然大物，在地下已经埋藏 2400 余年，却依然伫立如故，其结构设计的合理性和科学性令人叹为观止。曾侯乙编钟上还有完好铭文共计 3755 字，这些铭文标注了一套完整的音乐理论体系，明确记载了包括十二律在内的乐律框架，改写了此前认为在汉代才完成中国音乐体系构建的认知：曾侯乙铭文标识了宫、商、角、羽曾、徵、羽、徵辅七音，还标识了十二律的完整体系，注明了周王室与曾、楚、齐、晋、申等国律名、阶名的不同及其对应关系，堪称我国最早的一部乐律理论大全。

曾参与曾侯乙墓发掘的冯光生说，曾侯乙编钟作为礼乐之器，其巍峨、完美的"曲悬"架式，与配套编磬，三面悬挂，完整、明确地呈现了周代诸侯的"轩悬"制度，并与其他青铜礼器一起交织出一幅近于现实的礼乐场景，将三代礼乐文明生动呈现于当今。尤其是编钟"一钟双音"的特有性能，表明青铜制造技术已经炉火纯青。研究发现，这套编钟总音域跨越五个八度，中心音域十二个半音齐全，可奏出完整的五声、六声或七声音阶乐曲，每件钟可发出呈三度音程的两个乐音。从冶金、铸造、修整、加工等方面，无不体现出高超的青铜铸造水平及娴熟的加工技艺。

1978 年 8 月 1 日，湖北随州炮师礼堂肃穆安静，历史上第一场曾侯乙编钟原件演奏音乐会在这个礼堂举行。一曲《东方红》缓缓奏响，在沉睡了 2400 余年后，曾侯乙编钟再次发声，人们听到了来自孔子时期的乐音。"作为礼乐重器，编钟是权力和地位的象征。铸造编钟，往往与君王、贵族的政治意向，与追孝先辈、光宗耀祖以及祝福子子孙孙永保用享相关联。编钟，常常在敬天地、祭鬼神、享宾朋的重大的礼仪里和国之大事中担当重任。人们希望以和美的钟声祈祷风调雨顺，寓意政通人和。宏大远闻、铿锵有力的声音，彰显着权威，条理着教化，愉悦着心灵。钟声成为一种精神追求和信仰的声音符号。编钟作为物化了的精神产品从历史、文化、音乐、美术等人文方面，以及声学、铸造等科学技术方面，反映出古代人类文化的精华和极为丰富的内涵。曾侯乙编钟是古代中国礼乐制度下的巅峰之作。"[①]

曾侯乙墓中，与编钟同出的音乐文物，有编磬、建鼓、琴、瑟、篪、排箫、笙等，总计达 125 件。中国古代有所谓"八音"之说，即金、石、丝、竹、匏、土、革、木，曾侯乙墓中"八音"基本齐备。这是一个相当规模的宫廷

---

① 冯光生：《曾侯乙编钟与周代礼乐——纪念曾侯乙编钟出土四十周年》，《文化发展论丛》2018 年第 2 卷。

乐队，在世界古代音乐史上实为罕见。学界认为，曾国的宫廷音乐水平，标志着三代时期音乐文明的高度发展水平。中国的青铜文明和礼乐文明，在人类文明的"轴心时代"，得到酣畅淋漓的表达。

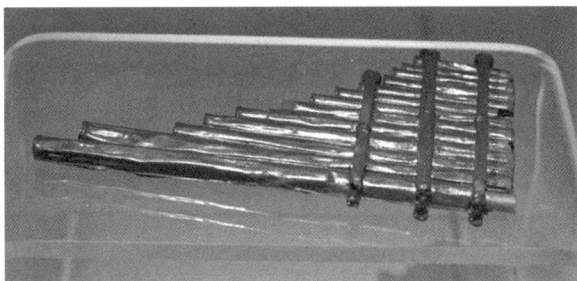

曾侯乙墓出土排箫。摄于湖北省博物馆

曾侯乙墓出土彩漆笙。摄于湖北省博物馆

夏商周时期，正是中华文明从"满天星斗"归为"多元一体"格局的重要阶段，也是中华文明特质基本成形的时期。广泛分布于华夏大地的方国文明，逐渐凝聚形成多元一体的中华文明。礼乐制度在这个过程中起到不可小觑的作用。周王室承继了各种文明形态对于音乐和礼仪的共同遵从，从国家制度层面将礼乐形态固化、系统化，并分出多种类型和等级，在王室和诸侯国依制实施，并使其渗透至整个社会，从而让全国上下有了统一的制度规范。自周以后，礼乐文明便成为中华文明一体化体系中不可分割的一部分。

音乐以国家制度文明形式而存在，这是古代中华文明的一大创造，在其他文明类型中恐怕是少有的，或者说达不到礼乐文明制度的"一体化"层级。这或许也可以从另一个层面解读为中华文明连续不断一体化特征的内在逻辑。

曾国在西周至春秋战国时期一直是一个独特的存在。对于礼乐文明为什么会在汉水之滨一个名不见经传的蕞尔小国里得到最热烈的绽放？这个问题是数十年来为考古学界、历史学界、音乐史界所共同关注。经过考古学界40多年的努力，他们逐渐得到一些注解：曾国在史料记载中虽然未见其名，但在两周史上的历史地位却不可小觑。他是周王室安定南蛮诸国的战略据点，是连接中原诸国与南方楚国的关键节点，更是长江流域铜矿资源进入中原诸国的交通枢纽。曾国在西周初年受封，至其在战国晚期为楚国所灭，历时700余年。这700余年的时间正是中国历史上青铜时代的巅峰，也是礼乐文明发展的极致。

考古发掘所见的曾国，是周初分封于江汉地区以镇抚淮夷的诸侯国。据一些学者考察，它是周的正统，是周初著名贤臣南宫适的封国。封在汉江流域随枣一带，是周为实现对江汉地区、长江流域"蛮夷"之国的镇抚和控制，包括对日益壮大的楚国的控制。虽然曾国在传世史籍中没有多少记载，但是考古发掘的资料显示其在长江文明与中原文明的一体化融合中居于重要历史位置。后来日益壮大的楚国，即便"问鼎中原"，却一直与身边这个不算太大的诸侯国和平共处。究其原因，除了因为有过"楚昭王奔随"受到曾国国君保护、曾国有恩于楚的经历，更深层的原因或许是因为曾国在楚与周王室之间架起了一座经济与文化沟通的桥梁。

近年来，关于曾国的考古不断有新的发现，已经勾勒出一个从西周早期至战国中期的诸侯国图景，从中也可以看到编钟的完整发展路径：湖北随州叶家山发现一组保存完好的编钟，由1件镈钟和4件甬钟组成，年代在西周早期，比曾侯乙编钟要早500年；湖北枣阳郭家庙出土一套10件钮钟组成的编钟，型制统一、大小相次、音高稳定、宫调明确，完整呈现了徵、羽、宫、商、角的"五正声"宫调系统，可谓曾侯乙编钟的先声，比曾侯乙要早300年左右；随州义地岗文峰塔1号墓一套编钟，现存8件，根据铭文推断，墓主曾侯舆，可能是曾侯乙的爷爷辈……从叶家山、郭家庙、义地岗到出土曾侯乙编钟的擂鼓墩，完整地呈现了从西周早期直至战国中期的 700 年时间序列。这 700 年里，以编钟为代表的礼乐文化不断发展，到公元前 5 世纪达到极高成就。这既是周王朝礼乐文化发展的历史见证，也是礼乐文明在长江流域发扬光大的最好诠释。这个历史性的成就出现在作为"金道锡行"战略位置特殊的曾国，既是历史的偶然，也是历史的必然。

当然，从"礼制"的角度来看，春秋战国时期的乐悬制度已经进入所谓"礼崩乐坏"的时期，诸国的乐悬甚至超越了周王室的宫悬。"礼崩乐坏"恰是一个标志，标志着一个重构的时代、一个创造的时代，标志着原来周王室分封架构的崩塌，一个残酷而又充满活力的竞争结构的崛起。在这个新的社会结构里，如何重建统一性的社会秩序，孔子看到的仍然是"礼""乐"的功能。他借着抨击"礼崩乐坏"的名义，打着继承和发展西周礼乐思想的旗号，决心重建礼乐秩序。

孔子说："周监于二代，郁郁乎文哉，吾从周。"但在实际上，孔子并不是泥古的保守派。他所要重构的礼乐秩序与周公所建的分封秩序并不相同。孔子赋予了礼乐教化新的功能和意义。在他看来，"乐者为同，礼者为异，同则相亲，异则相敬"。"乐"是对人们情感的亲近愉悦，而"礼"是对人们行为举止的约束规范，礼乐的核心是"发乎情而止乎礼"。把教育思想溶于具体的音乐和礼仪中，在情感上愉悦和谐，在举止上有礼有节，于是就可以使人们在实践中不知不觉被感化。

经过儒家的弘扬，"礼乐"观念逐步升华为普遍认可的社会价值，礼乐文化成为中国传统文化的主体内容。礼乐文明为中华文明一体化和国家大一统提供了内在的精神动因。

第五章　历史的勾连

夏商周是中国青铜时代的繁盛时期。青铜时代是中国历史上第一个大融合的时代，是"满天星斗"般的古国（方国）文明融合为王朝文明的时代，也是长江流域与黄河流域大两河流域文明融为一体归为华夏文明的时代。但是，在传统的历史观念看来，夏商时期的黄河流域热闹非凡，王朝更迭，群雄逐鹿，文明激荡，相较之下长江流域则显得冷冷清清，寂寂无声。在考古学上，昔日河姆渡、屈家岭、良渚、石家河等稻作农业新石器聚落文化所创造的辉煌似乎也戛然而止，不知所踪。直至若干"商城"在长江流域陆续被发现，才终于建立起从新石器时代到青铜时代的历史联结，也建立起中原地区、黄河流域与长江流域在青铜文化上的历史勾连。其中，最为典型的是长江上游三星堆遗址和长江中游盘龙城遗址。

第一节　盘龙城与三星堆

在没有高铁、高速公路的远古时代，河流是区际之间最顺畅的连接，顺水推舟，飞流直下，这是一种运量和运速都无可比拟的运输方式。我国幅员辽阔，长江、黄河贯穿东西，自古就是华夏大地的主脉。而在大运河被开凿以前，汉江犹如人体的"带脉"，沟通南北，成为打通中华文明"任督二脉"的关键。

汉江蜿蜒浩荡，从汉中一路奔腾，穿关中、越秦岭、跨江汉平原，至大别山西侧汇入长江。汉江入口，便是两江三镇、江汉朝宗的"大武汉"。什么是武汉？有人说是江湖之城，有人说是九省通衢，有人说是商贾辐辏，有人说是得中独厚。正史所载武汉的建城历史大约起于东汉，今天的武汉因长江、汉江之隔，分为汉口、武昌、汉阳三镇，而这里最早的城市建制是东汉时期所筑的却月城，在今汉阳月湖附近，汉建安十三年（208 年）孙权派凌统、董袭破黄祖军，屠却月城，城废。后刘表之子刘琦又筑鲁山城，作为江夏郡治，亦在汉阳。同时，吴主孙权在今武昌蛇山东北筑夏口城，作为军事堡垒，依山傍江，凭墉藉险。今蛇山上的黄鹤楼，据载最早就是周瑜在黄鹄矶上所建的一座瞭望塔。

所以，根据史料记载，武汉的建城史不到 2000 年。但是，在考古学上，武汉的建城历史则可以直溯至商代早期，距今 3500 年前。考古发掘的武汉盘龙城，是长江流域已知布局最清楚、遗迹最丰富的商代早期城市，长江流域青铜文明的中心。它也是沟通长江与黄河的古老城市，长江流域与黄河流域文化走向一体化的样本，是中华文明"融合"特征的早期结晶。

盘龙城遗址在 1954 年被发现。那年初夏，长江与汉江汛期提前到来，洪峰一浪高过一浪，武汉全市人民紧急动员投入抗洪抢险。在保卫大武汉的抢险行动中，地处长江之滨、府河之畔地势较高的盘龙城一带成为取土点，台地上的黄土被挖去加固张公堤。那时，人们并不知道，这些黄土里竟然埋葬着 3500 年前的秘密。四面合围的黄土台地，竟是历经几千年风雨而保存下来的古城垣遗迹。紧张的抢险过程中，不时传出有青铜器被挖出的消息，这才引起人们的注意。退水后，湖北省文物管理委员会派蓝蔚等人来此调查，这才揭开长江中游首个商代城址的神秘历史面纱。

盘龙城国家遗址公园遗址核心区。饶饶拍摄

蓝蔚等人通过现场调查，初步判断盘龙城为一处商代遗址。1963年，中国科学院考古研究所长江工作队对盘龙城进行首次发掘，发现商代墓葬5座，并出土了一批青铜器玉器等，证实了蓝蔚等人的判断。当年的发掘报告中说，盘龙城遗址的时代大约属于商代二里岗期，最近也不晚于安阳小屯早期，盘龙城墓葬的时代与遗址大致相同，所出的青铜器，虽铸造于长江流域，但与郑州等地商代青铜工艺作风完全一样，使我们看到了我国早在商代二里岗期南北文化已趋统一。[①]

1954年以前，学术界对长江中游地区商周以前的历史和文化一无所知，首次在黄河中游地区之外的湖北发现早于商代晚期的城址、墓葬和青铜器，促使考古学者和历史学者认为，应重新评估早期文明在长江流域的发展水平。不少学者提出，此前所谓黄河流域是中华文明摇篮这样的社会性认识并不全面，长江流域和黄河流域一样，也应该是中华文明的起源地之一。正是因为盘龙城遗址的发掘，才使人们认识到，长江和黄河一样，都是中华民族古代文明的摇篮。[②]

自20世纪70年代以来，几代人对盘龙城进行了数次发掘，取得丰硕的考古成果，迄今已发掘面积超过20000平方米，发现了宫城城垣、城壕、宫殿基址、贵族墓地、铸铜作坊、灰坑、窑址等重要遗迹，出土文物达3000余件，曾入选"20世纪中国100项重大考古发现"。根据考古资料的综合研究，学者们普遍认为，盘龙城所表现出来的文化面貌，与同期中原商文化基本一致，说明3500多年前的商王国，已至少是南达长江、幅员广大的国家。盘龙城遗存的存续年代从二里头文化晚期至二里岗文化上层二期，即距今3800年至3300年间，大致相当于夏朝后期和商朝中期，而其作为有建制的城郭出现时间约在公元前1500年前后，大约经过200多年的发展和繁荣后，悄然消逝于历史的长河之中。

盘龙城之所以被视为商代早期重要城址，是因为它已经具备典型的外郭

① 湖北省博物馆：《一九六三年湖北黄陂盘龙城商代遗址的发掘》，《文物》1976年第1期。
② 冯天瑜、刘英姿：《商代盘龙城在中国早期文明史的地位》，《商代盘龙城学术研讨会论文集》，科学出版社2014年版。

内城初级城市结构。盘龙城城址略呈方形，南北长约 290 米，东西约 260 米，面积约 7.5 万平方米，1954 年前四面土城仍保存比较完整的轮廓，每面城垣中间有缺口，可能就是城门。1954 年抗洪取土部分破坏，现今南垣、西垣及北垣西端尚存高于地面约 1—3 米高残垣，垣身系夯筑而成，其夯筑技术与郑州商城相近。城垣外有宽约 14 米、深约 4 米的环壕，相当于护城河。城内东北部有人工土筑高台，土台上发现 3 座前后并列、坐北朝南的大型建筑基址。其中 1 号基址面阔 38.2 米，进深 11 米，根据柱穴和墙基结构，可知主体建筑应为并排的四室，周围还有回廊环绕。2 号基址与 1 号基址平行排列，处在同

盘龙城宫殿基址

盘龙城宫殿复原模型

一中轴线上，只有一个大厅。3 号目前尚未发掘。根据发掘资料和建筑基址，学者们得出结论：这是一处前朝后寝的大型宫殿基址，2 号基址为前堂，是"朝"，1 号基址为后室，是"寝"。宫殿建筑具有文献所载殷商建筑"茅茨土阶""四阿重屋"结构特征，"茅茨土阶"就是茅草为顶、筑土为基，"四阿重屋"意为四面坡顶、两重屋檐。①

此外，盘龙城还发现规模较大的贵族墓葬和手工作坊遗址等，出土大玉戈、青铜大圆鼎、青铜钺、绿松石镶金片饰件等精美文物，数量庞大，种类丰富。盘龙城遗址出土青铜器已达数百件，其中李家嘴 2 号墓出土青铜钺，通高 41.4 厘米、刃宽 26.7 厘米，是目前所见商代前期最大的一件。钺是军事权力的象征，盘龙城青铜器是当时统治者拥有政权、军权和神权的体现，是长江流域商代青铜文明的杰出代表。②盘龙城出土玉器也很丰富，制作工艺水平较高，其中李家嘴 3 号墓出土的一件大玉戈，长 94 厘米，宽 11 厘米，厚仅 0.5 厘米，也是目前所见中国历代玉戈中最大的一件。与青铜钺一样，大玉戈也是军事统率权的象征。③

研究表明，盘龙城在城垣的夯筑方法与技术、城内大型宫殿基址的格局、"四阿重屋"的建筑风格、木椁墓葬埋葬习俗、青铜器群等方面，都与中原二里岗文化有着高度的一致性。因此，一般认为盘龙城遗存是中原商文化的一支。李伯谦、李学勤等著名考古学家都认为，早在商代初年，长江中游江汉地区已属商王朝统治的南土范围，是商王朝直接控制下的"封国"。李学勤根据盘龙城遗址的面貌与郑州商城等中原同期遗迹十分相似的特征，认为盘龙城属于商王朝统治区域的"南土"。他说，从宫殿基址到墓葬，以及出土的青铜器物、殉人遗骨等种种现象可见，盘龙城在它的繁荣时期是一座有重要政治经济意义的城市。④

---

① 陈贤一：《商代盘龙城》，武汉出版社 2015 年 2 月第 1 版，P40—41。

② 万琳、方勤主编：《南土遗珍——商代盘龙城文物集萃》，湖北教育出版社 2016 年 10 月第 1 版，P33。

③ 万琳、方勤主编：《南土遗珍——商代盘龙城文物集萃》，湖北教育出版社 2016 年 10 月第 1 版，P109。

④ 李学勤：《中华古代文明的起源——李学勤说先秦》，生活·读书·新知三联书店 2019 年 1 月第 1 版，P192。

在漫漫历史长河之中，盘龙城似乎来无影响去无踪，它从哪里来，后来又为何销声匿迹，至今仍没有确切的答案。但是，根据考古资料分析和研究，我们可以认为，它是长江中游地区从新石器时代向青铜时代迈进的重要联结，上承新石器时代屈家岭文化和石家河文化，下接两周时期的楚文化，在时间上为长江中游文明进程建立了历史的勾连。同时，它也是黄河流域与长江流域在青铜文化上的历史勾连，在空间上为青铜时代大两河流域文明的持续发展提供了证据。而在大体上同一个时期，在长江上游的成都平原上，也有一个神秘的青铜古文化横空出世，展现出长江上游青铜时代无与伦比的文明成就，也为长江上游的文明进程建立了历史联结。这就是著名的三星堆文化。

三星堆遗址早在 1929 年就已被发现，由当地农民燕道诚偶然发现，葛维汉、林名钧等在 1934 年进行了首次发掘，收获丰富。1980 年代开始，三星堆遗址群历经多次大规模的考古发掘，引发持久的关注和讨论，在海内外掀起持续的"三星堆文化热"。2021 年 3 月、4 月间，三星堆遗址新一轮考古发掘，新发现 6 个"祭祀坑"收获颇丰，出土重要文物千余件，再次引发全社会广泛关注。考古发现三星堆遗址群不仅规模庞大，而且持续时间长，从距今 5000 年前的新石器时代晚期，直至 3000 年前商末周初，时间延续近 2000 年，被认为是迄今在西南地区发现的范围最大、延续时间最长、文化内涵最丰富的古城、古国、古蜀文化遗址。被称为 20 世纪人类最伟大的考古发现之一，昭示了长江流域与黄河流域一样，同属中华文明的母体。

三星堆遗址文化最引人瞩目的是其独树一帜的青铜器。三星堆出土大型青铜立人像、纵目青铜人头像、青铜面具等，已经为世人所熟悉。1986 年出土的一件青铜立人像高 2.62 米、重 180 多公斤，如此高大的青铜铸像在商代青铜史上可谓独一无二；同期出土的大型青铜面具宽 138 厘米、重 80 多公斤，造型奇特，方面大耳，似人非人，似兽非兽，纵目獠牙，面容怪诞，一直是人们热议的青铜艺术形象。三星堆的青铜神树高 384 厘米，树上九枝，立鸟栖息，硕果勾垂，青龙盘踞，透出神秘的宗教色彩。三星堆青铜器中还有一件太阳轮，因其形状酷似汽车方向盘，被网友惊呼为穿越了三千年的"神作"。三星堆的青铜器造型奇特，具有很强的本地特色，被认为是商代中晚期古代蜀国青铜文明独具一格的文化代表。神秘的青铜器以及出土其他玉器、金器、象牙、海贝等等物品，无不显示三星堆遗址已经是一个文明高度繁荣的古国，它应是历史上所载的古代蜀国。这个青铜古国有着高度统一的文化观念和宗教信仰，从出土青铜器的性质可以判断其为王权与神权并存的社会结构，统治阶层掌握着青铜、金、玉、象牙等重要的社会资源，并将其用于维护统治社会的宗教活动。

三星堆青铜太阳轮

三星堆青铜面具

考古学家李学勤曾指出，三星堆的重大发现，以客观的事实指示我们，当时非中原地区的文化也会相当发达，三星堆以及别的一些地点的蜀文化青铜器，尽管铸造工艺尚不够成熟，却体现出强大的创造力和丰富的美术思维。因此，较之中原和"荆楚"的青铜器，别有引人之处。

第二节　南下和北上

三星堆遗址文化从何而来，为何会在成都平原上形成如此别具一格的青铜文化，学者们研究很多，争论也比较大。但是，较为集中的看法是，它与长江上游早期的土著文化有着密切的关系。考古发现成都平原史前时期的宝墩文化和长江中游的石家河文化等差不多在同一时期进入古国文明的时期，有大型的城址和社会阶层分化等特征，是新石器时代晚期长江上游进入文明曙光时期的表现。所以，较多的观点认为三星堆文化是宝墩文化和成都平原其他原始文化的延续。考古学上将三星堆遗址文化分为四期，第一期文化与后三期有着较为明显的不同，第一期为新石器时代末期文化，而后三期为青铜时代文化，这也可以看出三星堆文化经历了一个漫长而连续的发展过程。宝墩遗址发现后，通过比较有的学者认为宝墩文化的不少因素被三星堆文化继承下来，因此推断宝墩文化是三星堆文化的上源。从年代上看，三星堆一期文化与宝墩文化相当，甚至还要略早一点，因此可以说他们之间或许本就属于同一文化范畴，是后来三星堆青铜文化的共源。

三星堆青铜文化继承了一期文化（或宝墩文化）的同时，还吸收了其他文化因素，特别是长江中游的文化因素。著名考古学家俞伟超认为，古蜀文化之所以迅速发展起来，同公元前三千纪中叶有一批长江中游的"三苗"之民来到这里并带来比较发达的文化有关。他认为，早期蜀人与"三苗"集团存在着密切的文化关系，他们以土地崇拜和祖先崇拜为其核心的信仰体系非常相似。[①] 赵殿增根据成都平原的古城遗址和长江中游古城遗址的比较，则认为宝墩文化从筑城技术、城址形态和布局等方面看，都有可能是受到长江中游的影响。长江中游一个以掌握了堆筑城墙技术和成熟稻作农业技术的人群，在距今 4500 年前后进入成都平原，并与当地已有的土著文化融合，发展出新的地方特色文化"宝墩文化"。这个人群进入成都平原的动机，可能与中原文明征伐"三苗"，并"迁三苗于三危"的历史事件有关。[②]

考古学家李伯谦分析三星堆一期文化的构成因素，认为主要是两个部分：其一是以小平底罐、高柄豆、鸟头柄勺等为代表的土著文化因素，由当地原始文化继承发展下来，这是主要部分；其二则是以盉、觚形杯等为代表，来自中原二里头的文化因素，这是次要部分。到三星堆文化二期，土著文化因

---

① 俞伟超：《三星堆蜀文化与三苗文化的关系及其崇拜的内容》，《文物》1997 年第 5 期，P31-41。

② 赵殿增：《从古城址特征看宝墩文化来源——兼谈"三星堆一期文化"与"宝墩文化"的关系》，《四川文物》2021 年第 1 期，P63-76。

素和二里头文化因素继续发展，并开始受到来自汉水上游地区、中原地区、川东与长江峡区同期文化的强大冲击与影响。到了三期，来自汉水上游地区的以尖底为特征的作风已占了主导地位。[①]

由此，我们可以这样推断，四川平原很早就居住着原始部落，他们在新石器时代晚期，几乎与长江流域和黄河流域同步，相继进入文明发生的时期，建立起若干方国（或者邦国），其中包括宝墩、三星堆一期，而这些文明起源时期的方国、邦国受到来自长江中下游地区文明因素的影响，吸收了长江中下游相关文化因素，同时也受到了中原文化因素的影响，吸收了中原文化的因子，从而在长江上游形成了持续繁荣的古代文明，尤其是发展出特征鲜明的青铜文明。三星堆青铜文明并非孤立地存在于长江上游，它与盘龙城虽在城市性质上或有不同，但在文明属性上，则都是长江流域与黄河流域文明大融合的产物。

盘龙城的性质则有所不同，它与商王朝的关系更加密切，通常被认为是商王朝的"封国"。还有一种观点认为，盘龙城可能是商王朝势力向南推移的进程中建立的军事据点，目的是控制长江中游丰富的铜矿资源。考古发现，商周时期的铜矿遗址多出现在长江中下游。今日江西瑞昌的铜岭、湖北大冶的铜绿山、安徽铜陵和南陵等地，都发现了商周时期的大型铜矿遗址，形成一条源源不断的青铜原料供应带。盘龙城就是商王朝控制这一战略资源的军事据点。不论是商王朝的封国，还是军事据点，盘龙城都被认为是王朝中央对"南土"的控制。

但是随着盘龙城考古发掘日益深广，资料越来越丰富，盘龙城遗址文物传递出更多自身特色的文化信息，也有一些学者认为，盘龙城或为新石器时代晚期长江流域古国（方国）文明的延续，是本土文化的新发展。但即便如此，它仍然受到中原文化的强势影响。资料显示，盘龙城出土青铜器已达数百件，在器形、纹饰、制作等方面与郑州二里岗青铜器有很大程度的相似性，但也有大量独有器型，如青铜带鋬瓤形器、青铜提梁卣、青铜兽耳簋、铜锯

---

① 李伯谦：《对三星堆文化若干问题的认识》，《考古学研究》1997年第6期，P84—94。

等，都是前所未见，工艺制法自有特色，其冶铸工艺甚至高于二里岗和殷墟妇好墓出土青铜器。盘龙城出土陶器也自有特色，红陶杯、大口陶缸等陶器，与江汉地区屈家岭文化、石家河文化一脉相承。盘龙城出土的玉器也有着石家河文化的影子，如玉鹦鹉、玉蝉等，造型与石家河文化玉器类似。盘龙城遗址的青铜、玉、陶文化，既有显著的商文化特征，又有着显著的长江流域文化特色，是长江中游文化与南下商文化的结合，从而形成一种兼具南北风格的地方特色文化。

盘龙城出土青铜器

近年来，郭静云、郭立新等学者努力提出一种新的举张：在殷商以前，亦即新石器时代晚期至早商时期，中国原生农耕文明的发祥地应在长江流域，长江流域上中下游都有不同文明及早期国家的发生，其中在长江中游最早形成国家大文明。按照他们的观点，在屈家岭、石家河时期相继进入铜石并用时代和青铜时代，出现了以云梦大泽和江、汉、澧诸水为枢纽的交换贸易网络和联合城邦形式的国家——汉水古国，从而开启了东亚最早的文明化进程。[①] 而盘龙城是汉水古国经夏末至商初的承续，它不是二里岗文化南下的结果，而是与商人无关的本土古国，应纳入先楚文化的范围。盘龙城与石家河古城的文化虽然有差异，但基本上可以归为同一发展脉络，与江汉地区的发展情况完全一致。郭静云甚至认为，盘龙城是汉水古国的后代，他们在青铜

① 郭静云：《夏商周：从神话到史实》，上海古籍出版社 2013 年 11 月第 1 版，P6。

时代将江汉文明传到了黄河南岸，文明并非从北传到南，而是由南传到北。[①]

文明中心由南向北转移的观点，尚缺乏充足证据，但这种探讨问题的思路确实可以给我们新的启发，尤其是让我们可以重新审视长江流域文明化进程及其延续性发展。大量的考古资料表明，早自新石器时代以来，长江流域的文明化进程一直并不亚于黄河流域，至少可以说与黄河流域并驾齐驱，某些方面甚至更早于黄河流域。因此，打破固有的以黄河流域为中心进行研究的思维方式，重新审视黄河文明与长江文明在中华文明发展进程中的作用，还有突破的空间，新的研究方向在一定程度上拓宽了中华文明溯源研究的广度和厚度。

对盘龙城性质的争议尚无定论。但无论何种观点，都不可否认，盘龙城已经融合了多元文化因素，表现出在早商时期，长江流域文明和黄河流域文明已经实现了较为充分的"融合"。盘龙城不论是作为商王朝的"南土封国"还是"军事据点"，或者是古楚文化的"土著方国"，毋庸置疑都是这种"融合"的产物。盘龙城博物院院长万琳认为，盘龙城遗址文物传递的文化信息不仅体现了自身的特色，也彰显了多元文化因素的共同影响。盘龙城出土的鼎、簋、斝、爵等青铜容器，与中原出土器类特征基本一致，表明了中原文化与南方文化的交汇与融合。盘龙城还接受了下游文化的影响，比如这一时期，印纹硬陶的主要产地在长江下游，中原地区十分少见，盘龙城则介于两者之间，它也是南方文化向北传播的一个重要节点。[②] 说它是青铜时期的"九州通衢"，亦不为过。从空间序列上来说，盘龙城是黄河流域与长江流域文化合体的产物，而从时间序列上来看，它是新石器时代长江中游史前文化向夏商青铜文化的过渡，是长江中游文明没有断裂的证据。

夏商是中国青铜文明的形成发展时期，中原青铜文化的完全形成是在商代前期，主流的观点认为其中心为二里岗文化。"中国的古代文明在这个时期开始了从多元向一统的转化的进程，从而形成了以黄河中下游为核心的中原

---

① 郭静云：《夏商周：从神话到史实》，上海古籍出版社 2013 年 11 月第 1 版，P91-102。

② 万琳：《盘龙城考古研究与文物保护综述》，《南土遗珍——商代盘龙城文物集萃》，长江出版传媒湖北教育出版社 2016 年 10 月第 1 版。

青铜文化系统，周边文化的中原化进程也从此拉开了序幕。"①中原青铜文化系统一经形成，就对周边产生强大的辐射作用，到商代前期，已经形成了一个东至渤海、西达关中、北抵冀中、南逾长江的大文化圈，严文明等将其称为二里岗文化圈，也可以称为商文化圈，而这个文化圈的中心是规模宏大的郑州商城、偃师商城等王都。②

严文明曾提出中华文明曙光时期的"东亚大两河流域文明"模式，即在新石器时代晚期，长江流域和黄河流域同时进入古国文明的发生阶段，形成了若干不同的古国文明系统，他们彼此交流融合，共同构成东方文明的源头。从整个人类文明发展历史来说，以东亚大两河流域为根基发展起来的东方文明和以西亚两河流域为根基发展起来的西方文明，是独立起源的两大文明体系，是人类文明最主要的两极。进入青铜时代之后，从多元走向一统的文化进程再次证明东方大两河流域文明模式的可靠性。就长江—黄河大两河流域文明模式而言，不可否认的是，不论是"中原文化南下说"，还是"先楚文化北上说"，至晚在青铜时代的大发展时期，南达长江上游和中下游以南、北至黄河中下游以北的广大区域内，文化已经不仅仅是日常交流融合的量的积累，而是实现了从多元走向一体的质的飞跃。

进入 21 世纪以来，继"夏商周断代工程"之后，一项由国家支持的多学科结合、研究中国历史与古代文化的重大科研项目"中华文明探源工程"启动并实施。"中华文明探源工程"以考古调查发掘为获取相关资料的主要手段，以现代科学技术为支撑，采取多学科交叉研究的方式，揭示中华民族五千年文明起源与早期发展，探源工程实施期间，调动了人文社会科学与自然科学的各项学术资源，融合了不同学科的理论与方法，深度发掘了不同学科的潜力。2018 年 5 月，"中华文明探源工程"公布了初步结论：距今 5800 年前后，黄河、长江中下游以及辽河等区域出现了文明起源迹象，距今 5300 年以来，中华大地各地区陆续进入了文明阶段。距今 3800 年前后，中原地区形成了更

---

① 严文明主编：《中华文明史（第一卷）》，北京大学出版社 2006 年 4 月第 1 版，P177。
② 严文明主编：《中华文明史（第一卷）》，北京大学出版社 2006 年 4 月第 1 版，P178。

为成熟的文明形态，并向四方辐射文化影响力，成为中华文明总进程的核心和引领者。探源工程实证了中华文明"多元一体、兼容并蓄、绵延不断"的总体特征，中华文明在起源与早期发展阶段形成的多元一体格局、兼容革新能力，成为其长期生长的起点，从中孕育出的共同文化积淀、心理认同、礼制传统，奠定了中华文明绵延不断发展的基础。

武汉大学张昌平教授认为，在商代早期，盘龙城是商朝在长江流域最大的都邑，出土的青铜器从技术到形制与中原王朝的青铜器具有高度一致性，说明盘龙城与中原王朝具有密切的关系。而三星堆文化从技术到价值系统仍然是倾向于中原文化的，但又不像盘龙城那

三星堆出土铜兽面。摄于盘龙城遗址博物院"长江万里青"青铜精品展

样与中原文化具有高度一致性。比如三星堆的跪坐人像，面部是典型的三星堆本地风格，而头顶的圆口尊从器形到纹样，则是典型的中原商王朝风格，明显体现了三星堆对中原青铜器铜尊非常尊崇。[1]

第三节　华夏观念

多元一体的文明形成于夏商时期，这与古史传说基本一致。考古学上一般认为二里头文化是夏文化的代表。位于河南偃师的二里头遗址，曾被认为是早期商代遗址，但是随着 20 世纪 80 年代偃师商城的发现，二里头遗址作为夏文化遗址的观念成为主流。碳 -14 测年也表明，二里头文化年代相当于公元前 20 世纪至公元前 16 世纪，属夏王朝时期。[2]二里头遗址发现有规模庞

---

[1]　《考古学者张昌平：三星堆文明倾向于中原文化》，《长江日报》客户端 2021 年 9 月 12 日。

[2]　严文明主编：《中华文明史（第一卷）》，北京大学出版社 2006 年 4 月第 1 版，P108。

大的宫殿基址，四周围墙，墙内是宽阔的庭院，庭院正北是殿堂，殿堂东西长36米，南北宽25米，气势不凡。二里头遗址还发现随葬青铜礼器和兵器，其种类之多，几乎已经涵盖了中国青铜时代最主要的类别，如鼎、爵、戈、钺、凿、铃等。二里头还发现一处铸铜作坊遗存，是目前可知最早的一处铸铜作坊。

二里头文化以今河南中部为中心，已经进入青铜文化时代，是一个复杂的文化共同体，遗址还有相当数量的小麦遗存，意味着与中亚、西亚已经有了某种形式的文化交流。替代夏文化的商文化，其实在二里头文化时期即已存在，考古学家谓之先商文化，其中心在今河北省中南部，与二里头文化相邻。先商文化的继承者是二里岗文化，一般认为这里是汤灭夏桀之后的商代早期文化。商代早期的重要城址不仅有偃师商城、郑州商城，也有长江流域的盘龙城，他们都是盘庚迁殷之前的重要城址，在考古学文化上表现出高度的相似性和一致性。可见，以黄河流域为中心的多元一体华夏格局在夏商时期开始完成。

"夏""华夏""中国"就是在这种多元一体格局之中形成的普遍认同的观念。1963年出土于陕西省宝鸡市宝鸡县贾村镇（今宝鸡市陈仓区）的饕餮纹铜尊"何尊"，被列为中国首批禁止出国（境）展览文物，是迄今为止所见"中国"两字的最早实证。尊内底铸有12行、122字铭文，其中有："唯武王既克大邑商，则廷告于天，曰：'余其宅兹中国，自之乂民'。"释义大意为：周武王攻克商都之后，便祭告天下，我从此就以这里为国之中心，统率万民。有了"中国"之称谓，便有"华夏"之观念。先秦文献中"华""夏"常见，比如孔子说："裔不谋夏，夷不乱华。"孔颖达解释为"中国有礼仪之大，故称夏，有服章之美，谓之华"。"华"是衣着华美之意，"夏"是有礼有仪的意思，"华夏"指的就是那个文明程度高于周边的居于"中国"的部族。

现代学者一般认为"华"和"夏"代表了早期两个不同的部族，后来两个部族融合，形成"华夏"部落联盟。傅斯年曾提出"夷夏东西"说，认为夏商周时期大体有东西两大文化系统，夏和周属于西系，夷和商属于东系。根据这样的区分，一般都认为，"夏"代表的是夏后氏部族，也就是自黄帝至尧、舜、禹这一文化系统。但是，对于"华"代表的是哪个部族哪种文化，却莫衷一是。较为正统的观念认为诸华之民起于西岳华山，他们在东迁后称为"华族"，华族与夏后氏部落联合之后，形成了以中原之地为中心的华夏部落联盟。也有人认为，炎帝之母"登游华阳，感神而生炎帝"，所以炎帝之部族称为"华族"。炎帝相传为太阳神，是南方的天帝，掌管着南方一万二千里的地方。按照这样的传说，炎帝应为南方部落（一种说法是今湖北随州一带）。炎帝部落在与黄帝部落的战争中失败，但黄帝敬重炎帝，于是结成部落联盟，便是炎黄部落联盟，也称华夏部落联盟。从此华夏便成为中国的指代，而炎黄子孙也成为中国人的共同称谓。还有人认为华族的得名，可能与传说之中伏羲的母亲华胥氏有关，华胥氏是中华民族的"始祖母"，传说她在"雷泽"看见巨人的足印（大迹），便用自己的脚去踩这"大迹"，这一踩就有感而生下了伏羲。一些学者认为，雷泽或为今之太湖，早期的华族是太湖流域的原始部落。考古发现，长江下游太湖流域新石器时代在文明的起源上确实具有一定的领先性，据此对华夏观念源头追溯至长江流域的新探索是值得关注的。

　　长江流域与黄河流域同为中华文明摇篮，这是考古学已经证明的事实。郭静云等学者还提出了一个"江河中原"的大胆假说，将中原概念从传统意义上黄河中游中原延展为长江与黄河之间一个更广阔的江河平原。[①] 实际上是一个涵盖了鄂豫平原、江汉平原、洞庭湖平原的宽阔农耕地区，恰好是稻作农业的主要发祥地。就这一点而言，其与大两河流域的提法是一致的。但现在仍有不少学者还是囿于"黄河中心"的固有思维，认为"中国"产生在黄河之滨，黄河流域曾经是中国的主体。事实上，即便在历史典籍和古史传说之中，也并未将黄河流域与长江流域以及其他区域的文化分割开来，而从来都是一体的。

　　在古史传说中，三皇五帝是华夏文明的开创者。究竟是哪"三皇"、哪"五帝"呢？古代文献中的说法不一，比如三皇，比较通行的说法是燧人氏、伏羲氏和神农氏，另一些则有以女娲、祝融、共工等取代燧人氏的说法。在这

---

① 　郭静云：《夏商周：从神话到史实》，上海古籍出版社 2013 年 11 月第 1 版，P60。

些神话化的人物中，燧人氏是钻木取火技术的发明者；伏羲氏则是教民渔网、结网捕鱼的第一人，他还是"八卦"的发明者；而神农氏"斫木为耜，揉木为耒，耒耨之利，以教天下"（《易·系辞下传》），是农耕文明的开创者。按照徐旭生《中国古史的传说时代》考证，伏羲氏是南蛮古帝，是南方民族的始祖，随着南方文明的北渐，伏羲成为整个中华民族的始祖。① 神农氏又作烈山氏，典籍中常与炎帝合为一人，不少学者考证其出生和活动的地域在湖北、湖南一带。今天湖北随州设有炎帝神农故里风景区，2009 年以来每年举办"世界华人炎帝故里寻根节"，成为海内外炎黄子孙寻根祭祖、旅游观光的胜地。

"五帝"按照《史记》记载，则分别为：黄帝、颛顼、帝喾、帝尧、帝舜。过去一般承袭司马迁的意见，认为五帝以黄帝为首，其后依次称雄。但现在有不少学者认为，他们并不一定是顺序继承的关系，而是分属不同的部落或集团。只是这些部落或集团结成联盟式的关系，先后推举"五帝"为联盟的首领。这样理解或许更符合现代考古学意义上新石器时代晚期多个早期文明林立的实际。

在中国古史传说中，黄帝和炎帝是最著名的英雄。先秦典籍中的"五帝"，也有包括炎帝的。《礼记》《吕氏春秋》《淮南子》等所载的五帝，指的是：太昊、炎帝、黄帝、少昊、颛顼。关于炎帝，一说是神农氏，是太阳之神，教会人民播种五谷，还亲尝百草，为人民找到治病解毒的良药。另一说炎帝和黄帝是同期的人物，"黄帝以姬水成，炎帝以姜水成"，他们之间有过激烈的战斗，最终炎帝战败，黄帝部族与炎帝部族融合为一体，从此炎黄就成为中华民族的共祖。甚至有说他们是同父异母的兄弟，各领着天下的一半，后来展开了一场决战，炎帝战败。另一种传说则是，黄帝之时，还有蚩尤部落，《史记·五帝本纪》载："蚩尤作乱，不用帝命，于是黄帝乃征师诸侯，与蚩尤战于涿鹿之野，遂禽杀蚩尤。"黄帝和蚩尤之间也是两个强大部落的争锋。吕思勉《中国通史》（全名《自修适用白话本国史》）中曾提出，从黄帝时代起，直至尧舜时代，有"黎"族占据长江流域，蚩尤就是黎族初起时的君主，后

---

① 刘俊男：《长江中游地区文明进程研究》，科学出版社 2014 年 3 月第 1 版，P296。

来"黎"人国家称为"三苗"。也就是说，蚩尤就是三苗的祖先，而三苗的"苗"字，其实就是南蛮的"蛮"字的转音。

古史传说往往存在混乱和矛盾，难以厘出一个清晰的脉络。但是从这些古史传说和文献记载可以看出，五帝时代，在华夏大地上曾经生活着多个实力雄厚的部族，他们之间互有征战，相互争锋，也互有交流。近年来学者们结合考古发现，对古史传说作出新的诠释。自新石器时代中期至夏代以前，中原地区先后有前仰韶文化、仰韶文化和龙山文化，山东海岱地区有后李文化、北辛文化、大汶口文化和典型龙山文化，长江中游地区则有彭头山文化、城背溪文化、大溪文化、屈家岭文化和石家河文化，这三大区域的史前文化与古史传说中的中原、东夷、南蛮（苗蛮）大体一致。通过从史料中寻找蛛丝马迹，许多学者研究发现，他们与古史传说中的黄帝部落、炎帝部落、蚩尤部落等也可以找到一定的对应关系。著名历史学家许倬云指出，红山、大汶口、良渚、石家河等若干重要的新石器时代文化，都在距今四千多年几乎同时衰落，接续他们的，却是一些不如这些文化的地方文化。在这个时候，黄河沿岸却有一个非常稳定的地方文化，不但没有衰落，而且显示出稳定的发展潜力。[1] 这个稳定的地方文化就是后来所说的"中原文化"。考古学上，在距今五六千年的仰韶文化后期，中原文化较弱，而海岱文化和南方长江中游文化崛起，对中原文化产生一定的影响；到距今四五千年的龙山时代，中原崛起，东方和南方文化突然沉寂，中国史前文化趋向一体化。[2] 这与古史传说可谓形成了暗合的关系。

当然，将古史传说与考古材料对应研究所得出的结论，还有很大争议，一方面是由于考古资料还不充分，其间夹杂着很多猜想的成分，另一方面是由于历史典籍中古史传说过于庞杂，有些甚至内容相左、年代错乱，人物关系也是混乱的，这就为理顺历史真实带来很大困难。但是，越往近古，由于

---

[1] 许倬云：《说中国——一个不断变化的复杂共同体》，广西师范大学出版社 2015 年 5 月第 1 版，P33。

[2] 中国社会科学院历史研究所：《中国通史之一——从中华先祖到春秋战国》，华夏出版社、安徽教育出版社 2016 年 5 月第 1 版，P92—93。

传世文献的记载更加完善，对应关系就逐渐清晰。

在不同的典籍中，"五帝"的活动范围都广泛涉及长江流域。如《吕氏春秋》说"尧战丹水之浦以服南蛮"，《山海经》中说"苍梧之山，帝舜葬于阳，帝丹朱葬于阴"。"尧战丹水之浦以服南蛮"中的"南蛮"是谁？研究者一般认为是"三苗"。《战国策·魏策》中吴起说："三苗之居，左有彭蠡之波，右有洞庭之水，文山在其南，而衡山在其北。"《史记·五帝本纪》则载，"三苗在江淮、荆州数为乱"，尧、舜、禹都曾大规模征伐三苗。可见，三苗是南方一个实力雄厚、势力庞大的部落。吕思勉认为三苗是蚩尤"黎"族部落的发展，另一些学者认为，三苗是炎帝部落的延续，到尧舜时期在长江中游地区建立起了早期的国家。江汉地区新石器时代的文化，极有可能就是三苗的文化遗存。特别是石家河古城遗址，可能就是三苗的中心所在。这个早期文化在"禹征三苗"的战争中遭受重创。其后，与夏王朝相对应的二里头文化时期，长江中游在考古学上目前尚为空白。

考古发掘上的空白并不代表历史上的空白。《诗经·商颂·殷武》："维女(汝)荆楚，居国南乡。昔有成汤，自彼氐羌。莫敢不来享，莫敢不来王"。则表明在夏商时期，南方并非空白，而是仍然有一个强大的文化体系即"荆楚"，学者一般称之为"先楚"。成汤曾经征伐过荆楚，但其势力依然强大，可与夏、商抗衡，其文化则更为繁盛，对北方部族产生较强的文化影响力。从这个角度来看，郭静云等所主张的文化北上说也并非全无道理。

武汉盘龙城、江西新干大洋洲等地出土的青铜器，既有商邑的特色，又保留自身特色，在很多方面，其技术和成就甚至远超北方青铜器。盘龙城并不只有商代早期文化遗层，其上层为二里岗期文化，下层则还叠压相当二里头文化期的遗存，意味着盘龙城的存续年代可以上衍至夏代，如果考古发掘进一步深入的话，或许可以与石家河文化之间建立连续的系列。直至大约在距今3200年前后，殷商武丁之时，再度讨伐荆楚，"挞彼殷武，奋伐荆楚，深入其阻，裒荆之旅，有截其所，汤孙之绪"。学者们普遍认为，殷人早在商代早期就建立了盘龙城这一重要军事据点或者封国，但在武丁之前，商王朝几度中衰，"诸侯或不至"，甚至一度失去对"南乡"的控制力，武丁再次伐荆，亲临长江中游，以期遏制南方并控制长江中游的战略资源铜矿。果真如此的话，很难解释为什么在武丁伐荆之后，长江中游突然归于沉寂，盘龙城文化恰在此时戛然而止。细读《商颂·殷武》之诗，或许可以看出，"汤孙"武丁在奋伐荆楚时，挑起的战争理由是：自昔日成汤建立殷商，那些远方民族氏羌，没人胆敢不来献享，没人胆敢不来朝王，我历代殷王才是天下之长。只有你这偏僻之地荆楚，长久居住南方自成一国。是可忍，孰不可忍！殷王武丁神勇英武，亲率王师，深入险阻，扫荡荆楚，建立了成汤子孙应有之功业。至此，商王朝才终于一统南方之地，"先楚"文化彻底融入商文化的汪洋大潮。

所以，我们可以假设出这样一个历史的勾连顺序：早在上古时期，长江中下游和太湖流域就生活着古史传说中的英雄部落，他们与黄河中下游的英雄部落一样，创造了新石器时代的辉煌，并与黄河中下游的族群部落不断发生冲突和交流。长江中游以石家河城为政治中心的三苗古国或为炎帝部落后裔，或为蚩尤部落后裔，在江汉地区持续了上千年的统治，却在公元前2000年前后被来自禹夏的势力击破，一部分古国居民被迁往北方，还有一部分东迁至古云梦的东缘，或许是在北方部落的统治之下，或许是他们自己接受了北方部落的文化，总之他们以南北文化融合的方式继续发展，创造出新的"先楚"文化，并建立了新的中心：盘龙城。盘龙城的文化是在与商文化的交流过程中发展壮大起来的，最后也是在与商文化的冲突中停住了脚步。但是，无论是石家河文化还是盘龙城文化的痕迹并没有被历史抹去，他们继续在江汉地区和长江两岸以散落的形式存在，直至另一个北方部落南迁，在再一次冲突与融合的过程中实现飞跃，创造出长江流域又一次的文明辉煌。

那就是后来的楚文化！

中篇・融合

第六章　长江文明的"第二次高峰"

1992年夏天，季羡林参观湖北武汉和荆州的博物馆，看到很多出土的文物，"简直是闻所未闻，见所未见，心中兴奋，非言语所能表达"。"大为惊诧"之下，写下《中国古史应当重写》一文，指出至晚到了周代，长江流域的楚文化和南方文化，"至少可以同北方文化并驾齐驱"，然而无论是学者们的历史著作中，还是一般人的心目中，南方仍然是蛮荒之地，在文化上上不得台盘，"这是非常不公平的，也是不符合实情的"。几年之后，季先生又在《中国通史必须重写》一文中写道：现在考古发掘工作告诉我们，长江流域的文化发展决不可轻视，过去只看到黄河流域一个地方，是不够的，"今天我们再写历史，决不能再走这一条老路"。

今天，中国通史已然重写，不论是在正史教材还是各类自媒体、社交媒体所作的历史读物中，由考古发掘所展示的长江流域优秀文明成果都得到不同程度的呈现。尤其是长江中下游在新石器时代所取得的文明成果，已被置于相当重要的位置。近年来，对于良渚古国文明的推介和对于三星堆青铜文明的宣传，更是极大地吸引了公众的眼球，使公众对于长江流域在中华文明历史进程中的位置有了新的认识。然而，如果从整个中国古代文明进程的历史来说，大多数对于长江流域固有的偏见依然存在，或许认为这些古代文明只是一些片断式的存在，并非华夏文明的主流，或许认为他们在历史长河中的地位并不能与中原文明或者黄河文明相提并论。

要改变这些历史的偏见，一方面需要更大力度的宣传，另一方面也需要更加深入的历史研究和考古探索。特别是要在中华文明起源、确立、延续的历史序列中，能够更加清晰、完整、连续地描绘出长江文明发展的脉络。根据考古发掘和历史研究的成果，长江流域确曾多次达到至少可以和北方、和中原"并驾齐驱"的文明高度。自新石器时代晚期至秦始皇建立大一统的国家，长江流域文明进程中至少有过三次辉煌：其一是在古国文明的起源时期，以良渚和石家河等为代表的新石器晚期文化，在"满天星斗"的中华文明起源星空图上，尤为璀璨和闪亮，不少学者认为其文明发展成就甚至比黄河流域和中原地区发展更早、更高；其二是以盘龙城等为代表的早商时期，长江流域的青铜文化已经达到不输北方的境界；其三是春秋战国时期，以楚国为代表，在长江流域创造了盛极一时的楚文化，楚文化无论在物质文化层面还是在精神文化层面，都可谓丰富多彩且博大精深，"至少可以同北方文化并驾齐驱"。

如果以文明进程的历史高峰来看，至少在古国文明时期，长江流域可以说达到了第一个高峰，是中华文明五千年的历史见证。夏商时期的长江流域青铜文明目前还没有连续性、全域性的发展证据，我们且将其作为有待进一步考证的文明历程。而到楚文化的辉煌时期，不能不说长江文明进入了第二次高峰时期。两周时期是中国整个社会体系、国家制度、政治思想趋于完整，中华文明走向成熟的时期，也是全世界范围内的文明轴心时期，人类最伟大的思想、制度、哲学、宗教相继诞生的阶段。在这个时期，大放异彩的楚文化创造了不仅可以"问鼎"中原，甚至可以与古希腊相颉颃的优秀文明成果。

第一节 南方都会

在湖北荆州古城以北约 5 公里的地方，就是楚国鼎盛时期都城郢都的故城遗址——纪南城。纪南城因在纪山之南而得名，据传自汉以后这个名字就存在。如今纪南城遗址区仍然是数千居民居住的镇村，大片农田、鱼池、林木纵横交错。然而，2000 多年前，这里却上演着不一样的精彩。20 世纪 50 年代，湖北省文物管理委员会对荆州江陵县郢城、万城、纪南城开展调查，楚纪南故城被公布为湖北省第一批文物保护单位。六七十年代，随着纪南城周围一批楚文化遗址和楚墓的发掘，尤其是虎座鸟架鼓、越王勾践剑、彩绘木雕小座屏、彩绘石编磬等重要珍贵文物出土，人们对楚文化的精彩绝艳刮目相看，对楚故都的真实面目充满期待。

楚故都纪南城遗址。熊琦拍摄

1975 年，在这里举行了一场规模宏大的"考古大会战"，北京大学、吉林大学、南京大学等 7 所高校的师生，中国历史博物馆、国家文物局文博研究所的专家学者，以及上海、天津等 7 个省、市文博部门考古工作者，齐聚于此，湖北省更是抽调大批考古文博人员，合力进行了大规模的勘探和发掘，让历史的精彩重现人间。此后又经过多轮发掘，一个曾经叱咤风云的南国第一大城浮现出来。考古发现，纪南城土筑城垣保存较好，夯筑城垣大部分仍凸显在地面上，一般残高 4—8 米，底宽 30—40 米，上宽 10—20 米。城内面积约 16 平方公里，其规模是荆州古城的 3 倍多。已经知有 7 座城门，其中北垣东门和南垣西门为水门，有古河道贯穿。城里的宫城区、贵族居住区、平民生活区、集市区、手工业作坊区等分布明显。

2010 年 11 月，湖北省政府批准设立荆州楚纪南故城大遗址保护区。2011 年 4 月，国家文物局批复纪南城大遗址保护项目。湖北省文物考古研究所再次组织力量开展调查和考古工作。在这一片稻田与水网交织分布的平原上，考古工作者不仅发现一批古窑址、古井等新的重要遗迹，而且明确了纪南城内宫殿区的范围。宫城面积达 72 万余平方米，大小与北京紫禁城面积相当。

纪南城遗址古建台基

史籍记载楚国郢都"西通巫、巴，东有云梦之饶"，是战国时期最繁华的都市之一。学者们常引用东汉桓谭《新论》中的一段话，来表现楚国郢都的繁盛景况："楚之郢都，车毂击，民肩摩，市路相排突，号为朝衣新而暮衣敝也。"街市车毂相击，行人摩肩接踵，早起穿上新衣进城，到了晚上被挤得敝衣而归，郢都的繁华鼎盛，可想而知。

但是，桓谭所说的郢都，指的是楚国哪座都城，《新论》中并没有明说。读历史就会知道，楚国历史上并不只有一个郢都，楚人习惯上将都城称为"郢"，楚国的郢都先后有好几个。根据最具代表性的楚史学家张正明的观点，第一个郢都应在今湖北宜城县境。公元前689年，楚文王元年，将都城从丹阳迁于郢，这里地控汉水中游，北望南阳盆地，东临随枣走廊，南瞰江汉平原，西扼荆睢山区，是江淮之间的枢纽，楚国以这里为统治中心，为楚国的强大和楚文化的崛起创造了条件。① 历时180余年后，公元前506年，吴国大举兴兵伐楚，攻破郢都，楚昭王奔随。两年之后，吴再举兵，昭王唯恐吴师再度入郢，于是迁都于鄀，仍称郢都。张正明认为，鄀在今湖北钟祥北部。没过多久，约在楚昭王十三年至二十四年（前503—前492）间，楚都又南迁至今湖北江陵县境，还是称为郢都。② 考古发现的荆州纪南城，当为昭王南迁

---

① 张正明：《楚文化史》，湖北教育出版社2018年5月第1版，P26。

② 张正明：《楚文化史》，湖北教育出版社2018年5月第1版，P110。

之后的楚国都城。

楚国以纪南城为都城，长达 220 年左右，至楚顷襄王十一年（前 278），秦将白起破郢，楚都被迫东迁至陈（今河南淮阳），虽仍然称为郢都，但国势已是江河日下。楚考烈王十年（前 253），迁都于钜阳（今安徽阜阳北），称为钜郢。考烈王二十二年（前 241 年），迁都于寿春（今安徽寿县），称为寿郢。直至负刍五年（前 223）秦灭楚，郢都几经迁徙，终成历史的云烟。

桓谭《新论》中的那段话后面还有一句："道路皆蒿草，寥廓狼藉。"这是郢都陷落之后萧条荒废的境况，与前面车连车、人挤人的景象形成强烈的对比。但是，这个由盛而衰的楚郢，指的是楚国哪个郢都，不能一概而论。就楚国城市发展历史而言，从南郢（纪南城）到陈郢、寿郢都有可能。譬如陈郢，原为陈国的都城，不仅有完备的城制，而且气势不凡，城繁市闹，《诗经·陈风·东门之枌》"不绩其麻，市也婆娑"，便是说陈城的热闹繁荣。楚惠王灭陈国设陈县后，增筑陈城，作为楚国军事重镇，历时 200 余年，楚顷襄王从南郢逃到陈城，以这里做了 25 年的郢都，其间也有较大规模的增修，为战国晚期南方重点城市。再如寿郢，据载为楚春申君所筑，本是春申君的采邑之地，故名寿春。楚考烈王二十二年，徙都寿春，这里成为楚国最后一个郢都。据考古发掘，寿郢城址在今寿春县城东南，城郭周长约 20 公里，城区面积约 26 平方公里，是纪南城的 1.6 倍还多，并超过了曲阜鲁城、侯马晋城以及齐之临淄、赵之邯郸、韩之新郑，楚国虽已经强弩之末，但其新筑的都城，依然恢宏壮阔。[①]

据史学家研究，楚国历史上颇负盛名的城市还不止如此。比如鄢（在今湖北宜城）为汉水中游枢纽，宛（在今河南南阳）有发达的冶铁业，城阳（在今河南信阳）是淮水咽喉，陈、上蔡（在今河南上蔡）、下蔡（在今安徽寿县）、吴（在今江苏苏州）是被楚吞并的陈、蔡、吴等国的旧都，俱以繁华闻名于当时。[②]可以说，极盛时期的楚国，城市经济相当发达，他们是楚国经济文化繁盛的表现。

---

① 高介华、刘玉堂：《楚国的城市与建筑》，湖北教育出版社 1995 年 8 月第 1 版，P150。
② 张正明：《楚文化史》，湖北教育出版社 2018 年 5 月第 1 版，P199。

当然，这些故都名城之中，最耀眼的还是纪南城，它是楚国最为强大和鼎盛时期的都城，是楚文化发展至巅峰的高度浓缩。纪南城成为郢都的时间，有不同的认识。过去一般依据《史记·楚世家》中"文王始都郢"的记载，认为是在楚文王元年，即公元前 689 年，如此至秦将白起拔郢，纪南城作为楚都的时间长达 411 年。但张正明等根据考古发掘的新情况，认为楚都是在楚昭王时期几经辗转后才搬到江陵纪南城，纪南城作为楚都的时间约为 220 年。无论 411 年还是 220 年，纪南城都是春秋战国时期楚国定都时间最长的都城，而且是春秋末期至战国晚期楚国最为富裕强盛时期的都城。

楚国原为周王朝一个小的封国，但在被称为蛮夷之地的南方迅速崛起，其势力在长江中下游地区迅速扩张，春秋时期一度称霸诸侯，到战国时期达到鼎盛，极盛时期楚国的版图西起大巴山、巫山、武陵山，东至大海，南达湘、粤、桂之交的五岭，北至汝、颍、沂、泗，据有包括今湖北、湖南、安徽、重庆东部、陕西东南部、河南南部、江西大部、江苏大部、山东南部、浙江北部及上海在内的广袤土地，名副其实是"天下之强"，据有"霸王之资"。作为楚国强盛时期的都城，南郢"西通巫、巴，东有云梦之饶"（《史记·货殖列传》），长期作为楚国政治、经济和文化中心，这里不仅大量集中了楚国优秀的人才，也创造了杰出的文明成果，堪称一个人口众多、繁华富庶的"南方大都会"。

今天，在荆州城外大量楚国墓葬出土的文化精品，集中体现了楚文化的奇丽风貌和辉煌成就。以纪南城楚国故都遗址为中心，方圆数十公里墓葬遗存数量惊人，有八岭山、马山、纪山、雨台山、天星观等多个古墓群，从楚国高等级贵族墓到中下层墓葬，一应俱全。大批出土文物显现出长江中游先秦文明的丰富多彩与博大精深，甚至可以说代表了公元前四五世纪人类文明发展的高水平。无怪乎季羡林先生感叹："古代的楚国是文化辉煌之邦，这已经是十分明显的了。"一些学者甚至认为，放眼战国时代的世界，与楚国文化成就相辉映的，是古希腊，与楚郢都具有的历史地位相媲美的，是古希腊名城雅典。张正明先生曾指出，周代的其他都城，无论天子之都或诸侯之都，就文化内涵的丰富和优秀来说，没有一个能超过郢都。在公元前六世纪下半叶至公元前三世纪上半叶，东西方古代文化都到了一个灿烂的高峰，"在西方，是希腊文化；在东方，是楚文化。它们齐光竞辉，宛如太极的两仪"。[①]

第二节　凤舞九天

在湖北省博物馆和荆州博物馆，你会看到出土文物所呈现的楚文化无与伦比的精彩。这些精彩不仅体现在物质文化层面，更展现出楚文化的精神文化层面。华中师范大学楚学研究所原所长蔡靖泉教授在接受笔者访谈时，将楚文化的突出成就概括为八个方面：铜铁冶铸、丝织刺绣、漆器制作、玉石琢磨、道家学说、庄骚文学、书法绘画、音乐舞蹈。这些成就不仅有传世文献中明确的记载，大量战国时期出土文物更是一次次刷新和丰富了世人对楚文化的认识。

楚人的崛起，似乎与对铜资源的掌控有着密切联系。长江中游发现有我国最早的铜矿采冶遗址，早在商周时期，就已经形成了一条包括湖北大冶铜绿山、江西瑞昌铜岭、安徽铜陵等在内的矿产资源丰富、采冶技术成熟的铜供应地带。春秋战国时期，随着楚国势力的日益强大，这些铜矿采炼基地逐渐纳入了楚国的版图，为楚国的进一步强大提供了丰富的战略资源。一般认为，楚国最初的青铜冶炼技术是从中原学来的，但随着对铜矿开采和冶炼基地的掌控，其冶炼和浇铸技术突飞猛进，超过中原诸侯。1993 年，在山西天马一曲村遗址北赵晋侯墓地 64 号墓出土一套 8 件编钟，其钟体上铸刻铭文 68字，记载楚公逆为祭祀高祖熊渠，向"四方首"征求祭品，"纳享赤金九万钧"，于是楚公逆铸造了音声和美的编钟一百套。楚公逆编钟的发现，表明早在西周末期，楚国的青铜冶铸技艺就已经达到较高水准。然而，最能代表楚文化在青铜文化上的高度的，不在楚国，而在曾国。1978 年在湖北随县擂鼓墩1 号墓出土的曾侯乙编钟，全套 64 件，重达 2500 多公斤，则是震惊世界的人类文化艺术杰作。曾侯乙编钟下层正中悬挂的一件，是楚惠王赠送的大镈钟。曾侯乙墓出土文物 15404 件，其中仅铜器就达 5239 件，总重达 10 吨以上。曾侯乙享用的九鼎，也是楚式的升鼎。作为楚国附庸的曾国，其灿烂的青铜

---

① 张正明：《古希腊文化与楚文化比较研究论纲》，《江汉论坛》1990 年第 4 期，P71-76。

文化是楚文化的代表、楚文化成就的体现。

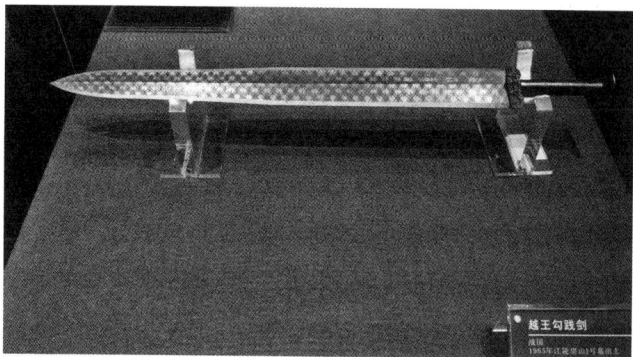

湖北省博物馆藏越王勾践剑

战国中期的楚国青铜器，丰富多彩而且复杂多变，花纹繁复，工艺复杂，仍然较多用于兵器和礼器，但是杯、镜、灯台、带钩等杂器趋多、趋繁。楚墓中出土的青铜兵器，数量庞大，品类繁多，剑、殳、弓、弩、镞、戈、矛、戟，应有尽有。楚墓中的青铜车马器更是规模宏大，气势不凡。与纪南城相距不远的荆州熊家冢，是一座战国早期楚墓，已发掘出陪葬的马车43乘、马164匹，其中还有三乘六马驾车，是迄今所见先秦最大车马阵，从中可以窥见楚人"带甲百万，战车万乘"的气势，学界常有"北有兵马俑，南有熊家冢"之说。相较于北方青铜礼器的粗犷，楚式的鼎、鬲、簋、簠、敦、尊、缶、壶、鉴、盉、匜、盘等更显精致华美，譬如荆州雨台山楚墓出土的套链提梁铜壶，形体纤长，细颈圆腹，云纹装饰，鼻环提链，造型精巧，与中原铜壶风格迥异。此外，还有望山楚墓的人骑骆驼灯台、包山楚墓的龙纹铜熏、九店楚墓的五山镜等

江陵望山楚墓人骑骆驼铜灯。
摄于湖北省博物馆

荆门包山2号墓出土凤纹铜熏杯。
摄于湖北省博物馆

精巧奇异的青铜器物，堪称楚国贵族的生活奢侈品，反映出楚人精湛的青铜制造技艺，也反映出楚文化高超的青铜艺术造诣。

竹木漆器是长江文明发展成就的又一代表。漆树原产中国，对漆树的利用，与水稻的驯化种植一样，是长江流域原始居民的一项伟大创造。漆器是中国传统手工艺。在浙江余姚河姆渡遗址第三层，就出土一件木质漆碗，距今已有 6500 年历史。到良渚文化时期，对漆的运用已经相当普遍。楚人用天然漆调制出红、黄、蓝、绿、金、银等彩漆，并具有防潮防腐性能，达到中国漆器工艺的高峰。楚地出土竹木漆器品类繁多、纹饰绚丽、造型奇特，显示出楚文化想象丰富、奇谲浪漫的个性。走进荆州博物馆，色泽鲜艳、形态各异的各种木漆器熠熠生辉，小到耳杯、漆盘、漆盒、木俑，大到镇墓兽、凤架鼓、木雕座屏、蟾座羽人，无不令人叹为观止。据悉，荆州博物馆馆藏漆器逾万件，占全国出土漆器五分之三左右。荆州江陵雨台山楚墓出土的虎座凤架鼓，虎踞凤轩，以红、黄、蓝诸色粉彩绘虎斑凤纹，堪称楚式木漆器的代表。江陵望山 1 号墓出土的一件木雕座屏，通高不过 15 厘米，全长 51.8 厘米，座上却透雕凤、雀、鹿、蛙、蛇等大小动物共 51 个，更令人惊叹的是，这些小动物是分别雕刻之后，以榫卯组接，拆开来是许多圆雕，结合起来是一幅透雕，其刀法之圆熟、形象之传神、工艺之精湛，着实令人赞叹。

楚式木漆器。摄于湖北省博物馆

木器广泛应用于楚人生活的各个领域，舟车、兵品、乐器、饰品、生产工具、生活用具、随葬器物等等，今天楚地出土的竹木文物异常丰富。1987 年，为配合荆沙铁路工程，文物考古工作者在湖北荆门十里铺镇发掘包山楚墓群，敲开了一座楚文化宝库的门扉。在包山2号墓这座战国中晚期楚国左尹的墓室中，发现了我国考古史上最早的木床，而且可以折叠，结构精巧，堪称一绝。在包山2号墓数以千计的出土文物中，还有彩绘凤鸟双联杯、绘有《车马出行图》的漆奁等极为珍贵的漆木文物。《车马出行图》宽仅5.4厘米，周长87.4厘米，却绘出了一组五个场景的生动连环故事，画中人物有26个，还有车、马、狗、猪、大雁、柳树等，线条流畅，色彩鲜明，堪称一幅古老的连环画。

中国是丝绸之国，是蚕丝的起源地，自古就有大量的丝绸出口。考古发现最早的蚕丝织品出现在良渚文化。楚国的丝绸在战国时期是风靡列国的艺术品、奢侈品，其数量之多，品种之齐全，花纹之秀美，制造之精良，举世无双。1982年，湖北江陵县马山砖瓦厂取土制砖时发现一座战国墓。墓葬不大，不过数米长，但是当考古人员小心翼翼将棺盖打开时，满棺灿若云彩的丝织品让所有人惊呆了。女性墓主人身上包裹的衣、袍、裙、衾就有13层。这座被命名为马山1号墓的战国楚墓虽然只是一座小型墓，但出土各类丝织物152件，其中完整的衣物有35件，有21件为精美的刺绣品，绣工精细，色彩鲜艳，纹样华丽，其中刺绣纹样"三头凤"图案尤为新奇独特。按照织造方法，马山1号墓出土丝织物品种可分为绢、绨、纱、罗、绮、锦、绦、组八大类，几乎囊括了丝织物的全部工艺类型，充分展示了楚国丝织刺绣的高超技艺，被誉为先秦"地下丝绸宝库"。

除了马山1号墓，在荆州江陵望山楚墓、雨台山楚墓、九店楚墓、荆门包山楚墓等战国楚墓中，也出土了丰富的绢、纱、锦、丝等丝织刺绣品。迄今，我国所发现的先秦丝织刺绣品，完整的实物几乎全部出自楚墓。在楚文化的鼎盛时期，楚人的文化创造力和艺术想力在丝织刺绣上得到了淋漓尽致的发挥。

楚文化的物质成就，当然还远不止以上几个方面。楚文化在精神

修复中的楚墓出土丝织品。
摄于荆州文物保护中心

文化方面的成就，更是影响深远。湖北省博物馆曾侯乙墓展厅在显著位置展示了两只漆木衣箱：一只上彩绘后羿射日图，另一只则绘有二十八星宿图，记有二十八星宿全部名称。这是我国迄今发现最早关于二十八星宿的天文实物资料。二十八宿星名在漆箱顶上绕成一圈，中间一个巨大的"斗"字赫然

曾侯乙墓二十八宿图衣箱　　　　　　　　二十八宿图衣箱盖顶图

在目，这正是楚人天象观的体现。现藏于纽约大都会博物馆的长沙子弹库帛书，据传是 1942 年被盗掘出土的。帛书共有 900 余字，内容却非常丰富，包括四时、天象、月忌等方面，记录了楚地流传的创世神话，也记载了彗星之年的灾变等天文异象，还记述了一年十二个月的月令宜忌事项。这些重要的文物资料是对楚人思想文化的展示，表明楚文化在天文、术数等方面的成就已经十分突出，更表明他们的精神创造已经十分丰富。1984 年，荆州江陵张家山西汉早期墓中出土保存完好的竹简《算数书》，这是已知最早的中国数学著作。根据学者研究，《算数书》应为战国时期楚人撰著，比《九章算术》要早近 200 年。楚人尚巫风重淫祀，在天文数学等方面又有着很高的学术成就，使得楚国传统文化整体上呈现极高的水准。楚国人还有很高超的农田水利技术，史载楚人向淮夷学会筑陂，而淮夷的筑陂技术在良渚古国时期就已经表现出来。据记载，楚国名相孙叔敖早年曾成功修筑大型水利工程期思陂，后来又设计建造更大的水利工程芍陂，对改善楚国腹地农业生产条件、提高粮食产量取到关键作用。在这样一片富有创造性、创新性的文化土壤上，产生老庄哲学思想、浪漫主义文学等楚文化的核心文化内容，而这些思想和文化对中华文明具有决定性影响。对此，后文将分别专门细述，此处不再赘言。

　　总之，楚国立国八百余年，创造了辉煌的文明。随着近几十年的考古发

掘，楚文化逐渐为世人认识，引起了学界的强烈关注。蔡靖泉教授受访时表示，楚文化的内容博大精深，表现丰富多彩，不仅表现于物质文化的高度发展，更表现于精神文化的独特气质，他们共同构成楚文化的完备体系，显示出楚文化鲜明的特色、成熟的形态和奇伟的气派。《汉书·地理志》形容楚地"有江汉川泽山林之饶，江南地广，或火耕水耨，民食鱼稻，以渔猎山伐为业。果蓏蠃蛤，故呰窳偷生而亡积聚。饮食还给，不忧冻饿，亦亡千金之家。信巫鬼，重淫祀"。时任湖北省博物馆馆长、湖北文物考古研究所所长方勤表示，这种以楚地为文化落后、重巫信鬼的观点长期为人所熟知，但是经过多年的楚文化考古和研究，学术界已经公认楚人创造了辉煌灿烂的楚文化，它是中华多元一体文化的重要组成部分。[1]

第三节　荆楚源流

历史总是扑朔迷离，充满着神秘色彩。目前长江流域的文明化进程还有许多令人困惑的谜团，需要进一步通过考古发掘和历史研究去破解。但是，从已知的历史发展脉络我们作出长江文明是具有连续性和承继性的判断。在长江中游，从距今一万年前后的彭头山文化、仙人洞文化，到七八千年前的城背溪文化，再到大溪文化、屈家岭文化、石家河文化，已经可以勾勒出一个完整的新石器时代文明进展系列，尽管在石家河文化沉寂之后，长江中游出现一段时间的空白，但是后起的盘龙城文化特征表明，其与石家河文化之间存着承继关系，石家河古城、古国或许消亡，但是其文化并没有断裂。盘龙城之后，长江中游地区又有一段沉寂期，直至楚文化的重新崛起。楚文化既有北方文化的属性，也有着鲜明的本地文化特色，与长江中游新石器文化和青铜文化之间也一定程度上存在继承和接续的关系。长江下游的情形大体相似，经历从万年前的上山文化到河姆渡文化、马家浜文化直至良渚文化的

---

[1]　方勤：《凤舞九天 光耀千秋——基于考古发现的楚文化观察》，《人民日报》2015 年 3 月 1 日第三版。

发展之后，长江下游似乎也归于沉寂，近年来的新发掘新发现也表明，良渚以后，仍有钱山漾、马桥等文化的出现，良渚文化似乎并没有突然消失，与两周时期兴起的吴越文化之间，也存在着一定的承继关系。许倬云认为，吴越虽然自己号称是中原族群的后裔，吴人自称是西周王子泰伯之后，越人自称是夏禹之后，但实际上他们都是大汶口文化南下和良渚文化合流，再融合南方当地文化族群，成为分布在华南、华东沿海的百越。^①

那么，楚文化是如何承续石家河文化发展起来的，楚文化在长江中游异军突起，有着什么样的历史必然性？根据学者研究，长江中游一带是古史传说中三苗部落所在区域，在距今四五千年前的时间里，长江中游群城叠起、文化璀璨，与三苗部落时代相吻合。距今4300年至4000年，中华文明进入剧烈的激荡时期。长江下游曾经高度发达的良渚文明已经衰落，而以石峁城址、陶寺城址、石家河城为代表的大型中心聚落和城址出现，形成比较集中的若干区域文明系统，他们对周边区域产生了广泛的辐射，相互之间的交流、冲突也更加频繁^②。这与古史传说中的尧、舜、禹时期相合。这个时期，活跃

湖北省博物馆

---

① 许倬云：《说中国——一个不断变化的复杂共同体》，广西师范大学出版社2015年5月第1版，P56-57。

② 方勤：《三苗与南土——长江中游文明进程的考古学观察》，《三苗与南土：湖北省文物考古研究所"十二五"期间重要考古收获》（江汉考古编辑部），P11。

在南方的势力是三苗部落。前面已知，三苗或为炎帝部落的后裔，或为蚩尤部落的后裔。《战国策·魏策》载："昔者三苗之居，左彭蠡之波，右洞庭之水，文山在其南，而衡山在其北。"《史记·孙子吴起列传》则说："昔三苗氏，左洞庭，右彭蠡。"根据史籍所载，三苗应是活跃于长江中游江汉一带的庞大族系。学者们普遍认为石家河城址或为三苗部族的活动中心。

尧、舜、禹时期，对三苗屡有征伐。比如《史记·五帝本纪》记载，尧帝之时，"三苗在江淮、荆州，数为乱"，于是舜就向其提出了"流共工于幽陵，以变北狄；放驩兜于崇山，以变南蛮；迁三苗于三危，以变西戎；殛鲧于羽山，以变东夷"的治理方案。但是，三苗并不是轻易能够被征服的，后来舜为帝的时候，继续征伐三苗而不得，以致"舜征有苗而死"，"葬于苍梧之野"。自己反而葬身于南国。到了禹的时代，对"三苗"进行了更大规模的征讨，展开了一场决战。按照《墨子·非攻下》的记载，这一次"苗师大乱，后乃遂几"。三苗终于被夏人击溃，从此在史籍中销声匿迹。这与石家河的命运也正相吻合。所以，一些学者认为，禹征三苗的古史传说，从考古学上观察，是代表中原文明的二里头夏文化与代表长江文明的石家河文化的激烈冲突。自此长江中游地区文明进程不断受到中原地区的强势影响，并随着中原地区文明进程的节奏而发展。

但是，长江流域原始先民所创造的优秀文明成果并没有销声匿迹。他们不仅在中原文华中得到重生，而且在交汇融合之中，得到更深远的发展。上海马桥遗址的出土陶器与二里头文化有着密切联系，武汉盘龙城遗址的青铜器与二里岗文化十分接近，这些迹象都表明夏商之时两大流域文明已经进入了一个深度融合的时期。"禹征三苗"的结果，是以长江中游和黄河中游为主体的两大文明带紧密地联系在一起，从而促进了南北文化的交流、融合与发展。著名考古学家严文明把孕育出中国文明的两大流域称为东方的"大两河流域"，它是一个比美索不达米亚要大得多的两河流域文明。楚国兴起，恰是两大流域文化的融冶，并开出灿烂之花。

传说之中，楚人的先祖叫祝融，颛顼帝高阳之后，名为重黎，是帝喾身边的火正，也就是掌管火的官员，"甚有功，能光融天下"，被命名为祝融。

（另有一种传说，祝融是太阳神炎帝的后代，为火神。）祝融"八姓"，意为其后代有八个支脉、八个姓，其中一支为芈姓，名叫季连。季连带着自己的部属南迁，至达汉水、荆山一带，与当地的土著合作，自称荆楚。荆和楚同义，本意就是荆棘丛生的蛮荒之地，所以在古代文献中，楚国也常称作荆国。国以荆楚为名，可见这里荆棘丛生，森林茂密。大约在商末周初，楚人首领鬻熊率部居于丹阳，建立了楚国。"鬻熊子事文王"，给周文王当过老师或参谋，辅佐文王，为周灭商作出了贡献，所以在周成王时，鬻熊的曾孙熊绎受封为子爵，楚国正式成为周的封国。但是，这个分封楚人并不满意，先祖是有功于周的，那些周王子侄都封了公侯，唯有楚人被封了个子爵，所以他们发愤图强，"筚路蓝缕，以启山林"，不断扩大自己的地盘、壮大自己的实力。2008 年清华大学收藏了一批战国竹简，其中有一篇《楚居》，详细记载了季连南迁的经过，以及自楚祖到楚肃王之间，历代楚国首领居地的变迁和迁徙路线等情况。

　　楚人经过艰苦奋斗，才最终成为强国。从春秋早期开始，在军事上逐渐强大，成为春秋五霸之一。第六位子爵楚君熊渠在位时，直言"我蛮夷也，不与中国之号谥"。他将自己的三个儿子封为王，各领长江边上一块封地。至

武汉东湖楚才园楚成王主盟雕像

熊通时，楚伐随，让随给周王室带话，"请王室尊吾号"，王室不听，熊通一怒之下，索性自立为武王，不受周王室辖制。其子熊赀立，始都郢。楚国从此迈上高速发展的快车道。到战国时期，楚国基本统一了长江中下游地区。楚威王之时，楚境东接齐鲁、西邻强秦、北抵三晋、南达九嶷，疆域之大为列国之最。文献记载楚国"地方五千余里，带甲百万，车千乘，骑万匹，粟支十年"。

　　立国八百余年，楚人创造了辉煌的文明。今天在湖北、湖南、河南、安徽等地

出土的楚文物，都体现出古代楚国"异常雄厚的文化基础和经济基础"。这是南下的中原文化与长江流域史前土著文化相碰撞、相融合的结果。比如，长江流域新石器时代遗址出土数量巨大的纺轮，这些纺轮制作精美，很多上面都刻有纹饰，或有不同颜色的彩绘，有的甚至形似双鱼图案。这些精心彩绘、充满艺术气息的彩陶纺轮，似乎也昭示了长江文明浪漫放达的先声。两种文化的交融，形成了全新的文化特征。可以说，在一体化的大趋势之下，楚文化以独有的文化特质在长江流域创造出新的辉煌。

公元前278年，秦将白起"拔郢"，一把大火将楚国郢都烧掉。公元前223年，秦将王翦麾师南下，攻拔楚国最后一个郢都寿郢。两年后，六国尽灭，秦始皇建立了中国历史上第一个大一统的帝国。历史可以冲淡一个王国的背影，时间可以消弭一个时代的印迹，但文化烙印是永恒的，文化影响是深远的，文化魅力是无穷的。楚国八百年，以包容并蓄的姿态和浪漫放达的情怀创造的优秀文化作文明元素融入华夏文明，逐渐成为高度符号化的历史记忆。

千秋不老唯文化。蔡靖泉教授说："由于天下一统，南北合政，楚文化乃随时移世变，成为新时代文化创造的重要基础，并逐渐与其他地域文化融合演变为新型的汉文化。"尤论从养蚕、缫丝、人工纺织以及原始织机等方面来看，长江流域均开风气之先，可谓中国丝织刺绣的摇篮。河姆渡遗址出土的原始腰机，说明至少在新石器时代早期，长江流域的纺织技术已经走在前列。楚国墓葬出土的丝织刺绣更是独具一格。楚人的丝织刺绣艺术绚丽斑斓、惊采绝艳，其惊人创造力与想象力带给后世丝绸文化丰富多彩的风格。长沙马王堆汉墓和湖北江陵凤凰山汉墓出土的丝织刺绣品，证明长江流域丝织刺绣秦汉以后仍在突飞猛进。此后直至唐宋，江南地区丝绸文化依然独领风骚。特别是到了南宋时期，长江流域丝织刺绣的中心地位更是巍然耸立，不可撼动。

楚文化有着丰富的精神内涵，以屈宋为代表的辞赋作品、以老庄为代表的哲学思想都是中国传统文化的瑰宝。楚地出土大量简帛，内容囊括遣册、司法文书、日书等，反映了楚人生活的各个方面。湖北荆门出土的郭店楚简，既有迄今所见最早的《老子》抄本，也有有关宇宙生成论的道家佚籍《太一生水》。楚人尚道，甚至认为道学之始，可追溯至楚人先祖鬻熊。相传《鬻子》

一书是鬻熊与三代周王的对话辑录，开创了楚人独特的哲学观和道治文化，为后来老庄哲学在荆楚之地成长培植了土壤。冯友兰论及"楚人精神"，指出"楚人虽不沾周之文化之利益，亦不受周之文化之拘束，故其人多有极新之思想"。[1]

秦统一以后的一大历史贡献是推行郡县制。"县"作为一种稳固的行政建制，一直被历代所保留。而县制的创设，却是楚人开创。早自楚武王熊通之时，在灭掉位于江汉平原西部的权国后，便设立了权县，又在权县选拔人才做县尹。这是中国历史上第一次将县作为一级行政单位设置。方勤认为，楚国灭亡以后，楚文化的绵延虽不再冠以"楚"的名号，其特质却因汉王朝的强大，在更大范围内得到传承。

优秀传统文化是中华民族的文化根脉，其蕴含的思想观念、人文精神、道德规范，是中国人思想和精神的内核。今天，在湖北荆州市纪南文旅新区，一条依河而建长约十公里的"楚国八百年"文化主题公园初具雏形，生态景致配上楚文化发展历程，让市民在休闲娱乐中就可以感受到楚文化的精神魅力。开放革新的文化品格、锐意进取的文化精神、浪漫达观的文化特质、兼容并蓄的文化取向，一度成为长江流域文明代表的楚文化，历经两千多年而熠熠生辉，为中国传统文化注入了巨大的能量。

---

[1] 冯友兰：《中国哲学史》（上），华东师范大学出版社 2011 年 7 月第 1 版，P103。

第七章 道德起源于楚

闻一多曾说："龙凤是天生的一对，孔老也是天生的一对。"道家思想与儒家思想同时兴起，分别被认为是南方文化与北方文化的代表，同为先秦思想文化发展的最高成就。在后世两千余年的思想文化发展史上，儒与道、老子与孔子，也如同太极之两仪，相克相生，成为中国哲学、政治、文化、艺术等各个方面之总源，对后世产生巨大而深远的影响。

武当山紫霄殿的太极图

为什么说道家思想是南方文化的代表？道家思想的奠基人是老子，冯友兰《中国哲学史》中专门有"楚人精神"一节来诠释老子及道家之"老学"。老子是陈国人，陈国在楚庄王时就已经变成楚国的附庸，到楚惠王时，陈灭，变成了楚国的一个"县"。陈国人老子也顺理成章成为楚国人。所以，司马迁说："老子者，楚苦县厉乡曲仁里人也，姓李，名耳，字聃，周守藏室之史也。"

还有一种说法，老子又名老莱子，楚国蒙山（今湖北荆门象山）人，大约与孔子同代。老莱子与老子是否同一人，缺乏史料实证，并不被大多数学者所接受。但老莱子"著书十五篇，言道家之用"，亦是道家学派的重要人物，并无异议。还有庄子，朱熹、王国维都说庄子是楚国人。"虽生于宋，而钧于濮水，陆德明《经典释文》曰'陈地水也'，此时陈已为楚灭，则亦楚地也，故楚王欲以为相。"（王国维《静庵文集》）

冯友兰在《楚人精神》一文中引日本学者小柳司气太的话说："道家渊源的鬻子及发挥光大道家思想的老子、庄子，皆为楚人。更据《汉志》，蜎子、长卢子、老莱子、鹖冠子，亦皆楚人。至于传说中的隐逸，有狂接舆、长沮、桀溺、詹何、北郭先生、江上老人、缯封人，皆楚人。"这么说来，道之学家，尽生于南方，故道家思想的发源之地，可以说在楚，在长江中游地区。

一直被北方诸国称为荆蛮夷地的楚国，何以能够孕育出对中华文化产生"半边天"影响力的道家思想？这里面确实有故事可寻。

第一节　道家的始祖是鬻子

道家思想的正式形成，约在春秋战国之际。然而，楚人以为道家的起源早在楚人得国之前。[①] 老子是道家思想的奠基人，对道家学说的形成、发展贡献最大，影响最深。但是，根据班固《汉书·艺文志》，老子并非第一个讲"道"理的人，有一个人比老子早500多年前，就已经提出了一整套"道"的学说。这个人就是鬻子，楚国的开国之君鬻熊。《汉书·艺文志》曰："道三十七家，九百九十三篇。"其中《鬻子》二十二篇，名熊，为周师，自文王以下问焉，周封为楚祖"。班固认为老子之前，道家还有伊尹、太公、辛甲、鬻子等人。但是，从可以考据的文献角度看，留存最早的"子书"唯有《鬻子》二十二篇。刘勰《文心雕龙》"诸子篇"说："鬻熊知道，而文王咨询，馀文遗事，录为《鬻子》。子目肇始，莫先于兹。"唐《意林》序中也说："子书起于鬻熊六韬，盛于春秋六国。"诸子之书以《鬻子》为最古，而鬻熊著书是"诸子之最先者"。《鬻子》作为"子书之始"，被列入"道家"，自然也是道家学说之肇始。故而可以说，鬻熊才是道家学说的鼻祖。

---

① 张正明：《楚文化史》，湖北教育出版社2018年5月第1版，P223。

武汉东湖楚才园鬻熊雕像

　　鬻熊究竟何许人也？前文已经说及，楚国是南方古国，也称荆国，在中原部落看来，江汉一带就是没有开化的荆蛮土地。根据楚国传说，楚人先祖叫祝融，祝融的后人季连始居汉水，才有了楚。《山海经》说："颛顼生老童，老童生祝融。"祝融是颛顼的孙子、黄帝的重孙，担任的是火正之职。《史记·楚世家》的记载则略有不同："楚之先祖出自帝颛顼高阳。高阳者，黄帝之孙，昌意之子也。高阳生称，称生卷章，卷章生重黎。重黎为帝喾高辛居火正，甚有功，能光融天下，帝喾命曰祝融。共工氏作乱，帝喾使重黎诛之而不尽。帝乃以庚寅日诛重黎，而以其弟吴回为重黎后，复居火正，为祝融。吴回生陆终。陆终生子六人，坼剖而产焉。其长一曰昆吾；二曰参胡；三曰彭祖；四曰会人；五曰曹姓；六曰季连，芈姓，楚其后也。"这里祝融并非人名，而是火正的封号，帝喾的火正原为重黎，因其功劳甚伟，被封为祝融，重黎死后，他的弟弟吴回居火正，仍为祝融。季连是祝融吴回的儿子，楚人便是他的后代。屈原《离骚》"帝高阳之苗裔兮"之句，表明楚人认为自己是帝颛顼高阳的后人。

　　古史传说庞杂而混乱，往往有矛盾的地方，难以厘清。但在各种传说中，楚人的先祖祝融为火正，掌管着火的运用，这一点基本上是一致的。火是人类从蒙昧走向文明的标识，在上古的原如部落里，火正既要掌天象、历法，又要管守燎、祭天，都是那个时代治民理政的大事，其在部落联盟中的重要性可想而知。火正祝融的势力一定十分庞大，他的后代分出八姓——己、董、彭、秃、妘、曹、斟、芈，史称"祝融八姓"（按照《史记》记载则是"祝融六姓"）。八姓形成八个部落，芈姓部落的首领名叫季连，大约是不愿参与部落之间的战乱纷争，向往和平安宁的生活，季连便带着芈姓族人逃离战区，开始南迁。他们一路披荆斩棘，历尽种种磨难，来到汉水之滨，在那里落地生根，建立了自己的根据地。

《诗经·商颂·殷武》说："维女荆楚，居国南乡。"表明在殷商武丁之时，芈姓部落已经在南方荆蛮之地建立了自己的"政权"。诗又记："挞彼殷武，奋伐荆楚。"殷商对这个南方部落屡有征伐，迫使其不断奔逃迁徙。若干年后，也就是周文王时期，这个芈姓部落已经定居于丹水与淅水一带，以丹阳为中心，势力强大起来。季连的后人鬻熊领导着这个部落。鬻熊是一位博学多闻、通晓法术的首领，颇有政治智慧，不仅在南方部落中威望甚高，在北方的周王室也很有影响力。《史记·楚世家》记载："周文王之时，季连之苗裔曰鬻熊。鬻熊子事文王，蚤卒。其子曰熊丽。熊丽生熊狂，熊狂生熊绎。熊绎当周成王之时，举文、武勤劳之后嗣，而封熊绎于楚蛮，封以子男之田，姓芈氏，居丹阳。""鬻熊子事文王"有不同版本的解读，或曰鬻熊之子在周文王身边为事，或曰鬻熊以先生的身份为文王事，做周文王的老师、顾问。《楚世家》后文引楚武王熊通的话说"吾先鬻熊，文王之师也"，便是这个意思。

司马迁说鬻熊"蚤卒"（早亡），但在楚人的传说中，鬻熊九十见文王，文王师事之。所以，有的学者就认为，司马迁所说的"蚤卒"，并非指鬻熊活的时间短，而是指他辅佐文王的时间不长。鬻熊与周文王的问答对话，被人辑录成册，就是《鬻子》。中国古代的"子书"，一般都是对话语录体。《鬻子》也是鬻熊与周王的对话辑录。但是，《鬻子》原本早已佚失，今天我们可以看到的《鬻子》内容，主要有唐代逄行珪的《鬻子注》十四编，唐代魏徵等编撰《群书治要》中辑录的部分《鬻子治要》。此外，《列子》《意林》《太平御览》等典籍中也有一些援引。因此，学者们对《鬻子》之书是否存在，表示怀疑，或者认为《鬻子》为后人的假托之作。对此，著名的楚学研究专家张正明说得比较清楚，楚人以为道家起源在楚人得国之前，有三个原因：一是道家思想的发展有个过程，在道家体系定型之前，滔滔巨流来自涓涓细流，本来就未为不可；二是楚国由弱变强的历史，恰好印证了道家学说的积极方面，楚人有理由把自己的先王看成道家先驱；三是楚人奉祀的先祖鬻熊本就是一位政治家、思想家。所以，《鬻子》可以看作是"道家之言的传说阶段"。①

通观鬻子的言论，其核心思想就是一个"道"字。鬻熊曰："君子不与人之谋则已矣，若与人谋之，则非道无由也。"鬻熊所谓的"道"是什么？"运转无已，天地密移，畴觉之哉？故物损于彼者盈于此，成于此者亏于彼。损盈成亏，随世随死。往来相接，间不可省。畴觉之哉？"世间万物盈亏，原为此消彼长，并无增损补益，这就是天地运转的规律，不管你能不能"觉"，它都自然存在。道的基本含义，即天地运转的规律，而天地运转最基本的规律，是万物盈亏、此消彼长。

鬻熊曾对文王说："自长非所增，自短非所损，算之所无若何。"意思是事物本体自有长短，并非算之可以增减的。这就是一种"以自为本"的哲学思想，它是道家思想的出发点，也是后来老庄哲学的根本。鬻熊又说："欲刚，必以柔守之；欲强，必以弱保之。积于柔，必刚；积于弱，必强。观其所积，以知祸福之乡。强，胜不若己，至于若己者，刚；柔，胜出于己者，其力不可量。"这种刚柔并济、以柔克刚的辩证哲学，也是道家的重要思想基础。

鬻子还有很强烈的民本思想。他说："发政施令，为天下福者谓之道。上下相亲谓之和。民不求而得所欲谓之信。除天下之害谓之仁。仁与信，和与道，帝王之器也。凡万物皆有器，故欲有为而不行其器者，不成也。欲王者亦然，不用帝王之器者，亦不成也。"万物都有自己存在的形式和运行的规律，这就是"道"。遵循"道"才能成其事，不行其"道"，则事不成。当帝王也是如此，帝王之道就是"为天下福者"，不遵循这一规律，也是不行的。

从这些语录可以看出，将鬻熊作为道家先驱，实不为过。冯友兰说："古时所谓道，均谓人道，至《老子》乃予道以形上学的意义，以为天地万物之生，必有其所以生之总原理，这些总原理名之曰道。"实际上早在《老子》之前，鬻熊就已赋予"道"形而上学的意义。《鬻子》"凡万物皆有器"之"器"，就

---

① 张正明：《楚文化史》，湖北教育出版社 2018 年 5 月第 1 版，P223。

是宇宙万物之"道"，是万物存在的形式，也是万物运行的规律。虽然《鬻子》之书或为后人托名而作，但是其所阐述的这些"天道""民本"思想却是楚人一贯坚持的，也正是这些为政和治民的思想，使得楚国能够由弱变强，成为南方霸主。从这个意义上说，鬻熊开创了楚人独特的哲学观和道治文化，为后来老庄哲学在荆楚之地成长培植了土壤。

第二节　两个源头，融合生道

清华楚简《楚居》的问世，使我们对楚国自祝融到季连、鬻熊、熊绎的发展脉络有了一个较为清晰的认识，也为鬻熊的思想基础找到了证据。追根溯源，楚国的统治阶层来自北方，楚国的思想文化也必然地受到中原文化的影响。芈姓部落是从华夏集团里分出的一支，当初季连带着这个分支南下之时，自然承袭了华夏集团的文化基因。

季连从北方带来的是一种什么样的文化呢？司马迁说："黄帝者，学者之共术也。"就是说黄帝是中华文化的共祖，是渊源。《鬻子》也说："昔者帝颛顼，上缘黄帝之道而行之，学黄帝之道而常之。"颛顼继承和发扬了黄帝之道，创建了被称之为"黄帝颛顼之道"的中原文化体系。黄帝颛顼之道是什么？《吕氏春秋》中引用黄帝诲颛顼的话说："爰有大圜在上，大矩在下，汝能法之，为民父母。"圜为天，矩为地，上圜下矩，天地之道，以天地为法，方能为民之父母。黄帝、颛顼所秉持的就是"天道"和"民本"的思想。芈姓季连从颛顼的部落分离出来，他承袭的自然是黄帝颛顼之道。鬻熊的道治思想，从根本上说就是这种"天道"和"民本"思想的发扬。

橘生淮南则为橘，生于淮北则为枳。虽然同样以黄帝颛顼之道为"共术"，但是鬻熊能够创造独特的道治思想，除了自身极高的政治智慧，还与南方之地本来的文化基因也大有关联。季连带着中原部落的一个分支南下，带来了北方文化基因。但是，当他们与散居于荆山楚水之间的南方部落相遭遇、相碰撞，或者是他们以武力征服了这些南方部落，这个过程中，他们也会吸收这些南方部落的文化基因。

那么，这些南方部落是一种什么样的文化？他们真的是如史籍所记载的野蛮夷族吗？近年来的考古发现或能给出新的答案。在江汉平原湖北天门石家河遗址，我们可以看到大量令人惊奇的考古新成果。石家河出土大批玉器，有玉虎、玉蝉、玉管、玉笄，还有一些造型奇谲独特的作品，比如立目獠牙的神秘人像、形似虎脸座的双鹰、连体双人头像等等。这些出土玉器的年代为距今 4300 年前后，属新石器时代晚期，若与文献典籍对照，大约是古史传说中的尧舜禹的时代。然而，这些玉器生动逼真的造型和丰富精湛的加工工艺，足以颠覆人们对于新石器时期的认识，颠覆对古史传说的认识。不仅如此，这里还有高大的城墙、宽深的濠沟，有神秘的宗教祭祀场和规模庞大的陶器加工场所。这些都是一个强大而集中的权力体系的象征。在石家河玉器、陶器中，虎和鹰的图案反复出现，显示出古石家河人对虎、鹰的独特关注。这也可以视为他们在宗教上的特殊表达。它们与后来楚人所崇尚的凤鸟文化、虎文化似乎有着某种联系。这些造型和图案显示出古石家河人奇瑰浪漫的想象力，后世楚人独有的豪放浪漫的文化特质可谓与此一脉相承。

我们可以大胆猜测，在季连部落南下江汉之前，这片被中原部落视为"荆蛮"的密林沼泽之中，实际上早已发展起一个十分富裕繁荣的古国文明，它有自己的权力体系，有严密的社会分工，还有独特的文化系统。也就是说，早在季连部落南迁至此的数百年乃至上千年之前，江汉一带原来并非蛮夷之地，实际上这里有着连中原尧舜集团都难以企及的文化高度。然而，考古学上的石家河古国在距今约 4000 年前后突然销声匿迹。有人说是毁于战争，来自北方的入侵者将这个富足安逸的古国夷为平地。前文曾经述及，石家河文化或为古史传说中的"三苗"部落，其最后的神秘消失，与禹征"三苗"的历史记载相关。也有人说是毁于天灾，地处长江中游，正是洪水泛滥的地区，史前的某次大洪水将所有的文明成果毁于一旦。究竟哪一说法可信，尚待考古工作者寻找更为确凿有力的证据和线索。

不论是战争还是洪水，石家河人所面临的命运大体上有三种：一是在战争中被大规模屠杀或者在洪水中被掩埋，但迄今还没有找到这种大规模死亡的痕迹；二是大批量地转移，或逃亡，或被俘为奴隶，转向了北方，就像《史记·五帝本纪》所载的那样"迁三苗于三危，以变西戎"；三是小部分逃往深山密林，形成一个个小型的散居聚落，虽然过上了失去家园的悲惨生活，但仍然承袭了石家河古国的文化传统。生活在今湘西、黔东的苗族，相传他们的祖先跨过大江，跨过大湖，从太阳升起的方向来到太阳落下的方向，这或许就是当初三苗战败后南迁的写照。①位于江汉平原东部边缘的武汉盘龙城遗址，是在夏末至商代早期兴起的一座古城，是长江中游青铜文化发展的代表，其文化属性中包含有明确的石家河文化特征，比如盘龙城玉器与石家河玉器有很多的共同之处，陶器的型制和纹式也很相似，盘龙城的大口陶缸是屈家岭文化、石家河文化的典型器物。盘龙城与石家河有着一脉相承的关系。在这些逃亡的部落中，还有一支沿着长江上溯，经三峡、重庆，跋山涉水，一直到达四川境内，与当地的土著融合，又历经数百年的发展，创造了另一个辉煌的文明：三星堆文化。当然，这只是一种猜想，并没有确凿的实证。但在石家河玉器中，有充满神秘感的玉人像，头戴冠帽，眼目凸出，口含獠牙，表情庄重，与三星堆出土的青铜纵目面具颇为神似，二者之间似乎存在着一定的联系。

石家河文化陨落的数百年之后，大约是在夏王朝时期，季连部落南迁，到了汉水中游地区。他们带来了中原文化，又遭遇石家河古国遗落于山林之间的土著文化，两种文化的交融，形成了全新的文化系统，这就是后来与北方文化并驾齐驱的楚文化。所以，有学者认为，以禹征"三苗"为契机，以长江中游与黄河中游为主体的、代表中华文明起源的两大文化系统已经开始紧密地联系在一起，从而促进了南北文化的交流、融合与发展。②

黄帝颛顼之道，以"天道"和"民本"为核心。这不仅仅是黄帝和颛顼所创造的文化，而是包括黄帝、颛顼在内众多往圣先贤共同创造的一个文化集合。在商周之际，黄帝颛顼之道得到进一步发展，内容更加丰富，形式也

---

① 李学勤、徐吉军主编：《长江文化史》（上），江西教育出版社 1995 年 12 月第 1 版，P112。

② 李学勤、徐吉军主编：《长江文化史》（上），江西教育出版社 1995 年 12 月第 1 版，P112。

更加多姿，并逐渐归为两大主流：一是以典章礼制为代表的商周文化，二是崇天敬神的南方芈姓部落文化。商周文化以"道"为本，但是更多地将道归向人心，反求诸己，形成"仁道"，"人能弘道，非道弘人"。而芈姓部落文化也是以"道"为本，却将"道"归向自然，是为"天道"，"以自然界理法为万能"，故曰："人法地，地法天，天法道，道法自然"。

老子出关图雕像

出现这样的不同，与两个集团不同的生存发展路径是密切相关的。北方集团自夏至周的发展，业已形成一个相对稳定的政治架构和社会阶层，掌握文化发言权的统治阶层需要固化这样的政治架构和社会阶层，因而需要人心的稳定，内求于心的"仁道"可以帮助他们实现这一目标。所以，到文王、周公之时，已经建立起系统的固化人心的典章制度。

而南方芈姓部落则不同。古史传说中季连部落之所以南迁，是因为他们不愿卷入北方部落之间的连年争战，向往过上和平安宁的日子，所以他们离开了原来生活的黄河流域，迈上艰苦的"长征"历程，走向了当时并未可知的长江流域。或许他们也曾听说过，在南方有一个这样的国度，没有战乱纷争，人们种植水稻，生产陶器和玉器，过着幸福安逸的生活。这不正是黄帝颛顼所描绘的"道法天地"的生活。所以，他们毅然决然地选择了"长征"。

"长征"是艰苦的，芈姓部落每行一步都充满着来自大自然、来自上圈下矩的危险。面对重重考验，他们更多地外求于天，崇信"天道"。更重要的是，在这个"长征"的过程中，芈姓部落还屡屡与石家河古国散落于山林之间的土著相遇。这些零散部落虽然是战败或者洪水的逃亡者，但是他们仍然有着一个史前文明古国"高贵的血统"，继承了石家河人神秘的巫觋特色和富于浪漫想象的文化性格。由此衍生出楚人"信巫鬼，重淫祀"的文化传统，由"道治"而生"神治"，形成"神治"与"道治"一体的楚文化特征。

融合促进创新，碰撞带来革命。芈氏部落作为后来的南方统治阶层，承袭了北方文化传统，又不可避免地吸附于南方文化基因，形成自己鲜明的特质。这是中国历史上一次重要的文化大融合。经过长时间的碰撞融合，终于形成鬻熊的"道"治文化，成为独特的楚文化的渊流，也为后世老庄道学思想的形成奠定了根基。

第三节　历史经验的抽象

《鬻子》之书或许是后人的托名之作，但《鬻子》的思想应为楚人治国思想的总结。《史记·孔子世家》记楚昭王时令尹子西说："楚之祖封于周，号为子男五十里。"而《战国策·楚策》记载，到楚国鼎盛时期的楚威王之时，苏秦说："楚地西有黔中、巫郡，东有夏州、海阳，南有洞庭、苍梧，北有汾陉之塞、郇阳，地方五千里，带甲百万，车千乘，骑万匹，粟支十年，此霸王之资也。"楚国在数百年的时间里，能够从一个五十里地的弱小封国发展成为拥有"霸王之资"的南方大国，其治理思想必定有自己的独到之处。

张正明说，楚国哲学的精华，萃于《老子》一书。说《老子》是楚国的哲学著作，主要是因为它导源于楚人的思想传统。至于《老子》一书的作者，究竟是春

《道德经》石刻

秋晚期的楚国人老莱子，还是战国初期的楚国陈县人李耳，他认为尚在其次，可以存疑或不论。① 就思想传统而言，我们可以试举一例。据《左传·宣公十二年》记载，春秋五霸之一、"三年不鸣，一鸣惊人"的楚庄王，在公元前597 年与晋景公战于邲，大获全胜。战后有人建议"收晋尸以为京观"，相当于用尸骨堆建一座丰碑，因为"克敌必示子孙，以无忘武功"。楚庄王不以为然，说出了一句千古名言："夫文，止戈为武。"这是楚庄王对战争和武力的一种辩证思考，恰好体现出后来老子提出的"正言若反"的思维方式。《老子》说："善为士者不武，善战者不怒，善胜敌者不与，善用人者为之下。是谓不争之德，是谓用人之力，是谓配天古之极。"其在思想逻辑上与止戈为武是一个体系。

李泽厚曾经总结出一条十分重要的中国式思维，那就是：走入历史，重视经验。他认为中国五千年的生存经验（再往上推可以有八千年），才是中国哲学最根本的出发点和基础。这也是中国为什么历来注重修史的缘故，中国是世界上史籍存书最多的国家之一，中国哲学就是从这些浩如烟海的历史经验中总结出来、抽象出来的。《老子》也是对历史经验的总结，尤其是对楚国历史经验的总结。《韩非子》中有一篇名为《喻老》，是用讲故事的方法诠释《老子》，篇中数次讲到楚庄王的故事，其中就包括"三年不飞，一飞冲天，三年不鸣，一鸣惊人"的故事，楚庄王莅政三年，无令发，无政为，又过了半年才亲自理政，"所废者十，所起者九，诛大臣五，举处士六，而邦大治"。韩非子认为这正是老子"大器晚成，大音希声"之思想的历史诠释。

韩非子还引用了楚庄王归赏孙叔敖的故事。楚庄王打了胜仗，要奖赏孙叔敖，而孙叔敖只请得汉水边一块沙石之地。楚国的法令是封禄到了第二代就要收回，而只有孙叔敖的封地，因为贫瘠而没有被收回，"九世而祀不绝"。所以，《老子》说："善建不拔，善抱不脱，子孙以其祭祀世世不辍。"还有一回，楚庄王欲伐越，认为越国"政乱兵弱"，杜子进谏，说人的智慧就好比他的眼睛，"能见百步之外而不能自见其睫"，楚庄王只看到别国的政乱兵弱，

---

① 张正明：《楚文化史》，湖北教育出版社 2018 年 5 月第 1 版，P228—229。

却看不到自己的政乱兵弱。这就是《老子》所说的"自见之谓明"。韩非子只举了数例，但是从这些故事，我们能够看出，楚国的发展实践、发展经验，在道家思想中得到较为集中的体现。

前面说到，中国自远古时代就有尚巫的传统，并在这种尚巫的传统中形成了"道"的思想，集中体现为黄帝颛顼之"天道"思想。黄帝颛顼之道有两大流向、两条发展路径。一是往礼乐典章为主体的周之"仁道"发展，一是往敬天崇神的楚之"天道"发展。楚昭王的时候有一位大夫叫观射父，是楚国的巫官，被奉为楚国第一国宝。《国语·楚语》记载，观射父向楚王阐述了"绝地通天"的巫觋历史，古者"民神不杂"，上古时候与神灵沟通是巫觋的专职，而至"九黎乱德"，"民神杂糅，不可方物"，人人都可以与神灵沟通。其后三苗复九黎之道，而尧"复典之"，恢复了绝地通天的巫觋之职。观射父讲到九黎、三苗与中原尧及夏、商在巫觋制度上的不同，"民神杂糅"的绝地通天之法或许更能够受到黎民的欢迎，这也是后来楚国巫风更甚的渊源。"绝地通天"的巫史传统，在中原之地"民神不杂"，人们更注重于沟通神灵的仪式和制度，并演化为伦理与政治合一的"礼"；而在南方之地，因"民神杂糅"，人们看到的是"行走中的神明，恍兮惚兮，不可捉摸"（李泽厚），并演化为哲学与政治合一的"道"，即所谓"道可道，非常道；名可名，非常名"。

1993 年 8 月，湖北荆门郭店村一座楚墓被盗，经抢救性发掘，得竹简804 枚，其中有字简 730 枚。在这些战国楚简中，学者很快就发现了迄今仍是最早传本的《老子》。郭店楚简《老子》有三组，共计 2000 多字，相当于传世版本内容的五分之二，传世版本有八十一章，而郭店楚简仅有相当于其中的三十二章。尽管如此，最早的《老子》在郭店楚墓中的发现，至少可以说明道家思想在楚国有着广泛的传播和影响。与《老子》一同出土的，还有一部《太一生水》，其内容和理论体系在传世文献中未见记载。《太一生水》释文中说："太一生水，水反辅太一，是以成天。天反辅太一，是以成地。天地（复相辅）也，是以成神明。神明复相辅也，是以成四时。四时复（相）辅也，是以成寒热。寒热复相辅也，是以成湿燥。湿燥复相辅也，成岁而止。""是故太一藏于水，行于时，周而（又）（始），万物母。一缺一盈，以已为万物经。"① 可见，《太一生水》构建了一个过去从未见过的宇宙生成理论，认为宇宙的本源"太一"藏于水。这种宇宙生成论，其与鬻熊的宇宙生成论和老子的宇宙生成论实为一脉相承，不论是"道"还是"太一"，都是宇宙的本体，而《太一生水》更加突出"水"的作用，认为在"道生一，一生二，二生三，三生万物"的宇宙形成过程中，水是宇宙运化的载体。"太一"是楚人的最高崇奉，《楚辞》中的"东皇太一"，是楚人心目中的终极天神。《庄子》也说："关尹、老聃闻其风而悦之，建之以常无有，主之以太一。"道家将楚人心目中的天神崇奉抽象化而为"太一"、为"道"，形而上为哲学的本体。

老子思想在楚文化的氛围中成长，承袭楚之先驱鬻熊等人所创造的道治思想，又总结楚国从一个弱国发展而成为具有"霸王之资"的强国的历史经验，抽象历史的经验，形而上治国的理念，终而达成"道法自然"的哲学思想。这门哲学又由庄子等道学家发扬光大，成为影响后世的中国哲学之主流之一。《庄子》作为老子哲学的继承人和发扬者，不仅是在哲学思想上对道家学说进行了丰富，更是在文学形式上充分展现了"楚人多文采"的特征。冯友兰先生说，"所谓楚辞皆想象丰富，情思飘逸。此等文学，皆与《诗》三百篇之专歌咏人事者不同。《庄子》书中，思想文本，皆极超旷。"所以，他认为"庄子之思想，实与楚人为近"，"庄子一方面受楚人思想之影响，一方面受辩者思想之影响，故能以辩者之辩论，述超旷恍惚之思，而自成一系统焉"。②

武汉磨山楚城庄子逍遥游石雕

① 廖名春、张岩、张德良：《写在简帛上的文明——长江流域的简牍和帛书》，浙江大学出版社 2011 年 4 月第 1 版，P28。
② 冯友兰：《中国哲学史》（上），华东师范大学出版社 2011 年 7 月第 1 版，P130。

　　楚人超旷飘逸的思想奔流，也成为以屈原和《楚辞》为代表的浪漫主义文化生长的土壤。正如季羡林先生所说："像屈原这样伟大的诗人，如果没有丰厚的、肥沃的，而且又是历史悠久的文化土壤，是决难以出现的。屈原的著作幻想瑰丽，描绘奇诡，同代表北方文化的《诗经》，文风迥乎不同。勉强打一个比方，北方接近现实主义，而《楚辞》则多浪漫主义色彩。"

　　在百家争鸣的东周时期，以道家为中心的南方思想体系与以儒家为中心的北方思想体系既分庭抗礼，又相互影响、相互吸收，终于形成了中国古代两大最重要的思想体系。总体来说，道家思想就是北方黄帝颛顼之道与南方石家河文化实现"文化大融合"之后，随着楚国的发展强大而发展起来。也可以说，楚文化是一个由北方文化与南方古文明融合碰撞而成的新兴文化体系，楚文化的核心思想就是"道"的思想，经历了三苗"民神杂糅"的巫觋传统—楚国先祖道治思想—老庄道德哲学—屈原浪漫文学这样一脉相承的发展脉络。

第八章　屈子之风遗千古

楚文化的辉煌成就，在文学上得到集中体现，特别是到了战国晚期，楚地的诗歌和散文，可谓将先秦文学推上顶峰。如果说《诗经》是中国诗歌文学的总源头，那么屈原和以屈原作品为代表的楚辞，可以说是中国浪漫主义诗歌的源头。鲁迅在《汉文学史纲要》中称屈原诗歌为"逸响伟辞，卓绝一世"，"其影响于后来之文章，乃甚或在三百篇以上"。屈原还是我国历史上第一位伟大的爱国主义诗人。毛泽东评价说："屈原不仅是古代的天才歌手，而且是一名伟大的爱国者，无私无畏，勇敢高尚。他的形象保留在每个中国人的脑海里。无论在国内国外，屈原都是一个不朽的形象。我们就是他生命长存的见证。"①

第一节　屈原是怎样炼成的

梁启超在《屈原研究》中说："研究屈原，应该拿他的自杀做出发点。""我们这位文学老祖宗留下二十多篇名著，给我们民族偌大一份遗产，他的责任算完全尽了。末后加上这汨罗一跳，把他的作品添出几倍权威，成就万劫不磨的生命，永远和我们相摩相荡。"屈原汨罗江上的纵身一跃，从此"一跃冲向万里涛"，一个"被发行吟泽畔"的形象便永久保留在每个中国人的脑海里。只要有华人在的地方，都是他生命长存的见证。

有生必有死，有死固有生。屈原的死生，是历史的谜团，却又是世代的追崇。屈原的生死身世，先秦史籍记载甚少。西汉贾谊、刘安、东方朔、司

---

① 尼·费德林：《毛泽东谈文学：〈诗经〉、屈原……》，《光明日报》1996 年 2 月 11 日。

马迁等写赋作传，吊屈子、纂楚辞，是在屈原沉江百余年后。司马迁著《史记》，给屈原和贾谊一起作了一篇"列传"，但其中对屈原生平的记述也很简单，屈原生卒何时，生于何地，没有明确的记载，只给出一个"楚之同姓"的线索。历来的研究者，从极为有限的线索中，逐渐挖掘屈原文化性格生成的土壤。

屈原是哪里人？今天为大多数学者所认可的是湖北秭归乐平里。每年端午节前后，秭归都要举行大规模的端午文化活动，赛龙舟，包粽子，十分热闹。曾任中国屈原学会常务理事的秭归县屈原纪念馆研究员谭家斌在接受笔者访谈时介绍，这是源远流长的习俗，历经了千余年的传承、演变、沉淀。1178年5月，著名诗人陆游奉诏出蜀，返回临安，途经归州（即今秭归），恰逢端午，龙舟竞渡，陆游观之，感慨屈乡端午气氛浓烈，遂咏《归州重五》之诗："斗舸红旗满急湍，船窗睡起亦闲看。屈平乡国逢重五，不比常年角黍盘。"

湖北秭归县归州古镇上的老屈原祠，现已经搬迁至秭归茅坪镇

2006年5月，秭归"屈原故里端午习俗"被列入第一批国家级非物质文化遗产名录。2009年9月，湖北秭归县、湖北黄石市、湖南汨罗市、江苏苏州市"三省四地"向联合国教科文组织申报的"中国端午节"，成功入选《人类非物质文化遗产代表作名录》。作为端午文化的源头之一，秭归"屈原故里端午习俗"得到世所公认。谭家斌介绍，屈原故国在秭归，是有历史记载的。郦道元《水经注》引东晋袁崧《宜都山川记》说："秭归，盖楚子熊绎之始国，而屈原之乡里也。原田宅于今俱存。"又说："（秭归）县北一百六十里有屈原

故宅，累石为室基，名其地曰乐平里。""田宅俱存"想必袁崧是看到过的，可惜后人连他的这篇文章也没有找到，更别说屈原故宅了。但自此以后，秭归就留存了大量屈原古迹遗址，比如归州屈原祠，史料记载早在唐代就已兴建。秭归乐平里是长江三峡大山中一个小坪坝，这里有明代就已修建的屈原庙，还有很多关于屈原的传说，比如屈原读书的读书洞、洗漱的照面井等。

1982 年，著名楚辞学专家汤炳正来到这里，听到当地的老百姓口耳相传的这些故事，也认为"虽然不见得句句都是真实的，但是里边则是有历史的影子的"。汤炳正认为，大概屈原的父亲曾在楚国都城郢都做事，但家是住在秭归的，屈原虽出生于郢都，却在秭归长大，所以东方朔说"平（屈原名平）生于国兮，长于原野"。①

对于屈原的故乡，历来也多有争议。屈氏家族是楚王族属屈、景、昭三大显赫支脉之一，屈原是楚王同姓、楚国的贵族，没有理由住在如此偏僻的大山深处。考古学上，迄今也未发现在秭归一带可见楚王族的城居遗址迹象。一些学者还考证屈原的先祖屈瑕受封的采邑在今江陵、沙市一带，因此屈原应为江陵人。②

秭归也好，江陵也罢，都是楚国的版图，都可能成为楚国公族的住地，更重要的是都在长江之滨。这对屈原文学性格的养成，至为重要。很难想象，如果没有大江宏阔雄浑的气魄和变化万端的气象滋养，屈原还能否有那些奇特的想象和瑰丽的文辞。所以，南朝刘勰在《文心雕龙》中说："屈平所以能洞监风骚之情者，抑亦江山之助乎。"谭家斌则认为，因屈原诞生于长江巫峡与西陵峡交界一带的湖北秭归，长江三峡地区部分动物、地域名称、方言俚语、民间风俗及传说故事，可以在屈原作品中得到检索和对照，屈赋的部分素材可能源于三峡区域。郭沫若说："屈原是产生在巫峡附近的人，他的气魄的宏伟、端直而又娓婉，他的文辞的雄浑、奇特而又清丽，恐怕是受了些山水的影响。"③

---

① 汤炳正：《楚辞讲座》，北京出版社 2017 年 8 月第 1 版，P155。
② 蔡靖泉：《楚文学史》，湖北教育出版社 1996 年 8 月第 1 版，P382。
③ 谭家斌：《屈原生于秭归乐平里新证》（作者提供）。

湖北秭归茅坪镇屈原祠

除了"江山之助"，受其生活的地理和人文环境的影响，造就屈原之文化品格的，更有楚国八百年深厚的历史文化基因。楚国从一个荆棘丛林中的蕞尔小国，发展成为占据整个长江中下游流域的南方第一大国，不仅是疆域上的扩张，在文化上也发展出了自己独特的表达形式。从楚墓中出土的大量文物就可以看出，楚人在丝织、绘画、音乐、舞蹈甚至书法上都表现出明显的独特性和创造性。屈原和楚辞的出现，无疑是因为背靠了楚国这样一个深厚的文化传统。

楚国的文化传统是什么？我们或许可以从《诗经》里寻得一些踪迹。《诗经》是北方的文学，它与后起的《楚辞》在语言、结构、形式、意象、韵律等方面都有着显著的差异，二者分别代表了南北文化和文学上的不同风格。《诗经》是端庄典雅的，而《楚辞》是飘逸灵动的；《诗经》是质朴的吟唱，而《楚辞》

是浪漫的抒怀；《诗经》是现实的细腻摹写，而《楚辞》是想象的恣意翱翔。蒋勋说，《诗经》是从稳定的农业社会中产生的平稳感情，表达的是农业社会里田陌当中那些男男女女的爱恨情愁；而《楚辞》情感比较强烈，颜色也比较绚烂，明显与《诗经》的稳定性和古典性有区别，它表达的是古代部族对大自然的敬畏。① 但是，《诗经》之中也有部分"破界"的歌谣，以舒展张扬的意象书写浪漫的情愫，在语言特点上也展现了南方楚歌的特色，反映出江汉流域的民情风俗。这主要集在《国风》中的《周南》和《召南》所收录的歌谣，比如《桃夭》《汉广》《江有汜》等。研究者认为，他们应该是采自江汉流域的民歌。试看《汉广》一诗：

南有乔木，不可休思。

汉有游女，不可求思。

汉之广矣，不可泳思。

江之永矣，不可方思。

翘翘错薪，言刈其楚。

之子于归，言秣其马。

汉之广矣，不可泳思。

江之永矣，不可方思。

翘翘错薪，言刈其蒌。

之子于归，言秣其驹。

汉之广矣，不可泳思。

江之永矣，不可方思。

《毛诗序》说："《汉广》，德广所及也。文王之道被于南国，美化行乎江、汉之域，无思犯礼，求而不可得也。"历代儒家解诗，多认为这就是南方之地、化外之民德化所及以礼自持的真实写照。解注者认为，汉、江之域是周王朝的偏远边地，文明开化较晚，属于蛮荒之地，人们还保留着大量原始习俗，譬如群体性的走婚，男女无拘无束无所顾忌地约会、恋爱和婚配。而周

---

① 蒋勋：《蒋勋说文学：从〈诗经〉到陶渊明》，中信出版社 2014 年 1 月第 1 版，P52–58。

王朝极力推广自己的德化之道，自近而远，及于江、汉之间，终而至于蛮荒之地也能道德化成、人人守礼，小伙子虽然爱慕姑娘，却也谨守礼制，发情止义。

但近世的研究者认为，这首诗无论从节奏还是情调上，都是江汉地区人们对内心深处真实情感的尽情抒发，与"德之所及"并没有关系。清代方玉润在《诗经原始》中说，楚、粤、滇、黔一带的樵子入山，多唱山讴，响应林谷，"盖劳者善歌，所以忘劳耳"，《汉广》一诗即"为刈楚、刈蒌而作，所谓樵唱是也"，认为它是南方山区樵夫砍柴伐薪时的一道山歌。可以说方玉润发现了这首诗存在的"原始现场"，在劳动中的歌唱，是对苦和累的最好排解。

但是，他没有发现诗中"游女"这一奇特意象。诗中"游女不可思""求而不可得"的情感表达，才是这首诗的最要害处。"游女"不同于《诗经》中"淑女""伊人""静女"等形象，郑玄笺曰："贤女虽出游流水之上，人无欲求犯礼者。"而朱熹注云："江、汉之俗，其女好游，汉、魏以后犹然，如《大堤》之曲可见也。"他们都认为"游女"是生活于江汉水边、有着特别习性的女性形象。近代学者则认为"游女"或为传说中的汉水神女，神女可望而不可即，水边男子思慕不得，故歌唱以表达心中忧思。闻一多说："借神女之不可求以喻彼人之不可得，已开《洛神赋》之先声。"这恰是楚地原始歌谣的鲜明特征，节奏舒缓而情调深婉，通过奇丽的想象营造浪漫的意境。在屈原的辞章之中，便有大量这样的想象、这样的意境，比如湘水女神"湘夫人"、山中女神"山鬼"等等。

这便是楚地历史文化的显著特征。它来自长江中下游地区独特的地理环境。这里有奔涌的大江大河，又有静默的云梦深泽，有崎岖的高山峻岭，又有广阔的平陆莽原，一切景象都赋予了生活在这里的民众更加漫无边际的遐想。屈原如此，屈原之前的歌者、文者也是如此。文学上的激情与想象也来自楚人独特的历史传统。楚人继承新石器时代原始居民的巫教传统和原始艺术想象，在汉水之滨的荆棘丛林里"筚路蓝缕，以启山林"，艰苦创业，蓄势而发，以一种特有的自立观念与图强意识，与大自然作斗争，与中原文化相抗衡，也与江汉之地大大小小的土著方国相融合。他们每以"蛮夷"自居，以"信鬼神，重淫祀"的传统发展自己的文化，又以"问鼎中原""抚有蛮夷"的气概辟土拓疆、强国兴文。

前文述及，楚国的文化传统既与中原有着密切的联系，又与中原文化有着显著的不同。这是因为它一方面继承了夏商的文化传统，另一方面又全面接受和吸收了三苗文化以及长江流域各个土著文化（可以称之为"古楚文化"），融合而生成一种特立独行的南方文化。巫觋是楚文化独特传统的一个重要方面，他们在夏商神话传说和古楚巫觋文化的基础上，创造出一个特有的神鬼系统，并以庞大的神鬼系统书写了楚人心目中"绝地通天"的创世神话和图腾意象。长沙子弹库楚帛书上，叙述了主宰天地的诸神秩序和创世历程。这些传说与中原神话一脉相承，但是也有独特之处。比如在楚人的神祇系统里，他们的先祖祝融是炎帝的后人，炎帝是南方之帝、太阳之神，而祝融是火神，他们是楚人的先祖图腾。子弹库帛书上有大段的文字，四周还环绕着12幅神像，颇似《山海经》里的人兽图像。《山海经》是一部特别神鬼系统，按照近代一些学者的研究，《山海经》也是楚人的著作。鲁迅先生认为其"所载祠神之物多用糈，与巫术合，盖古之巫书也"。著名的神话研究专家袁珂研究认为，书中所述神话多与楚辞相合，书中用语也多有楚方言，所以作者应为楚地之人。

湖北省博物馆藏李公麟款《九歌图》局部

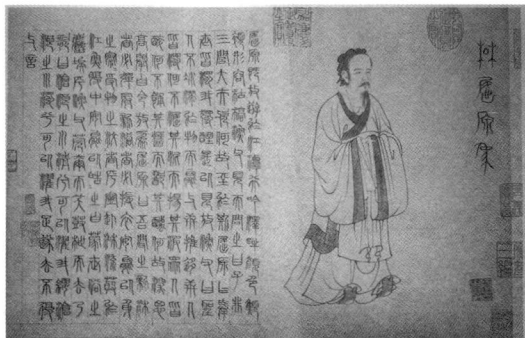

屈原像。元张渥临李公麟《九歌图》，吴叡书辞。
摄于湖北省博物馆

种种历史传统和地理特性，创造了楚地文化上的独特性格。比如在屈原之前，就有"晚周诸子，莫能先也"的《庄子》。《庄子》是先秦散文的丰碑，也是极富诗意的哲学，充满着汪洋恣肆的激情与浪漫奇幻的想象，充分彰显了楚文化的风格特色。而楚文化独特性的最终集大成者，是屈原。以屈原为代表的南方作家群体，包括宋玉以及西汉诸辞赋家，将楚文化的特性由《楚辞》传递、承载和表现出来。宋代黄伯思《校定楚辞序》对楚辞的特性作了辑述："屈宋诸骚，皆书楚语，作楚声，纪楚地，名楚物，可谓之楚辞。"屈原和《楚辞》，以其惊采绝艳的文风，开创了后世的浪漫主义文学之风。

第二节　屈原的行吟地图

《史记》记载，屈原在楚怀王时期任左徒之职，因"博闻强志，明于治乱，娴于辞令"而深得怀王信赖，"入则与王图议国事，以出号令，出则接遇宾客，应对诸侯"，在内政和外交上都有很大的发言权，对内怀着"竭忠诚以事君"的满腔热忱，力图"国富强而法立兮"，助怀王实现政治改革的目标，对外则数度出使齐国，促成楚国联齐抗秦的合纵外交政策。"六国合纵"是战国历史上一件大事，可惜被秦国和张仪以各种不光彩的手段破坏。屈原也受谗臣构陷，遭到楚怀王疏远，自此逐渐从楚国的政治中心跌落，却完成了他"颜色憔悴，形容枯槁""被发行吟泽畔"的千古形象。屈原的文学品格和精神品质，也就是在这图议国事与疏远流放的过程中锻造出来。流放的经历，使屈原的足迹遍及楚国的江河陆野，也尽览长江流域旖旎的风光，尽阅荆湘大地丰物人情，为其辞章的奇谲瑰丽埋下了伏笔。这里，笔者试图绘出一幅屈原行吟楚山楚水的诗歌地图，以期追溯屈原精神乃至楚文学精神的养成图谱：

——郢都九歌

屈原少年得志。学者根据《离骚》中"摄提贞于孟陬兮，惟庚寅吾以降"推算屈原的出生年月，大致在公元前340年左右。公元前318年，楚怀王任六国合纵长，屈原任左徒之职，管理内政外交大事，时年不过二十多岁，正是意气风发的时候。这一年，合纵大典盛大开幕，六国君王和使臣齐聚楚国郢都。郢都在今湖北荆州纪南城，考古发现，战国时期，楚国的冶金、织帛、髹漆、筑城等技艺都达到了无与伦比的高峰。楚都之繁华，楚国丝绸、漆器之精美，无不令六国宾朋叹为观止。一场盛大的乐舞表演更是将他们深深吸引，这便是屈原精心编排的组歌《九歌》。

《九歌》的创作来源众说不一，一般认为是楚地流传已久的祭祀乐歌，屈原对之进行再创作，使之成为"楚国国家礼典的乐章"。屈原以典雅的文辞和缥缈的情致，描绘了楚人心目中最为敬重的九位天神，首先是楚人心目中至高无上的天神"东皇太一"，接着是楚人图腾崇敬的雷神（一说云神）"云中君"，接下来是湘水之神"湘君"、湘水女神"湘夫人"、掌管生死的"大司命"、掌管生育的"少司命"、太阳之神"东君"、河神"河伯"、山神"山鬼"。最后，屈原加上了祭祀战死之人的《国殇》一篇，讴歌为国捐躯的历代将士，将楚国将士"身既死兮神以灵，魂魄毅兮为鬼雄"的英雄气概和豪迈精神酣畅淋漓表达出来。可以说，《九歌》是楚国巫觋文化的精彩再现。郭沫若认为《九歌》"当作于他早年得志时分"。

——汉北天问

齐楚结盟是秦国的大患。秦王让张仪出使楚国，贿赂楚国重臣上官大夫、靳尚等人，以及怀王的宠妃郑袖、爱子子兰，"共谮屈原"。楚怀王听信谗言，合纵流产，屈原被绌。许多学者认为，屈原一生有两次被逐出郢都，这是第一次，放逐的地点文献中没有记载，但根据《抽丝》诗中"有鸟自南兮，来集汉北"之句，推断其可能被逐于"汉北"之地。[①] 汉北大约是汉水上游今湖北襄阳至河南淅川一带，是楚国故都丹阳之所在，楚先祖开国发祥之地，有先王之宗庙陵寝，屈原被"疏"、被"绌"入丹阳也是合理的推想，迁任"三闾大夫"、掌管宗族之事也可能是这时候的事。不论是"疏"是"绌"，远离都城对于少年得志的屈原，都是沉重的打击。

---

① 蔡靖泉：《楚文学史》，湖北教育出版社 1996 年 8 月第 1 版，P386。

司马迁说屈原"疾王听之不聪、谗谄之蔽明、邪曲之害公、方正之不容"，故忧愁幽思而作《离骚》。《天问》大概也是这个时候的作品，作者向天问难，一口气对宇宙生成、创世神话、历史传说、自然变化、社会现实等等提出一百七十多个问题的，这不正合了一个失志少年的愤懑心境。《天问》堪称古今奇文，从天地万物、古往今来的各个方面发问，既反映出屈原的宇宙观、历史观、现实观，也充分体现出楚人顽强探索的求是精神。

屈原石雕像

——江南九章

楚怀王屡遭秦王和张仪的诓骗，最后竟被诱至咸阳囚禁至死，楚顷襄王继位，子兰为令尹，屈原更遭嫉恨，再被放逐，开始了漫长的流放生活。屈原这一次的流放，行踪悠远，且行且吟，一改以往浪漫华丽的诗风，而以朴实的语言，回溯往日的宏愿，抒写内心的不甘，忠实记录不能返国还都的痛苦心情。后人将这组"随事感触，辄形于声"的行吟诗，辑为《九章》，合为一卷。

屈原的这次流放，足迹遍及沅、湘流域诸地，过去一般以为是在蛮荒僻野间漫无目的地流浪，但汤炳正根据楚地出土的《鄂君启节》，提出了新的看法。《鄂君启节》正是楚怀王时期的珍贵文物，详细记载了当时官商通行的水陆交通线路，是楚国的"国道"。汤炳正根据《九章》中提供的线索与《鄂君启节》中的线路对比，认为屈原走的就是楚国的官商大道。[1]汤炳正还认为，屈原的汉北之行也是在这一次流放行程之中，而不是在怀王之时。他先往东，到了江西的泸江、陵阳一带，那里是楚国的大后方，但是屈原并不甘心于苟活，于是折返，先到了西北的汉北，又去了西南的溆浦，这是与秦国接壤的两个地方。汉北有楚国的故都，屈原回不了郢都，所以像"狐死首丘"那样，回到故都去。接着他又南下到湘西的溆浦。今天，溆浦也广泛流传着屈原流放至此的故事，溆浦的

安徽寿县出土鄂君启错金青铜节。摄于国家博物馆

龙舟竞渡也很发达，场面壮观，竞渡前还要到溆水南岸屈原庙中祭祀。汤炳正认为，屈原到汉北和溆浦，并非流于"江南之野"，而是为了考察秦楚边境的形势，是"爱国心情之所驱使"。[2]

《九章》所表达的情感与思想与《离骚》相近，但是它们更多的是采取写实的手法，叙写诗人的行迹与感悟，是生活和思想的实录，从中更能读懂屈一生的坎坷经历和思想发展，体会屈原思想与楚国命运的休戚相关。其中《哀郢》可谓屈原作品中最为悲切的一篇，一般认为作于楚顷襄王二十一年（前278年），秦将白起破郢，昔日鼎盛于东方的郢都，也是屈原心目中的故乡和圣地，失落于敌手，叫人如何不哀伤悲切。屈原在流放行旅的途中，获知郢都失落、王室东奔的消息，不禁哀伤恸哭，"望长楸而太息兮，涕淫淫其若霰"。然而，他其时所处的江介之地，民众"曾不知夏之为丘兮，孰两东门之可芜"，竟不知道都城变成了丘墟，两座东门已经荒芜，这使他更加"心不怡之长久兮，忧与愁其相接"。

——湘水怀沙

郢都既破，屈原终于抑制不住内心的忧伤，作《怀沙》于汨罗江自沉。

---

[1]　汤炳正：《楚辞讲座》，北京出版社 2017 年 8 月第 1 版，P172-173。

[2]　汤炳正：《楚辞讲座》，北京出版社 2017 年 8 月第 1 版，P179。

汨罗江畔是罗子国故地，考古发现这里战国时期的文物丰富，并有数十座高等级墓葬，显示其时乃为楚国的重镇，并非荒凉之地。屈原从溆浦东行至此，看来也是有意为之。他一路考察楚国的国内情势和边疆形势，可见并未放弃诗文中时时透露出来的政治理想。直至郢都既破，楚王仓皇逃往陈，屈原看到曾经令他自豪和眷恋的楚国大厦将倾，他终于明白"举世皆浊我独清，众人皆醉我独醒"，所有的希望都已破灭，所有的政治理想都已成无根之木、无源之水，于是在端阳之日，屈原投江而死。汤炳正说："从当时的战局来讲，无疑是殉国；但从作品内容来看，毋宁说是殉道、殉志。"①

《怀沙》也是《九章》中的一首，是屈原对楚国之命运和自己之理想彻底破灭之后，"怀质抱情"，决心以死赴贤。他说："知死不可让，愿勿爱兮，明告君子，吾将以为类兮。"死已是不可避免，我对生命也不再珍吝，只想告诉那些古代的君子前贤，我将和他们为一类。

一些研究者认为，屈原临死之前，还作了一道绝命诗，那就是《九章》之中的另一首《惜往日》。诗人回顾了自己一生的政治遭遇，"惜往日之曾信"，励精图治，以图"国富强而法立"。然而，本性纯良的他却"遭谗人而嫉之"，虽然"贞臣无罪"，却"被离谤而见尤"。来到沅湘深水旁边，诗人决定"自忍而沉流"。诗人希望以死来警醒君王，用最后的生命来证得自己清明的理想，唤醒君王最后的觉悟。《惜往日》是实写作者的忧愤之情，颇似写实版的《离骚》，而《离骚》则是驰骋天地的一次行吟，是充满激情与想象的"惜往日"。

——天地驰骋

屈原行吟所及之地，并非仅仅是一条流亡的线路，而是这位伟大爱国主义诗人精神世界的活动轨迹，他的流亡过程，也是一次现实理想幻灭和精神理想澡雪的过程。《离骚》是屈原最富代表性的作品，是屈原精神的集中呈现，是中国文学史上"名垂罔极，永不刊灭"（王逸《楚辞章句》）的杰作。中国历代以诗骚并称，可知其在文学史上的地位。《离骚》是屈原的政治抒情诗，

---

① 汤炳正：《楚辞讲座》，北京出版社 2017 年 8 月第 1 版，P180。

也是一场超越现实、驰骋天地、追寻理想的行吟。"路漫漫其修远兮，吾将上下而求索"，诗人驾着想象的虬车驰骋纵横，从现实理想的破灭追寻更加高洁的精神理想。

且看他驾玉虬，乘凤车，朝发苍梧（神山），夕至县圃（昆仑山顶），饮马咸池（太阳沐浴的地方），总辔扶桑（神树），前有望舒（月神）向导，后有飞廉（风神）奔属，凤鸟飞腾，夜以继日，飘风旋转，云霓相迎，终于来到第一站——阊阖（天门）。然而，守天门的帝阍冷眼相看，溷浊不分，蔽美妒贤。诗人只能呆呆伫立，反顾落泪，"哀高丘之无女"。原来，诗人费尽周章，翻山越岭，上溯天门，是为到天上寻求梦中的"美人"。可是天上的美人"求"之不得，又只好"折琼枝以继佩"，"相下女之可诒"。

接下来，诗人又令雷神丰隆乘云起驾，往求伏羲氏之女、洛水女神宓妃。然而，宓妃却是"保厥美以骄傲""日康娱以淫游"，虽然美丽却不守礼法，让诗人很快就发现难以迁就，只好"违弃而改求"。站在天上极目四望，诗人看到高高的瑶台上有娀氏的佚女（传说中帝喾的妻子），于是令鸩鸟为媒，鸩鸟却大谈这个美女的是非；想亲自前去却又没有勇气，结果帝喾高辛氏先得了手。诗人又看到有虞氏的两个女儿二姚（夏代中兴之君少康之妻），他们还没有嫁给少康，可是自觉理由不足、媒人笨拙，恐怕去追求了也是白搭。

原来，屈原"上下而求索"，追寻天地之间的"美人"。这"美人"是谁？正是自己"香草""美人"政治理想的象征。他以"香草""美人"为喻，寻找自己的理想：既然现实中的君王不能助我实现政治抱负，那我只好神驰遐游，总能找到理想的归宿之所吧！然而，一番穿越求索之后，诗人发现"美人"均不可得，理想不可能实现。只能再度兴叹："世溷浊而嫉贤兮，好蔽美而称恶。"

有人规劝屈原：不如去国离乡，寻找可以实现明君贤臣"两美必合"的地方，天涯何处无芳草，你又何必"怀乎故宇"？这在春秋战国时期或为常事，诸子百家，苏秦、张仪，都是周游列国，寻找合适的服务对象，并不囿于自己的故土，社会也没有丝毫鄙薄这类人的意思。然而，屈原却陷入了痛苦与矛盾中，历代明君贤臣的"圣人"佳话，都表明时不我待，确实应该"求榘矱之所同"，赶紧去寻找志同道合的圣明之君。于是诗人再次穿越，"聊浮游而求女"，"周流观乎天下"。这一次，诗人驾乘飞龙，取道昆仑，发轫天津（天河），至西极，行流沙，遵赤水，期（目的地）西海……一路辗转，一路周游观察。路途"修远"而"多艰"，神思"高驰"而"邈邈"，纵情驰荡之际，诗人耳中却不断回响楚国的"九歌"，眼前时时浮现的也是楚人之"韶舞"。周观天下，诗人却忘不掉自己的家乡故国。

此时，登上太阳，站上明亮的天国，眼前豁然看到的却还是"旧乡"。诗人的仆夫悲伤，马也眷恋，不肯再向前行，诗人又如何能离开自己的祖国去为别的"明君"服务呢？至此，屈原明白：既然国人莫我知，又何必"怀乎故都"；既然"既莫足与为美政兮"，没有人能与我共修"美政"，不如"从彭咸之所居"，相从古人于地下。

诗人自沉了，为自己的理想、为自己的故国"行义"！

第三节　屈原精神是中国的文化基因

遭遇流放，经历半生艰苦的行吟，也经历一番天马行空的吟唱，屈原明白，他只能为自己的理想、为自己的故国"行义"，他只能"知死不可让"，"从彭咸之所居"。屈原的"行义"，让他不仅成为中国历史上第一位有名有姓的诗人，也成为中国历史上第一位伟大的爱国主义诗人。

练就屈原精神品格的，不仅是他所成长的历史地理环境，更因为他所生活的时代背景。屈原出生和成长的年代，恰逢楚国"宣威盛世"。经过楚宣王、楚威王两代的励精图治，楚国已经占有几乎整个长江流域的中下游地区，成为雄踞南方的强大诸侯。从西周初年"筚路蓝缕，以启山林"的子爵封国，发展至春秋之一霸、战国之一雄，楚国历经八百年，在长江流域创造了不亚于中原地区的文化成就。楚国对于屈原来说，不仅是政治上的认同，更是文化上的归属。

屈原的家族和楚国本是一体。根据文献记载，屈氏先祖屈瑕是楚武王熊通的儿子，瑕受封采邑于屈地，故名屈瑕。武王之时，屈瑕领兵伐罗，因为轻敌而大败，屈瑕自觉愧于楚国和武王，自缢于山谷以谢罪。在楚国历史上，这样的事情还有不少：城濮战败，令尹子玉自缢谢国；鄢陵之败，司马子反醉酒误事，自杀谢罪；康王时，令尹子囊败于吴师，伏剑自杀；平王时，吴国扰楚，令尹子瑕抱病携司马艻越出征，子瑕死在军中，楚军损兵折将，失地丢人，司马艻越引咎自杀……先辈们的英雄情怀，或许就是造就屈原对楚国认同感和使命感的文化基因所在。

然而，至楚怀王时期，楚国贵族统治集团自恃地大人众、国力雄厚，耽于享乐，日趋腐化。屈原亲历盛衰逆转的大变动，自认为理想的政治抱负没有付诸现实，他怎能不忧愤，不怨怼。

屈原是楚国文化的传承人、集大成者，他用浪漫主义的诗文诠释了对楚国社会和文化的认同，同时也对这个存续了八百的文化"归属"行将就木深感孤愤和痛心。于是，他用自己的生命将"家国情怀"写进了中国人的辞典。从此，"国之不存，家将焉附"的"家国一体"思想深植于中国文人的骨髓和文学作品之中。

屈原既死，他的精神便活了起来！

"节分端午自谁言，万古传闻为屈原。"历来人们以各种方式凭吊屈原、纪念屈原。早在梁朝宗懔编撰的《荆楚岁时记》中就记载："五月五日竞渡，俗为屈原投汨罗日，伤其死，故并命舟楫以拯之。"闻一多说，"最使屈原成为人民热爱和崇敬的对象，是他的'行义'，不是他的'文采'。"[1]屈原成了中华民族之民族精神的一个符号。在民族危难之际，同为楚地之人的闻一多"爆一声，咱们的中国"，再次用生命诠释了不同历史时期的"家国情怀"。

然而，历来也有"标新立异"者提出不同意见，比如班固说他"露才扬己""忿怼不容"，扬雄说他"过于浮，蹈云天"，近代还有学者认为屈原是"文学弄臣"，《离骚》中"充满了富有脂粉气息的美男子的失恋泪痕"。闻一多对此进行了批驳。他认为即便屈原是个"文学弄臣"，也"并不妨碍他是个政治家"，他不仅仅"天质忠良""心地纯正"，"屈原最突出的品性，毋宁是孤高

---

① 闻一多：《人民的诗人——屈原》《古诗神韵》，中国青年出版社2008年6月第1版，P83-84。

与激烈"。在闻一多的眼里，"奴隶不但重新站起来做了'人'，而且做了人的导师"，屈原是"无情地暴露了统治阶层的罪行，严正地宣判了他们的罪状"，"用人民的形式，喊出了人民的愤怒"。[①]

在《史记》里，屈原是有宏大政治抱负和明确治国纲领的政治家。在他的辞赋作品中，也鲜明地透露出他的政治抱负和改革主张。《离骚》中，他以商汤、夏禹、武丁、周文、齐桓的治世为理想，并以伊尹、皋陶、傅说、姜尚、宁戚的作为自比，又以夏启、后羿、夏桀"自纵""逢殃"的史实作为反证，提出自己的政治理想。他将君王比作"灵修"，而将自己比作"蛾眉"。他心目中理想的君臣关系是像商汤之与伊尹，夏禹之与皋陶，又如殷高宗与傅说，周文王与姜尚，齐桓公与宁戚，是灵君与美人"两美相合"的关系。

屈原的政治路线是内举贤能、彰明法度，外合诸侯、联齐孤秦。可惜君王不听从他的政治主张，灵修"不修"，反而听信谗言，令屈原深感"嘘郗""郁邑"，哀"时之不当"。唏嘘哀叹之际，他进行了一次十分壮美华丽的穿越时空的行吟。《离骚》之美，美在亦真亦幻。屈原以十分悲怆的笔触，却又十分狂放的热情和十分奇瑰的想象，书写了自己"香草""美人"般的政治理想，以及理想不能实现的痛苦、忧愤、矛盾、彷徨等复杂心绪。在幽深莫测的内心争斗中，诗人的灵魂忽而升天漫游，忽而驰骋远古，在天上、地下"穿越""求索"。

屈原写下"美人"和"香草"，显然不是"富有脂粉气息的美男子的失恋泪痕"，他要表达一种"举贤而授能兮，循绳墨而不颇"的政治理想。然而，理想未能实现，连昔日的"芳草"，如今也变成"萧艾"，纷纷随波逐流，佞幸谄谀、专横跋扈之徒甚嚣尘上，"群贤"莫好修，美人独迟暮。诗人最大的痛苦即在于此，"怨灵修之浩荡兮，终不察夫民心"。至此，屈原岂止是"露才扬己""忿怼不容"，他不能实现"皇天无私阿""民德焉错辅"的政治抱负，失望至极，只能"长太息以掩涕兮，哀民生之多艰"。所以，闻一多说："屈原虽然没有写人民的生活，诉人民的痛苦，然而实质的等于领导了一次人民革命，替

---

① 闻一多：《屈原问题》《古诗神韵》，中国青年出版社 2008 年 6 月第 1 版，P73-82。

人民报了一次仇。屈原是中国历史上唯一有充分条件称为人民诗人的人。"①

政治理想一步步破灭的同时，屈原在精神上则一步步往高洁的高格上逼近，直至"安能以皓皓之白，而蒙世俗之尘埃乎"。梁启超用"极高寒的理想"和"极热烈的感情"来概括屈原的人格，他认为屈原《九歌》中《山鬼》一篇，就是屈原用象征笔法描写自己人格。"若有美术家要画屈原，把这篇所写那山鬼的精神抽显出来，便成绝作。"

事实上，历代有不少艺术家绘制了屈原的肖像，今天在全国各地，还有很多屈原雕像，或低头沉吟，或昂首问天，让屈原的精神形象化起来。在武汉东湖，有一座行吟阁，为纪念屈原曾行吟至此而建，阁前的屈原像，3米高的基座和3.6米高的全身雕塑，巍然而立，颇显凝重。屈原流放的途中，"过夏首而西浮"。夏首为汉江汇入长江之处，据此，研究者认为屈原到过武汉。东湖为此还建有屈原纪念馆，每年端午这里也会举办隆重的纪念活动，东湖龙舟赛十分激烈壮观，成为武汉市民缅怀屈原弘扬传统文化的载体。

武汉东湖行吟阁

屈原集成了楚国文化精神基因，而随着他的沉江殉国，其光辉的一生和伟大的作品都在不断得到升华，成为中华民族的文华基因、精神基因。两千多年以来，屈原清高孤绝的秉性，正道直行的品格，浪漫华彩的想象，爱国

---

① 闻一多：《人民的诗人——屈原》《古诗神韵》，中国青年出版社2008年6月第1版，P83-84。

忧思的情怀，影响了贾谊、司马迁，影响了陶渊明、李白，影响了苏轼、辛弃疾，也影响了梁启超、闻一多，影响了李大钊、毛泽东……李白说"屈平辞赋悬日月，楚王台榭空山丘"；杜甫说"窃攀屈宋宜方驾，恐与齐梁作后尘"；苏轼说"吾文终其身企慕而不能及万一者，惟屈子一人耳"。历代文化精英的成长、文学文化的发展乃至普罗大众的生活，都与屈原精神、屈原文化密不可分，屈原已经成为中国的诗魂、国魂、民族之魂，屈原的文化精神基因，早已经熔铸在中华民族精神的底层，深深植根于世世代代中国人，植根于中国文学，植根于中国文化。屈原精神还在深刻地影响着当代中国，并将继续影响未来的中国。

第九章　经济视角：南北战略资源纽带

曾国是 40 余年来考古发掘出来的一个两周时期的诸侯国，它的疆域范围大体位于今天湖北省随州、枣阳、京山一带，古代文献中并没有"曾国"这个诸侯国名出现，但是有"随国"，"汉东之地随为大"，两者地理位置相似，出土青铜铭纹中也有相合之处，故一般认为曾国就是随国，随国就是曾国，曾随一体，一国两名。虽然名不见经传，但是考古发掘所展现的这个汉东之国却有着令人叹为观止的历史文化。尤其是 1978 年发现的曾侯乙墓，以曾侯乙编钟、曾侯乙尊盘等为代表的青铜器，堪称中国青铜文明发展的巅峰。

然而，被认为代表人类文明"轴心时代"音乐文化高峰的曾侯乙编钟，何以出现在汉水之滨这个寂寂无闻的蕞尔之国？曾侯乙墓出土青铜器所表现出的高超的文化水准、艺术成就以及青铜铸造技艺等诸多方面成就从何而来？代表先秦礼乐文化高峰的礼器、乐器为何频频出现在一个历史上并不起眼的地方？这些历史的谜团，随着现代考古工作的大量开展，逐渐得以解开。翻开长江中游考古历程，自曾侯乙编钟出土 40 余年来，人们终于看到，一个名不见经传的"小国"，以"金道锡行"的特殊历史地位，在周楚之间、中原与南方之间、黄河流域与长江流域之间，架起一座重要经济文化桥梁，打通一条贯通南北的战略资源纽带。曾国的历史地位不容小觑，而其背后，则是以楚文化为中心的长江中游青铜经济、青铜文化高度达的明证。

第一节　曾侯乙的祖辈们

历史上曾经出现过"曾"字铭文的青铜器。比如早在宋代，李清照的丈夫赵明诚就在其所著《金石录》一书中提到有"曾"字铭文青铜器。20 世纪

30 年代遭军阀盗掘的安徽李三孤堆楚王墓中，出土大量青铜器，其中包括"曾姬无卹壶"。1966 年，湖北京山苏家垄发现"曾侯仲子㳻父"铭文铜器。[①] 曾侯乙墓的发现，无疑是震惊中外的重大考古发现。无论是其宏大巍峨的"曲悬"架构，"一钟双音"的绝妙构造，还是丰富生动的错金铭文，都足以称得上是人类音乐史上的奇

曾侯乙编钟出土时的场景。
湖北省博物馆提供

迹，也是人类科技史上的奇迹。40 余年过去，其伟大价值仍是国际学术界关注的热点。2016 年 10 月，第十届国际音乐考古大会在武汉举行。来自世界各地的 100 多位考古学家、音乐学家共同签署《东湖宣言》称：曾侯乙编钟是世界上绝无仅有的重大发现，在人类文化史、音乐史、科技史等领域占有重要地位，是公元前 5 世纪中国文明成就的集中体现，展现了人类智慧在"轴心时代"所创造的高度。

曾侯乙尊盘。湖北省博物馆提供

曾仲㳻父壶。湖北省博物馆提供

　　曾侯乙墓，尤其是曾侯乙编钟的出土，也开启了学术界对"曾国"这样一个历史文献中几乎为空白的诸侯国的研究热情。曾侯乙墓青铜器铭文上反

---

① 方勤：《曾国历史与文化——从"左右文武"到"左右楚王"》，上海古籍出版社 2019 年 7 月第 1 版，P1。

复出现"曾侯乙作持用终"等字样，曾侯乙编钟最大的一件镈钟上，铭文写道："唯王五十又六祀，返自西阳，楚王酓（熊）章作曾侯乙宗彝，奠之于西阳，其永持用。"表明春秋战国之时，确实存在着一个名为"曾国"的诸侯国。而曾侯乙应为与楚王熊章（即楚惠王）同时期的曾国国君。但是，这个对于历史研究者和考古工作人员都还比较陌生的诸侯国，为何一经出现，就表现出如此高超的文化艺术水准和工艺技术水平？曾参与

曾侯乙编钟铭文

曾侯乙墓考古发掘、长期从事编钟研究的中华世纪坛世界艺术中心研究馆员冯光生在接受笔者采访时就表示，曾侯乙编钟代表中国古代礼乐文化的巅峰，绝非偶然出现，也不是一朝一夕可以成就。

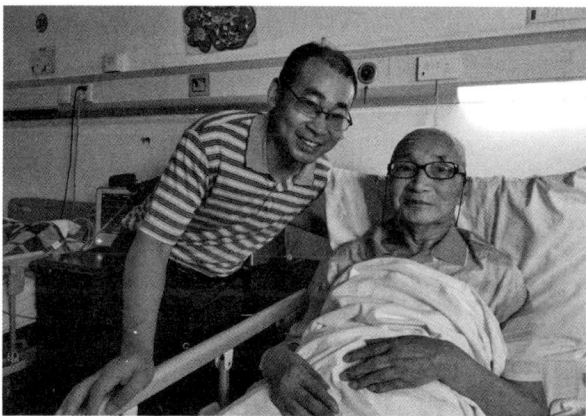

作者与躺在病床上的曾侯乙墓发掘主持人谭维四先生。喻珮拍摄

在发现曾侯乙墓之后，湖北随州一带又有一系列重大考古发现。1981年7月，在距曾侯乙墓仅有百米之遥，又发现一座战国古墓，定名为擂鼓墩二号墓（曾侯乙墓为擂鼓墩一号墓）。墓中出土一套36件编钟保存完好，还有12件编磬。尽管由于墓葬发现时已被严重破坏，墓主身份是难解之谜，出土编钟规模也远不及曾侯乙编钟（曾侯乙编钟65件，编磬32件），但经专家鉴定，

二号墓编钟与曾侯乙编钟为同一体系，音色、音律相通。因此，二号墓编钟被称之为曾侯乙编钟的"姊妹钟"。二号墓中也发现其他青铜器，特别是一组9鼎8簋的青铜礼器显示墓主人的身份也是极高的。李学勤等认为其为曾侯夫人墓。

——曾侯还有"曾侯丙"

今天我们看到出现在青铜器铭文中"曾侯乙"的名字，可能会觉得奇怪，堂堂曾国之君怎么会取这样一个名字。有意思的是，在与曾侯乙墓一水（厥水河）相隔的湖北随州文峰塔墓地，考古人员还发现了一座"曾侯丙"墓。这是一座战国中期墓葬，墓中出土青铜器物70余件，其中两件铜缶上都"曾侯（沐）缶硖以为"铭文，缶盖内还有铭文"曾侯丙之（沐）缶硖以为长事"。从墓葬规模和出土器物等线索可以确定，这是一座曾侯墓，其墓主应为"曾侯丙"。① 曾侯丙墓的年代略晚于曾侯乙，"乙"和"丙"是他们的"日名"，"日名"是以十天干来命名，商周时期比较普遍。历代商王多以十天干命名，比如太甲、盘庚、武丁、祖甲。

文峰塔墓地先后经过两次发掘，2009年发掘了2座春秋晚期墓葬，2012年因要进行房地产开发建设，考古人员抢救性发掘了66座墓葬，其中12座为汉至明代砖室墓，54座为东周土坑墓，此外还有3座车马坑。东周墓葬中，除曾侯丙墓为战国中期外，其余多为春秋时期曾国墓葬。最引人瞩目的是2009年清理发掘的1号墓，为春秋末期墓葬，虽然破坏严重，但墓中出土鼎、缶、鬲、编钟等青铜器，一组10件套的编钟，虽有缺损，但其中一件通高112.6厘米、重142.7公斤的大钟上，铸有169字的长铭文。根据铭文推断，墓主为"曾侯與"。② 曾侯與编钟铭文的史料价值非常高，为研究曾国历史及曾和周、楚之间的关系提供了重要文字依据。武汉大学罗运环教授等专家甚

① 湖北省文物考古研究所、随州市博物馆：《湖北随州市文峰塔东周墓地》，《考古》2014年第7期，P18-33。

② 方勤：《曾国历史与文化——从"左右文武"到"左右楚王"》，上海古籍出版社2019年7月第1版，P69。

至认为，就史料价值而言，曾侯與编钟甚至超过了曾侯乙编钟，在目前所发现的曾国钟里，没有任何一套超过它。[①]

湖北随州文峰塔出土曾侯丙方缶

湖北随州文峰塔出土铜提梁壶

文峰塔是湖北随州义地岗东周墓群的一部分，义地岗墓群位于随州市东城区，包含义地岗、文峰塔、汉东东路三处墓区。早在 1979 年义地岗即清理一座属于春秋中期的墓葬，随葬器物有"陈公子仲庆""周王孙季怠""曾大工尹季怠"等铭文。1994 年清理三座墓葬，年代为春秋中、晚期，出土"曾侯邸""曾少宰黄仲酉""曾仲姬"等铭文。[②] 这些墓葬、器物、铭文标识了春秋中晚期的曾国君侯、贵族的身份，将曾侯乙的家族上溯到春秋时期。

——"曾世家"

历史总是扑朔迷离疑云重重，有时甚至留下空白让后世百思不解。而考古发掘总是带给人们意想不到的惊喜。曾侯乙编钟的出土，是考古人的惊喜，音乐人的惊喜，历史研究者的惊喜，也是中国的惊喜，世界的惊喜。它将 2400 年前的声音带到今天，让全世界都可以领略来自孔子时代的华彩乐章。它还将一个沉睡在地下两千余年的诸侯国拉入今天的视野，让一段空白的历史灿然呈现。近年来，湖北省文物考古研究所等单位以曾国考古发掘为重点，开展一系列的发掘与研究，考古发掘又取得许多重要收获，新的考古资料已

[①] 《"随州文峰塔曾侯與墓"专家座谈会纪要》，《江汉考古》2014 年第 4 期。

[②] 方勤：《曾国历史与文化——从"左右文武"到"左右楚王"》，上海古籍出版社 2019 年 7 月第 1 版，P65—66。

经勾勒出自西周早期至战国中期曾国约 700 年的发展"简史"，使曾国成为迄今为止两周时期唯一一个能利用考古材料构筑其基本历史的诸侯国。[①] 方勤指出，湖北随枣一带迄今考古发掘已经确认的曾侯墓达 16 座之多，这还不包括考古勘探已认定的 4 座曾侯墓，此外还有 10 座夫人墓葬，除西周中晚期的外，各个关键历史时间段的曾侯墓都有发掘，从而构建了曾国历史发展脉络，考古写就了一部"曾世家"。[②]

早在 1966 年，位于湖北省荆门市京山县境内的苏家垄，在修建水渠时发现一批青铜器，共计 97 件，其中包括九鼎七簋，鼎、壶等器物上还有"曾侯仲子斿父""曾仲斿父"等铭文，其年代在两周之际。这是最早发现的曾国诸侯一级的墓葬器物，也是首次考古发现文献记载的"九列鼎"。2014 年开始，湖北省文物考古研究所等单位对苏家垄墓地进行系统考古发掘，清整墓葬百余座，确认这里为曾国高等级墓葬群，发现的铜礼器共计有 500 多件，有铭文的就有 50 多件，年代为两周之际至春秋早中期。[③] 其中 79 号墓和 88 号墓的随葬铜器上发现重要铭文。79 号墓鬲、簋、壶等多件铜器上都有铭文，显示其墓主人为"曾伯桼"。而 88 号墓主人为女性，墓中有两件铜壶与 79 号墓中的两件铜壶造型一致，铭文也完全相同，铭文中也有"曾伯桼"，同时墓中盂、鼎等器物上则有"陔夫人芈克"等铭文，推测其为曾伯桼的夫人芈克。[④]

位于湖北省枣阳市吴店镇东赵湖村的郭家庙墓地，早在 20 世纪七八十年代就曾发现过带铭文的青铜器，1982 年这里曾经发现一件带有"曾侯绛红白秉戈"铭文的青铜戈。2002 年和 2014—2015 年，湖北省文物考古研究所先后进行清理发掘，显示出这里也是一处存在诸侯级别墓葬、年代为两周之际的曾国公共墓地。郭家庙墓区 21 号墓，出土一件铜钺上有 18 字铭文，释读

---

① 《"曾国考古发现与研究暨纪念苏家垄出土曾国铜器五十周年国际学术研讨会"综述》，《江汉考古》2016 年第 6 期。

② 方勤：《曾国世系及相关问题研究》，《江汉考古》2021 年第 6 期，P192。

③ 湖北省文物考古研究所：《湖北京山苏家垄遗址考古收获》，《江汉考古》2017 年第 6 期，P3-6。

④ 湖北省文物考古研究所：《湖北京山苏家垄遗址考古收获》，《江汉考古》2017 年第 6 期，P3-6。

为"曾伯陭铸造戚钺，用民为刑，非历殷刑，用民为政"。钺为权力的象征，铜钺上的铭文内容显示其主人"曾伯陭"可能是两周之际的曾国国君。①

2010年底，随州市淅河镇蒋寨村农民进行农田改造时，发现一批青铜器，2011年，经湖北省文物考古研究所清理，发现叶家山古墓群。经过考古发掘，出土大量陶器、青铜器、漆木器、玉器等文物，经研究应为西周早期墓葬，多座墓葬出土的青铜器上可见"曾侯"和"曾侯谏"等铭文，这是比曾侯乙要早500年的曾侯。②其中65号墓随葬的有七鼎四簋青铜礼器及一批青铜酒器、炊食器、水容器等，墓葬出土器物铭文上有"曾侯谏作宝彝""曾侯作田壶"等字样，还有一件象征王权的龙首铜钺，可知其为一座国君级别的墓葬。同期发掘的2号墓青铜器也有"曾侯谏作宝彝"铭文，不过发掘资料显示其墓主人可能为女性。但是，2013年，湖北省文物考古研究所对叶家山墓地进行第二次发掘，清理出的28号墓中发现大批青铜器，也有较多的"曾侯谏作宝彝""曾侯作宝鼎"等铭文。③究竟谁是曾侯谏之墓，目前还没有定论。第二次发掘的111号墓，出土青铜器物上有"曾侯犹作宝尊彝"铭文，推测其为西周早期另一位曾侯"犹"的墓葬。

此外，2018年10月至2019年，考古人员在随州枣树林发掘清理曾国墓葬54座，马坑3座，出土青铜器千余件。枣树林墓地有两处确定为春秋中期曾侯夫妇合葬墓，其中168号墓和169号墓为"曾侯宝"墓和曾侯宝的夫人"楚王媵随仲芈加"墓，190号墓和191号墓为"曾公求"墓和曾公夫人"楚王媵渔芈"墓。这些发现又给曾国历史加上了重要一款，补上春秋中期缺失的一环。④

① 方勤：《曾国历史与文化——从"左右文武"到"左右楚王"》，上海古籍出版社2019年7月第1版，P45-46。
② 黄凤春、陈树祥：《湖北随州叶家山西周墓地考古发掘获阶段性重大成果》，《中国文物报》2011年10月12日。
③ 方勤：《曾国历史与文化——从"左右文武"到"左右楚王"》，上海古籍出版社2019年7月第1版，P20。
④ 郭长江等：《湖北随州市枣树林春秋曾国贵族墓地》，《考古》2020年第7期，P75-89。

湖北随州叶家山出土西周早期青铜器

叶家山 27 号墓北部二层台器物照。湖北省博物馆提供

叶家山墓地第二次发掘航拍全景照。湖北省博物馆提供

至此，从叶家山到枣树林，从郭家庙、苏家垄到义地岗、擂鼓墩，通过考古工作者的努力，已经大体构建起一部在传世史料中基本上一片空白的曾国史。除西周中晚期的外，各个关键历史时间段的曾侯墓都有发掘。叶家山曾侯犺墓"烈考南公"簋，枣树林曾公求编钟、芈加编钟，文峰塔曾侯與编钟等出土青铜器铭文中，都提到曾国始封与"南公"有关。因此，学者研究认为，可以基本上勾勒出从西周早期直至战国中期约 700 年的曾国时间序列，考古写就了一部曾世家。①

曾侯世系列表

曾侯	时代	备注
南宫适	西周初期（文武时期）	曾公求编钟铭文之"丕显高祖，克仇匹周之文武，淑淑伯适"之"高祖""伯适"；芈加编钟铭文之"伯适受命，帅禹之堵"、曾侯與编钟铭文之"伯适上庸，左右文武"之"伯适"。与周公、召公一样，应在周王室，并没有实际就封任曾侯。
曾侯谏	西周早期（成康时期）	叶家山 M65 墓主。曾公求编钟铭文之"皇祖建于南……以享于其皇祖南公"之"南公"；曾侯與编钟铭文之"王遣命南公，营宅汭土"之"南公"。其东的叶家山 M2 即其夫人墓出土"犁子"鼎，冯时认为"犁子"即曾侯谏，是谏在丧期间的称谓。

① 方勤：《曾国世系及相关问题研究》，《江汉考古》2021 年第 6 期，P192-196。

曾侯	时代	备注
伯生	西周早期（康昭时期）	叶家山 M28 墓主。其东的叶家山 M27 即其夫人墓，墓中出有"伯生作彝"铭文铜盂。M28 墓主的私名当为"伯生"，从李伯谦冯时说。如铸器，铭文当为"曾侯生"。
曾侯犹	西周早期（昭王时期）	叶家山 M111 墓主。出有"烈考南公"铭文簋，是犹为其父"南公"所作。与伯生均是曾侯谏的儿子，俩人兄弟关系，伯生之"伯"当为排序老大，犹应为"伯生"之弟。夫人墓目前没发掘。
郭家庙 M60 墓主	两周之际	岩坑墓。其南的枣阳郭家庙 M50 即其夫人墓。
曾伯陭	两周之际	枣阳郭家庙 M21 墓主，其北的郭家庙 M52 即其夫人墓。
曾侯绎伯	两周之际	郭家庙曹门湾 M1 墓主。其东南的曹门湾 M2 即其夫人墓。
曾侯仲子斿父	春秋早期	京山苏家垄 M1 墓主。夫人墓可能在 1966 年水利工程时破坏。
曾伯簠	春秋早期	京山苏家垄 M79 墓主。其东南的苏家垄 M88 墓主为夫人芈克。陈介祺旧藏曾伯霏簠现藏于国家博物馆。
曾侯畔	春秋中期	公元前 646 年前后。随州枣树林墓地 M190 墓主。其北的 M191 墓主即其夫人芈渔。1979 年随州季氏梁春秋墓地出土季怠铜戈有"穆侯之子，西宫之孙"铭文，曾穆侯可能为其谥号。
曾侯宝	春秋早期	随州枣树林墓地 M168 墓主。其北的 M169 墓主即其夫人芈加。
曾侯得	春秋中晚期	随州汉东东路墓地 M129 墓主。夫人墓没发现，应该是 20 世纪 60 年代修八一水库时被破坏。
曾侯昃	春秋中晚期	曾侯昃戈出土于襄阳梁家老坟楚国墓地 M11。其墓葬尚未发现。
曾侯郎	春秋晚期	文峰塔 M4 即曾侯郎墓。夫人墓尚未发现。曾侯郎鼎出土于随州东风油库墓地 M3。并见于曾侯乙墓出土铜戈铭文。
曾侯與	春秋晚期	随州文峰塔 M1 墓主，并见于曾侯乙墓出土铜戈铭文。夫人墓尚未发现。
文峰塔 M2 墓主	春秋晚期	曾侯與墓西南 59 米处，规格与曾侯與墓相当。时代略晚于曾侯與。夫人墓没发现。
曾侯乙	战国早期（公元前 433 年前后）	随州擂鼓墩 M1 墓主。其西的擂鼓墩 M2 可能为其夫人墓。
曾侯丙	战国中期	随州文峰塔 M18[8] 墓主。其东北的 M8 为其夫人墓。

注：擂鼓墩土冢、王家湾土冢、王家包 M1、蔡家包 M14 四个未发掘的曾侯级别墓葬，时代当排在曾侯丙墓之前。如是，共计 21 位曾侯。

第二节 周封楚化

考古发掘勾勒出汉水流域一个完整的曾国形象，但是史籍记载中却几乎没有任何关于曾国的记载。《左传》《国语》等典籍，都提到汉东一带有个随国，称"汉东之国随为大"，却从未提及有个曾国。直至 1966 年"曾侯仲子斿父"和 1978 年"曾侯乙"两位有名有姓的曾侯的出现，世人方知在长江流域、汉水中游，曾经有这样一个诸侯国存在。西周灭商以后，开始大封建。范文澜先生说，周公姬诵建七十一国，其中兄弟十五人，同姓四十人，周之子孙只要不是发狂生病，都有封作诸侯的权利。[①] 而张荫麟先生则说，王畿之外，周室先后至少封立了一百三十个以上的诸侯国，分封诸侯的方式有四种：一是开国之初王室将新取得的土地分给姬姓宗亲姻戚或功臣；二是开国许久之后王室划分畿内土地给子弟或功臣，秦和郑属于此类；三是拿商朝原有的土地封给商的后裔，那就是宋；四是商朝原有的诸侯国归附于周，如陈、杞等。[②] 按照传统说法，周初分封的诸侯国众多，而在南方长江流域及江汉地区，并没有强国，汉水流域封了一些姬姓诸侯，但都是小国，并不重视，荆蛮部落也因有功于周而封为楚，不过是一个子爵的小国。南方姬姓封国之中，随是张荫麟先生所说的第一类，封为侯国。那么，曾又是一个什么样的诸侯国？而见于史籍的随国却为什么在考古发掘上没有多少收获呢？

——"曾随之谜"

考古发掘所见的曾国，位于汉东之地。目前发现最早的曾国墓地叶家山西周墓，学者们研究认为其属于周文化系统，墓地的布局、随葬器物组合和型制特征等方面都具有典型的周文化特征。比如叶家山出土随葬器物，无论

---

① 范文澜：《中国通史简编》，华东师范大学出版社 2014 年 12 月第 1 版，P25。

② 张荫麟：《中国史纲》，上海古籍出版 1999 年 12 月第 1 版。

器形、纹饰等方面，其整体风格与西周早期中原同类器相同或相似，是典型的西周早期风格。① 由此可见，曾国应是周初分封的侯国。2012 年，随州文峰塔 1 号墓发现的曾侯與编钟上的长篇铭文，经过释读，其中记述："伯适上庸，左右文武。达殷之命，抚定天下，王遣命南公，营宅汭土，君庇淮夷，临有江夏。"根据这些文字，研究者认为，曾的始封国君是"伯适"。伯适就是南宫适，西周初年著名的贤者，周文王、周武王时的重臣。《史记·周本纪》记载，武王克殷之初，"命南宫适散鹿台之财，发钜桥之粟，以振贫弱萌隶。命南宫适、史佚展九鼎保玉"。南宫适有功于周文王、周武王，被封为"南公"，到南方营建国土，以镇抚淮夷，担负起"临有江夏"之责。后来，在枣树林 190 号墓"曾公求"编钟上有"丕显高祖，克仇匹周之文武，淑淑伯适""皇祖建于南土""皇祖南公"等铭文；169 号墓"芈加"编钟铭文有"伯适受命，帅禹之堵"。这些资料都可以印证曾国之先祖为"伯适"。而"伯适"是否就是"南公"，"南公"是否就是南宫适，学术界还有较大争议。一些学者认为不一定是南宫适被封到了江汉之地，他和周公、召公一样，被封了公爵，却没有实际分封诸侯国。而南宫适的后人继承了他的公爵，也称为"南公"。后代之中有一任"南公"被封到了江汉地区，才有了曾国这个诸侯国。叶家山 111 号墓中出有"犺作烈考南公宝尊彝"铭文簋，可能是墓主人曾侯犺为其父亲"南公"所作。

不论是哪一个"南公"受领了曾国，曾国作为周的诸侯国是可以确定的。曾国既是周的封国，其文化自是从中原文化带来，所以在西周早期叶家山墓葬中，保留着典型的中原文化特征。但是，到了西周晚期和春秋早期，曾国墓葬中的文化元素更加多元，特别是与楚国的联系显现出来。苏家垄出土大量青铜器铭文，其中涉及"番""黄""宋"等铭文，提供了研究曾与其他诸侯国之间关系的重要史料。特别是 88 号墓出土器物上的"陕夫人芈克"铭文，反映了曾国与楚国的关系。② 芈为楚国的国姓，"芈克"当为从楚国出嫁到曾国，

① 方勤：《曾国历史与文化——从"左右文武"到"左右楚王"》，上海古籍出版社 2019 年 7 月第 1 版，P45。

② 方勤：《曾国历史与文化——从"左右文武"到"左右楚王"》，上海古籍出版社 2019 年 7 月第 1 版，P237。

164

曾楚两国已有姻亲联系。此时的曾国应当是一个军事实力强大的诸侯。在郭家庙墓地曹门湾墓区，发现长达 32.7 米、葬车 28 辆的陪葬车坑，为春秋早期诸侯国中最大的车坑，显示出曾国的强大的军事实力。

文峰塔 1 号墓曾侯與编钟铭文中还记载："周室之既卑，吾用燮諤楚。吴持有众庶，行乱，西征南伐，乃加于楚。荆邦既变，而天命将误。有严曾侯，业业厥圣，新博武功，楚命是静，复定楚王，曾侯之灵。"①意思是周王室式微之后，曾国与楚国交好，吴兵大举进攻楚国，使楚国生变，这时在曾侯的帮助之下"复定楚王"。这一段铭文与史籍中"昭王奔随"的历史相合。《左传》记载，公元前 506 年吴王伐楚，攻破郢都，楚昭王奔随，在随的帮助下复国，回师郢都。因此，一些学者认为，考古学上发现的曾国与史料记载中的随国是同一个国家，为一国两名，就像楚国也称"荆"一样。

"曾""随"为一国两名的观点最早由李学勤根据曾侯乙墓青铜铭文提出，但过去一直颇多争议。曾侯與编钟铭文似乎可以验证这一观点。这也解释了为什么曾侯乙去世后，楚惠王要特制一件镈钟送祀，因为曾侯乙的先辈曾侯與曾经救过楚惠王的先辈楚昭王，救过楚国。曾侯乙编钟 65 件编钟中最大，也是最特殊的一件镈钟，上面的铭文表明，楚惠王熊章五十六年（前 433 年）在西阳得到曾侯乙去世的消息，特铸镈钟以供曾侯乙永远享祀。2012 年发掘的文峰塔墓地 21 号墓，发现一件铜戈上铭文为"随大司马嘉有之行戈"，这是考古发掘首次发现标识"随"的铭文，为"随"与"曾"一体说提供了出土实物证据。2019 年发掘的枣树林 169 号墓中，从出土青铜器和铭文可以认定，墓主人是 168 号墓墓主曾侯宝的夫人，而 169 号墓出土编钟上的铭文"楚王媵随仲芈加"，与湖北省博物馆此前征集的一件"芈加鼎"上的铭文"楚王媵随仲芈加"相合，表明芈加是楚王嫁给随侯的。这再一次印证了曾侯即随侯，曾国即随国，学术界一直争议的"曾随之谜"再度拨开一层迷雾。

---

① 方勤：《曾国历史与文化——从"左右文武"到"左右楚王"》，上海古籍出版社 2019 年 7 月第 1 版，P69。

——曾侯乙编钟的先声

汉东之国随为大。随即曾，既是周王朝封在南方的诸侯，又与楚国有着密切联系。一开始，曾国或为西周遏制楚等南方蛮夷之国的封国，但是后来随着楚的强大，曾国逐渐"楚化"，后来甚至受楚国所控制。

周平王东迁后，周王朝的势力逐渐衰落，诸侯国之间征战不断，王室失去了对封国的控制能力，偏居南方的楚国日益壮大，在长江中游乃至整个江淮的影响力越来越大，曾经作为周王室"镇抚淮夷"的曾国，此时也日益受到楚国的影响，其文化面貌逐渐摆脱周文化的影响而融为楚文化的一部分。春秋晚期以后，曾国出土文物中的楚文化特征越来越明显。2011年，文峰塔墓地发现一座春秋晚期高等级墓葬，方勤考证墓主人为"曾侯郎"[①]。墓中出土的编钟上有"徇乔壮武，左右楚王"的铭文，方勤认为，这是曾国已经失去汉东大国的地位而成为"左右楚王"的楚国附庸的证据。从曾侯與编钟"左右文武"的铭记到曾侯郎编钟"左右楚王"的记载，可见曾国从西周初年辅佐周文王、周武王，到春秋中晚期以后转而辅佐楚国的历史事实。[②]"叶家山揭示了曾国始封的秘密，郭家庙表明曾国在春秋时期仍是军事强国，义地岗与擂鼓墩揭开了曾随之谜，展示了曾楚之间的历史关系。"方勤在接受笔者采访时表示，"正是这些不期而遇的考古发现，让我们得以揭开尘封的曾国秘密，与古人进行穿越千年的对话。"

通过考古发掘所揭示的周封诸侯国曾国，青铜和乐器一直是其十分突出的亮点。各个时期的曾国墓葬中都出土大量青铜器。同时，各时期曾墓中都有大量丰富的音乐文物，尤其是编钟，从西周早期至战国时期，一脉相承，传承有序，到公元前5世纪曾侯乙时达到最高成就。

年代为西周早期的叶家山111墓为曾侯犺墓，墓中出土一组保存完好的

---

① 方勤：《曾国历史与文化——从"左右文武"到"左右楚王"》，上海古籍出版社 2019 年 7 月第 1 版，P72。

② 方勤：《曾国历史与文化——从"左右文武"到"左右楚王"》，上海古籍出版社 2019 年 7 月第 1 版，P125。

编钟，由 1 件镈钟和 4 件甬钟组成。这是迄今为止所发现数量最多、年代最早的成套编钟①，是比曾侯乙编钟要早 500 年的编钟，可谓曾侯乙编钟的先声。郭家庙墓地出土文物中，已经有年代最早的瑟、建鼓，以及保存完好的曲尺型编钟木架、编磬组合。郭家庙墓地 30 号墓出土一组 10 件钮钟组成的编钟，型制统一、大小相次、音高稳定、宫调明确，完整呈现了徵、羽、宫、商、角的"五正声"宫调系统。② 这是目前所知年代最早、数量最多、音乐性能成熟的编钮钟，比曾侯乙要早 300 年左右。

叶家山 111 号墓出土编钟。湖北省博物馆提供

曾国的礼乐文物也呈现了中国古代礼乐文明的发展成就。西周初年，周公在革新殷商典章制度的基础上，"制礼作乐"，制定了具有宗教、政治、伦理多重功能的礼乐制度，明确规定了王、诸侯、卿大夫、士等阶层的乐悬制度以及在不同场合应演奏的钟乐曲目。编钟与编磬"金""石"相配，形成"乐悬制度"。《周礼》："正乐悬之位：王宫悬，诸侯轩悬，卿大夫判悬，士特悬"。郭家庙墓地发掘发现钟、磬、瑟、鼓等众多乐器，经复原研究发现，郭家庙编钟的横梁和立柱也可组成曲尺形，与编磬组合，刚好构成"轩悬"这一诸侯级的乐悬规制。曾侯乙编钟作为礼乐之器，其巍峨、完美的"曲悬"架式，

① 湖北省文物考古研究所、随州市博物馆：《随州叶家山西周墓地第二次考古发掘的主要收获》，《江汉考古》2013 年第 3 期，P3-6。

② 方勤：《曾国历史与文化——从"左右文武"到"左右楚土"》，上海古籍出版社 2019 年 7 月第 1 版，P167。

与配套编磬，三面悬挂，完整、明确地呈现了周代诸侯的"轩悬"制度，并与其他青铜礼器一起交织出一幅近于现实的礼乐场景。

曾侯乙编钟的"一钟双音"为世人所惊叹。而叶家山西周早期曾侯墓中发现的编钟，有侧鼓音的标识符号，通过测音，5 件编钟共有 10 个音高，构成六声音列，这是迄今所见西周早期出土数量最多的双音编钟。"传统是一条河流，在黄浦江的入海口，一定有金沙江的那滴水。"冯光生说，"曾侯乙编钟是中国古代千余年礼乐文化经验积累和曾国数百年正宗传承的结果。"

第三节　战略资源带

曾国不仅有丰富而精美的青铜器，考古发掘还显示自西周初年以来，曾国可能就是重要的青铜冶炼加工基地。早在叶家山 28 号墓中，还出土了随葬的铜锭，这在西周墓地中也是极为罕见的，或能说明西周早期曾国已有青铜冶铸的能力。在苏家垄遗址，考古人员还发现大面积与墓地同期的冶炼遗存，还有出土铜锭，表明曾国不仅拥有大量青铜器，而且拥有冶炼和生产青铜器的能力。一个名不见经传的南方诸侯为何能够在青铜生产加工和礼乐文化上独树一帜，展现出在两周列国中木秀于林的文明成果？这或许可以从长江中游一条铜矿资源带中找到线索。这条线索或许还可以给楚国从一个江汉小国发展为南方大国提供一个经济视角的解读。

考古发现最早的铜矿是江西瑞昌的铜岭古矿冶遗址，至晚在商代中期就已经开采。两周时期，湖北大冶铜绿山古矿冶遗址、阳新港下村遗址、安徽南部铜陵、南陵古铜矿采冶遗址群等均已出现。其中著名的湖北大冶铜绿山遗址规模相当宏大，开采的时期从西周早期一直到西汉时期。安徽南部铜陵及南陵的古矿冶遗址有 20 余处，这些矿冶遗址周围炼渣堆积如山，有人推算要炼出数十万吨纯铜，才可能有这样多的炼渣。① 由此可见，商周时期，长江中游自湖北东部至安徽南部，有一条十分重要的铜矿开采和冶炼带，这条铜

---

① 严文明主编：《中华文明史（第一卷）》，北京大学出版社 2006 年 4 月第 1 版，P186-188。

资源带沿江布局，因资源禀赋而生，或许又因长江水路而兴。

瑞昌铜岭出土的孔雀石、矿石、矿渣

安徽铜陵出土的矿石

湖北大冶铜绿山出土的孔雀石

在铁器被大规模使用之前，铜是最重要的战略资源，商周时期铜是生产兵器、礼器及贵族生活用具的主要资源，因此必定是列国争夺的重点。武汉市的盘龙城遗址是商代重要城址，有着独具特色、高度发达的青铜文化。对于盘龙城的性质，学者们认为其或为商王朝直接控制的南土封国，或为商王朝为控制南方而设立的军事据点。而商王朝在此设立如此重要的控制力量，目的大概也是为了控制长江中游湖北铜绿山—江西瑞昌—安徽铜陵这条供应带的铜矿资源。2021 年 1 月，湖北省文物考古研究所宣布，在位于武汉市黄陂区鲁台山郭元咀遗址，发现商代晚期铸铜遗址，仅用于铸铜的人工台地面积就达千余平方米，是迄今所见长江流域规模最大的商代铸铜遗址。经对其铜矿料的检测分析，其来源可能就来自于鄂东铜绿山。这一发现，为早在商代长江中游铜业就已经实现从开采、冶炼到铸造、运输"全产业链"发展找到新的证据，可以猜想，长江中游等地古矿出产的铜原料，通过长江水路运输，集中到盘龙城、郭元咀等"冶铸基地"，而后又通过水路或陆路运输，向中原及北方地区提供源源不断的资源供给。

周灭商以后，势必要继续加强对南方铜矿资源的控制，保障资源供给线路的畅通。从曾国出土青铜器的规模、技艺来看，其青铜器铸造和使用的历史悠久，铸造技术高超，造型精美，规模之大、水平之高，足见曾国稳定可靠的铜资源供应和发达的青铜冶炼加工"工业"。2014年湖北省文物考古研究所等单位对京山苏家垄墓地及其附近区域进行调查和发掘，首次发现曾国大规模冶铜遗存。其中最大一处铜矿炼渣遗迹区域达75万平方米。考古调查还发现两座铜炉，其中一座保存完整。

但是，曾国的铜原料从何而来，又为何能够据而为用呢？历史地理上，有"随枣走廊"之说，即在汉水以东，大洪山与桐柏山中间地带，自西北向东南有一条地势平坦的狭长地带，即今枣阳至随州一带，自古就是重要的军事和交通要道，是扼制江淮及汉东苗蛮的战略要塞。西周初年，周王室分封多个诸侯国，称为"汉阳诸姬"，曾国或为其中重要的一个。如果曾与随为一国的话，"汉东诸国随为大"，那么曾国就是这些诸侯中领头的那一个，其使命就在于控制"随枣走廊"，扼制南方蛮夷，更重要的是将长江中游的铜矿资源沿此走廊向周王朝输送。曾侯與编钟铭文所说的"君庇淮夷，临有江夏"，表明周王室封"南公"的目的，就是要控制淮夷，控制江夏，也就是控制长江中下游地区。

长江中游铜矿资源在商代可能已经被商人以盘龙城等为据点所控制，但是后来盘龙城衰落消亡，或为中原对南方的控制削弱，无心顾及，或为集散加工的重心转移，自长江经涢水而直接进入随枣走廊。周初，这些铜矿资源被淮夷或扬越所控制，周分封"汉阳诸姬"经略南方，抢夺长江流域铜矿及其他重要资源。作为周王室"镇抚淮夷"最重要的诸侯国，曾国扼守随枣走廊，是中原地区铜矿战略资源供应安全保障的守卫者，其自身当然也能获得丰富的铜矿资源。①北京大学考古文博学院高崇文表示，叶家山、郭家庙、文峰塔、苏家垄等曾国墓地的重大发现，证实了自西周到战国在随枣走廊存在着一个强大的曾国，尤其是苏家垄墓地，出土曾伯桼铜壶，铭文与中国国家博物馆收藏的传世曾伯桼簠铭文相一致，可以互相印证。传世曾伯桼簠铭文记载曾伯桼"克狄淮夷，抑燮繁阳，金道锡行，且既卑方"，其所指的"金道锡行"即为青铜之路，就在随枣走廊，西周时期，周王封曾、鄂于南国驻守此"金道"。②

　　随着周王室衰微，诸侯纷起争霸争雄，原在汉水以西的楚国崛起，迅速向东扩张。楚国东出后，向长江中下游地区迅速推进，控制江淮和扬越，并从夷越蛮人手中抢下铜矿资源。楚熊渠之时，即已对周王室不服，称"我蛮夷也，不与中国之号谥"。他将自己的三个儿子封为"王"，分别为句亶王、越章王和楚王，控制了长江中游大部分地区，沿长江分布的铜矿资源带自然也已收归己有。而此时的曾国，由于多年"经略南方"，也已经积累了雄厚的国力。于是，曾楚之间势必发生强烈的冲突。根据《左传》《史记》等史料记载，春秋时期，楚国数度伐随。楚熊通三十五年（前706年），楚伐随，其意是要让随人告诉周王室："我有敝甲，欲以观中国之政，请王室尊吾号。"王室不听，熊通大怒："王不加位，我自尊耳。"乃立为武王。两年后（前704年），武王召开沈鹿会盟，黄、随不会，于是楚王再度伐随，大战于汉、淮之间，"随师败绩，随侯逸"，只得与楚结盟。又过了十余年后（前690年），随侯向周王室"数以立楚为王"，楚武王认为随背叛了自己，伐随，"武王卒师中而兵罢"。楚成王三十二年（前640年），随以汉东诸侯叛楚，"楚斗谷于菟帅师伐随，取成而还"。自此，随作为楚国的附庸，一直存续至战国中期。

　　楚国控制了铜矿的生产和加工，但它仍然需要中原及北方的广阔的市场需求，要将铜矿和铜产品卖给周王室和诸侯国，以聚敛财富。所以，对于曾国这个"中间商"，楚国既要控制，又要让其存在，而不能一举灭之，控制了

---

① 方勤：《曾国历史与文化——从"左右文武"到"左右楚王"》，上海古籍出版社2019年7月第1版，P173。

② 引自2018年9月18日—21日湖北省博物馆（湖北省文物考古研究所）、中国考古学会两周考古专业委员会、中国考古学会夏商考古专业委员会"曾侯乙编钟出土40周年学术研讨会"。

曾国也就控制了"金道锡行"，控制了与周王室和北方诸侯做生意的通道。所以，即使到了战国中期，曾国仍然在楚国之侧保持着富有而繁荣的发展状况，尤其是在青铜技艺和礼乐文化上持续发展。而楚国正是因为掌控了长江流域的铜矿资源和"金道锡行"运输要道，遂能"问鼎中原"，成为春秋五霸和战国七雄之一。《史记·楚世家》记载楚庄王八年，"伐陆浑戎，遂至洛，观兵于周郊"，向周定王派来劳军的大臣王孙满"问鼎小大轻重"，庄王还对王孙满放言："子无阻九鼎！楚国折钩之喙，足以为九鼎。"九鼎相传为禹所制，象征天下九州，是夏、商、周三代的传国之宝，天子王权的标志，所以楚庄王"问鼎"实则是居心叵测，他甚至说只要把楚国戈上的铜钩摘下，足以造出九鼎，这既是一种耀武扬威，也是对楚国以铜为重要战略资源的军事经济实力的高度自信。

由此可见，在中原文化与楚文化双星并耀的年代，曾国是一个特殊的存在，它不仅是长江流域与黄河流域资源流通、经济往来的枢纽，更是长江中游与中原地区文化交融文明融合的一条重要纽带，在大一统中华文明进程中有着重要作用和特殊地位。

第十章　丝路之前有"丝路"

文明因交流而多彩，因互鉴而丰富。开放是文明发展与进步的动因，任何故步自封的文明最终都会走向灭亡。从考古成果看，中华文明虽然是在一个较大空间范围内自力更生、相对独立地上演，但绝非是完全封闭、孤立于东方大两河流域。众所周知，以丝绸之路和海上丝绸之路为标志的开放性，为汉唐以来的文明繁盛创造了广阔舞台。而随着考古研究的深入，人们发现，早在丝绸之路开辟之前，中华文明就已经表现出与其他文明广泛的开放性联系。最早可以追溯至先秦甚至是史前时期，中华文明就在向外传递自身的优秀文明成果，同时也在吸收外来文明元素的过程中不断壮大。

第一节　神秘玻璃珠

1978 年湖北随州擂鼓墩一号墓石破天惊，15000 余件各类随葬器物浮出水面，包括乐器、礼器、漆木器、金玉器、兵器、车马器和竹简等等，这就是著名的曾侯乙墓。除了蜚声中外的曾侯乙编钟，还有曾侯乙尊盘、青铜冰鉴、联禁铜壶、云纹金盏等精美文物，无不令人啧啧惊叹。然而，曾侯乙墓出土文物中还有一批神秘的小东西，虽鲜为大众所知，却一直受到学界的持续关注：蜻蜓眼式玻璃珠。

这些小巧精致、形如算盘珠的玻璃珠（或称琉璃珠），表面色彩斑斓，布满大大小小圆形图纹，有白色，有蓝色，酷似蜻蜓凸出的复眼，因而考古学上将其称作"蜻蜓眼式玻璃珠"。这样的纹饰与中原文化纹饰风格大不相同，与楚文化纹饰风格也迥异其趣，却与西亚、南亚的玻璃珠风格十分相似。著名楚文化学者张正明曾描绘道：它的装饰纹样纯属地中海风格，似乎凝聚了地中海的蓝天白云、碧波白帆、青山白石和绿窗白房。[①]

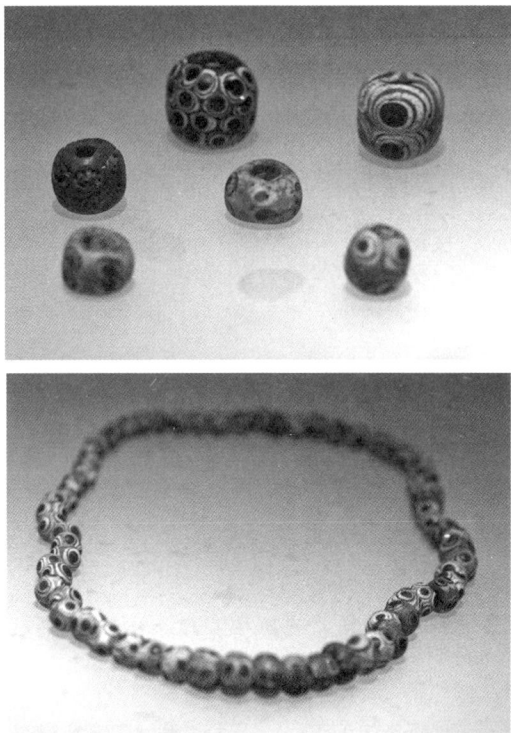

曾侯乙墓出土的蜻蜓眼式玻璃珠。摄于湖北省博物馆

　　曾侯乙墓出土的蜻蜓眼玻璃珠共有 173 颗，相距不过百米远的擂鼓墩二号墓（有学者认为是曾侯乙夫人墓）也出土有 24 颗，共计近 200 颗，数量庞大。但其实，这并非蜻蜓眼玻璃珠在我国首现。据四川大学赵德云统计，中国出土的蜻蜓眼式玻璃珠已有近千件之多，分布于全国 18 个省、市、自治区，时代上至西周，下迄两汉，东汉以后就比较少了。[②]1979 年河南固始侯古堆发现一座春秋晚期大型木椁墓，根据随葬器物铭文推测墓主人为吴太子夫差的夫人，公元前 504 年，吴王阖闾使太子夫差伐楚，夫差的夫人可能在随征途中死去，就地埋葬。侯古堆墓中出土数颗蜻蜓眼式玻璃珠，是目前所知最

---

① 张正明：《"蜻蜓眼"玻璃珠——楚人的开放气度》，《政策》1997 年第 3 期，P54-55。
② 赵德云：《中国出土的蜻蜓眼式玻璃珠研究》，《考古学报》2012 年第 2 期，P178-216。

早的玻璃珠之一。20世纪80年代以来,湖北、湖南等地楚墓中蜻蜓眼式玻璃珠发现逐渐多起来,且越往战国中后期越是普遍。分布于湖南长沙的战国中晚期楚墓数量众多,墓葬规格一般并不大,但是玻璃珠出土数量较多,湖北江陵马山、九店、荆门郭店、黄冈芦冲等战国楚墓中也都有发现。此外,在湖北、湖南、河南、安徽等地发掘的楚地墓葬中,还有大量玻璃璧、玻璃剑饰和印章等其他玻璃制品出土。

这些充满域外风情的玻璃珠不断出土,引起学界的持续关注和研究。有学者认为,蜻蜓眼玻璃珠是"恶眼"文化的产物。在古代西亚、北非等地区,"恶眼"是一种流传甚广的信仰,被认为具有一种强大的神秘力量,佩戴"恶眼"护符,具有驱赶妖魔的意义,故又称为"恶眼珠"。蜻蜓眼玻璃珠最早出现于古代埃及,由于"恶眼"意识的共同信仰,在北非、西亚以及南欧等地中海周边地区广泛流行。[①]学者一般都认为,中国发现的蜻蜓眼玻璃珠及其制造技术,可能就是从这些区域传入。

玻璃是人类最早发明的人工合成材料之一,早在公元前1500年前就已经出现于西亚两河流域和埃及。据说,古代的工匠们在烧制陶器的过程中,一个偶然的机会发现,将沙子和苏打一起加热,当温度达到足够高(1000摄氏度)的时候,就会变成一种半透明的糊状物,等冷却后,这种半透明的物质凝固下来,表面光滑,晶莹剔透,于是工匠们将它制成漂亮的珠子作为装饰品。公元前一世纪的时候,叙利亚人发明了吹制玻璃的技术,罗马人利用这种技术,通过模具吹制玻璃器皿。从此,玻璃制品风靡罗马帝国,进而成为欧洲人的时尚追捧。

在中国,玻璃的出现较晚,大约出现于西周时期。关于中国玻璃的来源有不同的说法,有人认为中国玻璃制造技术来源于西方,另一些人则认为中国古代玻璃制造技术是自己发展起来的,是中国古代制陶工艺发展到一定程度的产物。中国古代的制陶技术在距今一万年前就已经出现,江西万年仙人洞、吊桶环遗址,湖南道县玉蟾岩遗址,浙江浦江上山遗址等,都可见早期

---

① 赵德云:《中国出土的蜻蜓眼式玻璃珠研究》,《考古学报》2012年第2期,P178-216。

陶器。到了商代就能制作硬陶和原始瓷器了。在制陶的过程中，人们发现一种特殊的陶土——高岭土，其中铁的含量很低，从而可以提高烧成温度，烧成温度达 1200 摄氏度，比普通陶器的烧成温度（约 850 度—950 度）高得多。这样高温烧制出的陶器，硬度高，致密性强，不吸水，有一定的透明度，表面还可施釉。硬陶和原始瓷在长江流域出现较早也比较普遍。例如盘龙城遗址，发现商代早期乃至更早的原始瓷尊及硬陶制品，数量较多；江西吴城新干大洋洲商代大墓中也出土较多原始瓷器和硬陶。硬陶和原始瓷的主要成分都是氧化硅和氧化铝，区别在于硬陶不上釉，而原始瓷上釉。

中国科学院院士干福熹团队研究认为，中国最早的玻璃制备技术，可能就是来自原始瓷釉技术。[①] 在烧制原始陶瓷时，当炉温过高，瓷釉熔化后流下来形成釉滴，成为透明的玻璃态物质，可能是最早的中国古玻璃。技术研究还告诉我们，早期的中国玻璃与西方玻璃判然有别，西方玻璃的主要成分是钠钙硅酸盐，称为钠钙玻璃，而中国古代玻璃的主要成分则是铅钡硅酸盐，称为铅钡玻璃。

湖北省博物馆、省文物考古研究所联合中科院上海光学精密机械研究所等单位，采用新的 X 射线荧光分析和激光拉曼光谱分析技术对曾侯乙墓、擂鼓墩 2 号墓、江陵九店墓、襄阳陈坡、团山墓地等地出土的蜻蜓眼玻璃珠样品进行了原位无损检测。检测结果显示，出土于曾侯乙墓、擂鼓墩 2 号墓的战国早期玻璃珠，属于典型的钠钙硅酸盐玻璃体系，并采用锑基、锡基化合物作为着色剂、乳浊剂，其化学成分与早期埃及和美索不达米亚地区的玻璃相似，分析其从西方传入的可能性大。但同时，曾侯乙墓中伴随蜻蜓眼玻璃珠出土的还有 38 颗陶珠，陶珠表面也有玻璃化的"蜻蜓眼"造型，不排除有本地仿制蜻蜓眼玻璃珠的可能。而襄阳陈坡、团山战国中晚期墓地出土的样品，其化学成分主要为钾钙玻璃，江陵九店墓地出土样品中则同时存在钾钙玻璃和铅钡玻璃两种玻璃制品。[②]

---

① 干福熹：《中国古代玻璃的起源和发展》，《自然杂志》2006 年 28 卷 4 期，P187-193。

② 干福熹等：《湖北省出土战国玻璃制品的科技分析与研究》，《江汉考古》2010 年第 2 期，P108-116。

这个实验结果与此前一些学者的研究结论相吻合：蜻蜓眼式玻璃珠最早应为"舶来品"，春秋晚期至战国早期从域外引进，而后经过了本土化改造，至战国中期以后，玻璃珠较多为本土化的化学成分，包括以钾代替钠生产出来的钾钙玻璃和后来更为盛行的铅钡玻璃。一直在跟踪蜻蜓眼玻璃珠研究的华中师范大学李会在接受访问时表示，春秋至战国早期的蜻蜓眼玻璃珠，与域外有着较多的联系，数量较少，分布广泛，主要在新疆、山西、河南、山东、湖北等地高等级贵族墓葬中。而战国中期以后，玻璃珠数量显著增加，但是更加集中于湖北、湖南、河南三省，而且中小型墓葬中增多。同时还出现一批具有鲜明中国特色的玻璃制品，表明以楚地为中心，楚人已经掌握了玻璃制造技术。

上述实验研究进一步分析，通过与我国商周时期原始瓷釉、瓷胎化学成分进行比较，认为钾钙玻璃为楚国当地制作，技术起源于我国的原始瓷釉制作技术，并从釉砂和玻砂演变而来。春秋末期到战国早期，由于西方蜻蜓眼玻璃珠的引进，促进了楚人采用当地技术和原料进行仿制，经过不断探索，我国自创的铅钡玻璃制作技术得到完善和发展。[①]

曾侯乙墓出土的蜻蜓眼式玻璃珠

基于实验和研究结果，我们可以设想，早在商代，中国就具备了原始瓷

[①] 干福熹等：《湖北省出土战国玻璃制品的科技分析与研究》，《江汉考古》2010年第2期，P108-116。

器的生产和上釉技术，原始瓷釉技术为玻璃生产技术的出现提供了可能，也就是说我国古代玻璃生产的能力来自原始瓷釉。这与两河流域和古埃及的玻璃制造技术来源应该是相似的。但是，古巴比伦人和古埃及人在制陶的过程发现了生产玻璃技术，他们将兴趣转移到这个新奇的物质的进一步探索上，生产出了玻璃器皿。而中国古代的工匠更专注于陶和釉的工艺改进，他们虽然在制陶的过程中发现了釉滴一样的玻璃体物质，但是或许是兴趣上的原因，或许是某些技术没有得到突破的原因，他们并没有将更多的精力投入这个新发现的物质上，而是继续将它们敷涂在高岭土陶胎上，烧制出更加丰富多彩的瓷器，瓷器工艺成为后世最富中国特色的手工技术和艺术之一。工匠们对于偶尔溢出的釉滴，也进行了一些加工尝试，做成料珠、料管。这些特殊的料珠、粒管在西周至春秋早期的墓葬中时有出土。因为在当时十分稀少而名贵，一般用作贵族的首饰和剑饰的镶嵌物。比较典型的是湖北江陵望山一号楚墓出土的春秋末期越王勾践剑，其剑格上镶嵌的蓝色玻璃属于钾钙硅酸盐玻璃，这种玻璃的化学成分在古埃及和古巴比伦玻璃中未曾见过。[①]

　　大概在春秋晚期，西方的玻璃珠也流传到了长江流域，不仅得到当地贵族们的宠爱，也受到工匠们的极大关注：这些奇特的珠饰，与瓷窑里的釉滴如此相似。于是，工匠们开始用自己的釉滴，也生产出了更多的珠饰和其他饰品，甚至用他们来仿制玉器。"国产玻璃"之光迅速在中华大地闪耀。为了提高玻璃的透明度和降低玻璃的熔化温度，工匠们在改进助熔剂上做了新的尝试。由于中国冶炼青铜中使用铅的技术起源很早，铅能降低熔化温度并增加流动性，因此他们将铅丹（氧化铅）引作助熔剂，生产出新的铅钡硅酸盐玻璃。考古发现，铅钡硅酸盐玻璃的出土地点往往和铅矿的分布地点相一致，主要在长江流域，最早出现于春秋末战国初，到战国中后期就越来越普遍，广泛见于玻璃璧、玻璃珠、玻璃印、玻璃剑管等具有中国特色的器物。由此，我们可以得出这样的结论，中国很早就掌握了玻璃的生产技术，但是最初并

---

① 干福熹、承焕生、李会青：《中国古代玻璃的起源——中国最早的古代玻璃研究》，《中国科学》2007 年第 3 期，P382-391。

没有进行大规模的玻璃生产，随着域外蜻蜓眼式玻璃珠的引进，中国人改进了自己的玻璃生产技术，具有自身特色的玻璃制品才开始大量投入使用。

第二节　"西南丝绸之路"

那么问题来了，既然蜻蜓眼式玻璃珠是从域外引进，它是怎样到中国的呢？又为什么会从欧洲、西亚翻山越岭来到长江流域呢？这背后必然藏着一个重要信息：早在两周时期，就存在一条中西文化交流的早期通道，经由这条通道，生活在中原和长江流域的人们与中亚、西亚乃至欧洲的居民之间，已经有了贸易往来。湖北省文物考古研究所研究员后德俊将这条通道称之为"玻璃之路"，认为由于楚国的疆域扩张和楚文化的影响，早期的中外交流通道确实是存在的，这个问题的研究最早是从玻璃开始的，所以就将其称为"玻璃之路"。① 蜻蜓眼玻璃珠为中外早期经济和文化交流提供了佐证，但是，这种交流并不仅限于玻璃。越来越多的考古发现和研究成果表明，早在西汉丝绸之路之前，中西方之间就存在着一条乃至数条商贸流通的线路，通过这些贸易线路，不仅西方的玻璃制品来到了中国，中国南方的丝绸、漆器也流向了中亚、西亚乃至欧洲地区。

对此，在史籍中也可以找到蛛丝马迹。汉武帝之时，张骞出使西域，开辟了连接中国与世界的丝绸之路，开创了中华文明开放发展的新境界。而据《史记·大宛列传》记载，张骞从西域出使回来后，向汉武帝陈述一路见闻时说，西域有大宛、大夏、安息等，皆为大国，多奇物。张骞到大夏国时，却发现市面上有邛竹杖、蜀布，这些都是蜀地的特产，就问它们从何而来？大夏国人答复："吾贾人往市之身毒。"原来是大夏国商人从身毒国买过来，这个身毒国在大夏东南数千里，"其人民乘象以战，其国临大水焉"。张骞推测："大夏去汉万二千里，居汉西南，今身毒国又居大夏东南数千里，有蜀物，此

---

① 后德俊：《楚国的几项科学技术与域外文化的比较研究——兼论中外文化早期交流的"玻璃之路"》，《中华文化论坛》1996年第1期，P84-88。

其去蜀不远矣。"大夏居中亚地区，而身毒应在今天印度河流域一带。可见，早在张骞打通西域商道之前，西南蜀地的"蜀布""邛竹杖"就已经经由印度河流域辗转流通到中亚市场。

由此学术界推测，从四川、云南经过南亚到中亚甚至通往地中海沿线，自古就有一条商贸通道，一些学者称之为"西南丝绸之路"或者"滇缅道"。这条穿越横断山脉的古商道或许崎岖坎坷，需要翻山越岭，但未能阻隔民间络绎不绝的商贸与文化、技术交流。[①] 通过"西南丝路"，不仅蜻蜓式玻璃珠从西方来到了长江流域，长江流域的丝绸、漆器等物也远销到印度、中亚地区，并进一步延伸到欧洲。

"西南丝路"在秦汉时期已经交往频繁，而其起始的时间，则可往商周时期追溯，甚至有观点认为在史前时期就已经开始。著名考古学家李学勤就曾根据殷墟发现"武丁大龟"有字龟甲等考古资料推断，早在商代，中国就有一条从西南通向国外的通道。"武丁大龟"龟甲非常独特，在我国境内没有这样的大龟，而国外的鉴定这种龟在缅甸以南才有。在成都平原的三星堆遗址商代晚期祭祀坑中，考古人员还发现了数量众多的海贝，这些海贝的产地应在印度洋沿岸地区。研究者认为，这些海贝可能是作为交换的货币之用，在"西南丝绸之路"沿线都有发现，在我国境内最早于商周之际就有，战国至西汉时期较为普遍。可见在周代以前，器物就已经通过一条稳定的贸易通道进行流通。

河南安阳殷墟妇好墓出土货贝。摄于国家博物馆

---

① 李学勤、徐吉军：《长江文化史》，江西教育出版社 1995 年 12 月第 1 版，P278。

张正明认为，蜻蜓眼玻璃珠的传播，便是经过这条穿越横断山脉的古代中西文化交流之路。西亚或南欧、北非出产的蜻蜓眼式玻璃珠和其他彩色玻璃，从印度经云南、四川而入楚地，而楚地盛产的丝绸，也通过这条原始的商道，经川滇而至西方。楚威王（一说顷襄王）时，楚国名将庄蹻远征，经过贵州，到达云南，到了滇池边，后来在那里建立滇国政权，做了滇王，他所走的应该也是这条"南方丝绸之路"的东段。由此，张正明得出结论，楚文化并没有因为身处内陆而成为封闭，它虽是内陆型的，但是很开放，甚至比沿海的齐文化、吴文化、越文化更具有开放性。①

不过，对于蜻蜓眼玻璃珠进入中国、进入楚地的路线，还有另外的说法：一些学者认为是活跃于东西两大文明之间的北方游牧民族，从西亚经中亚沙漠地带带到中国；另一种观点则认为，蜻蜓眼玻璃珠经海路先入吴越之地，再传到内陆地区。李会等认为，蜻蜓眼玻璃珠最初起源于埃及，凭借地中海沿岸各国的紧密联系，迅速传遍整个地中海地区与波斯，地中海与波斯成为蜻蜓眼玻璃珠的生产与分布中心。从国内外蜻蜓眼式玻璃珠的出土情况与自身特点，可以肯定和地中海地区密切相关。至于其传入路线，一方面和欧亚大草原存在着紧密联系，即经欧亚大草原过中亚首先来到新疆；另一方面则可能是经由伊朗高原北上，经帕米尔地区传入新疆塔里木地区。伊朗高原历来和北面的中亚存在着紧密联系，而且伊朗高原亦发现大量的各式蜻蜓眼玻璃珠。在这两条线路中，新疆塔里木盆地在对外联系中都扮演着至关重要的门户作用。所以，他们认为西汉前的中国通过塔里木一带和国外发生着积极的联系，正是这种久已存在的联系，为以后以西安为起点直达地中海地区的"丝绸之路"打下了基础。②

对蜻蜓眼玻璃珠的传入途径的研究还在探讨之中，但是不论经由北方"丝绸之路"的前身，还是经由"南方丝绸之路"，都可以表明早在秦汉以前，中国便与中亚、西亚、南亚乃至欧洲、北非已经有了一定的商贸流通联系，中

① 张正明：《"蜻蜓眼"玻璃珠——楚人的开放气度》，《政策》1997年第3期，P54-55。
② 李会、郑建国：《从早期蜻蜓眼式玻璃珠的传入看汉以前的中外交通》，《四川文物》2010年第2期，P71-77。

国的对外开放古已有之。中华文明虽然在东亚大陆一个相对独立的空间内产生和发展，但是其本身并非是完全封闭性的，作为内陆型的文明，它在其成长期就已经表现出较强的开放性和包容性。至汉代以后，基于这些早期开放路线而发展起来的"丝绸之路"，通达欧洲腹地，中西交通大开，古代中国的开放发展进入新的境界，为汉唐盛世的到来和中华民族的崛起，创造了条件。

过去对中国开放性的认识，显然是不够的。在国人的常识里，中国虽然濒临太平洋，然而一直是封闭的内陆型文明，不像海洋文明那样具有开放性。的确，中国古代的农耕文明形态，从主干上来看是一种稳定的、独立的、内生性成长的文明，这与海洋文明和游牧文明有着很大的不同，后两者最大的特点是流动性、开放性，甚至是富于侵略性。但是，自主性和稳定性并不意味着封闭性。考古和历史研究所得早期中国文明成长发展的资料表明，中华文明从一开始与世界保持着开放性联系。早在公元前5世纪以前，中国的丝织物就已越过帕米尔到达印度、波斯，又经叙利亚输入欧洲。在今帕米尔以西区域出土的丝绸制品中，较早的就可以追溯至春秋战国时期。人们甚至在古埃及（前1000年）、古希腊（前5世纪）乃至德国（前6世纪）、卢森堡（前6世纪—前5世纪）境内，发现有中国丝绸的痕迹。[①] 这些资料都传递出很早以前就可以通过某些渠道往西亚、北非、欧洲传播的可能。一些经由西南或者西北延伸的商道保持着中国同西方世界联系。

传说之中，西周穆王的时候，从西方极远的国度来了一位"化人"，大概是个会变魔术的人，引起了周穆王的极大兴趣，于是决定"不恤国事，不乐臣妾，肆意远游"，云游天下，写出一部中国历史上最早的"西游记"。穆王驾着八骏马车，一路西行直达西极，与西王母相会。有人根据《列子·周穆王》《穆天子传》等古籍记载，推测周穆王西行的路线，越过了克什米尔高原，到达哈拉帕古城，又迂回至恒河上游，到达西王母之邦。这只是传说，而《史记》记载，周穆王曾经西征，虽然祭公谋父出面劝谏，但穆王并没有听从，而是一意孤行，打败了犬戎，俘获了西戎的头领。传说中的"远游"和《史记》

---

① 武斌：《文明的力量：中华文明的世界影响力》，广东人民出版社2019年9月第1版，P26-28。

记载的"西征",或为同一件事情,不论是以什么样的形式,其结果都是打开了一条通向西方的商道。这件事发生在西周前期,周穆王是周灭商以后,继武王、成王、康王、昭王之后的第五代周王,他或许可以称为西北"前丝绸之路"的开创者。

远古中国的开放性同样也体现在海洋性上。中国的海上外联之路也在很早就已经出现。有关泰伯后裔移民日本的记载早已有之,吴越之时人们已经拥有出海的船舶,一些人或为躲避战祸,由海路出行,携带稻种和农耕技术抵达日本。考古发现,春秋战国时期正值日本绳纹文化与弥生文化之交,也是日本稻作农业的发展时期。秦时徐福东渡的传说,正是这种出海通道的又一次影射。水稻还在很早就已经传到朝鲜半岛,以及东南亚等地区,包括菲律宾、苏门答腊等岛屿。[①] 华夏先民应用航海技术进行海上交流,考古研究者认为甚至可以追溯到新石器时期。浙江萧山跨湖桥遗址已经出土世界上最早的独木船。而在日本也出土了典型的长江流域新石器文化的遗存,如玦、干栏式建筑和稻作农具等。这些考古资料或可表明,早在史前时期,就有船只往来于中日之间。

根据考古发现蜻蜓眼玻璃珠的分布,有学者认为其还有可能是从印度沿海路进入东南沿海,然后向内陆地区传播。这些观点虽然由于发现品种不同、数量较少而并未普遍接受,但是早就发展起来的航海技术,创造了海上对外联系的可能却是不争的事实。这些海上外联通道,也为中国古代"海上丝绸之路"的崛起做了铺垫。

第三节 文明因交流互鉴而多彩

不论蜻蜓眼玻璃珠沿着哪一条路线从地中海地区传入中国,也不论中国的水稻、丝绸沿着哪一条商道播向世界,都足以表明中华文明在诞生和成长

---

① 武斌:《文明的力量:中华文明的世界影响力》,广东人民出版社 2019 年 9 月第 1 版,P10-14。

的过程中，始终与世界保持着不可分割的联系。"文明因多样而交流，因交流而互鉴，因互鉴而发展。"早期的中华文明在东亚大陆一个广阔的范围内展开，同时也在与外部世界的交流碰撞中，不断激发起源源不断的内生动力。前面说到，农耕型文明突出的特点是稳定性、内源性，但并不是封闭性的。

以稻作、粟作农业集结起来的社会形态，需要稳定的生产环境、稳定的生活空间、稳定的社会关系，由此形成"安土重迁"的社会结构，这就是传统意义上自给自足的小农经济。但是，这种"小农经济"却创造了中国最基础的文化基因，比如由于自己驯化了充足的动植物，并且有丰富的鱼类等食物补充，中国人的食物结构是完善的，因而只需要有辛勤的劳作，就可以获得全部的生活满足，从

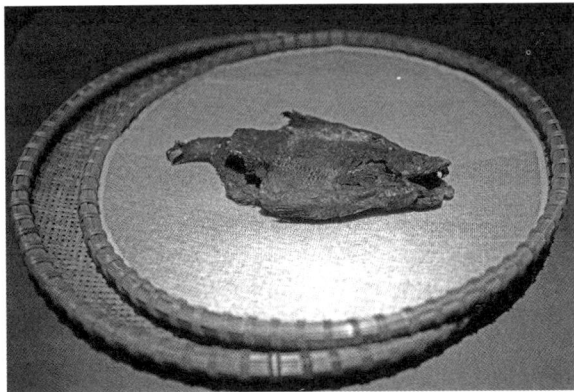

湖北荆州出土战国时期腌鱼。摄于湖北省博物馆

而形成了温和、自省、勤劳、知足等共同的社会性格。这是一种内源性的社会，缺乏向外扩张的冲动，因而不具有侵略性的文化。但是它却有很强的输出性和包容性。生长在长江—黄河大两河流域范围内的文明，由于本身就存在巨大的回旋空间，他们不吝于将自己的文明文化成果输送到外部，学术界除了"丝绸之路""玻璃之路"，还有"稻米之路""香瓷之路""丝瓷之路"等不同的概念，都是文化文明成果输出、交往、为人类文明作出贡献的象征；而对于外来的文化，他们又能以一种"海纳百川"的气度予以接受，予以吸收和消化，化为己有，丰富和发展自己的文明成果。

学者研究认为，蜻蜓眼玻璃珠于春秋末战国初在中国出现的数量较少，一般为大型墓葬出土；而到战国中期以后，出土数量大大增加，同时相较前期珠体纹饰更为复杂多变，显得更加精美，并出现了中国独有纹饰的蜻蜓眼式玻璃珠。从蜻蜓眼式玻璃珠的整个分布范围来看，主要分布在楚文化的范

围内，楚文化的中心两湖最为集中。蜻蜓眼式玻璃珠在中国的发展和楚文化紧密结合在一起，并最终本土化为楚文化的典型器物。[①] 前述中科院上海光学精密机械研究所对湖北省出土蜻蜓眼玻璃珠样品的技术检测分析研究也表明，春秋末到战国早期由于西方蜻蜓眼玻璃珠的引进，促进了楚人采用当地技术和原料进行仿制。

湖北枣阳九连墩战国楚墓出土料珠。摄于湖北省博物馆

湖北枣阳九连墩战国楚墓出土料珠。摄于湖北省博物馆

湖北江陵九店战国楚墓出土料珠。摄于湖北省博物馆

楚人尚巫觋之风，有着浪漫豪放的文化秉性和追奇逐新的审美趣味，因而具有一种特别的艺术创造力，这从楚人浪漫奇谲的漆木、丝织艺术品上可见一斑。西方蜻蜓眼玻璃珠是一种被赋予神秘力量的护身符，又是一种新颖奇特的装饰品，一经传入楚地，便被楚人所追逐。屈原《离骚》中有这样的诗句："高余冠之岌岌兮，长余佩之陆离。"《涉江》中也有："带长铗之陆离兮，冠切云之崔嵬。"屈原诗中"陆离"一词，一般认为是对佩剑光亮长长的形容，但也有学者认为"陆离"即"琉璃"，也就是佩剑上的玻璃饰品。蜻蜓眼玻璃珠给人以光影斑驳之感，楚人称其为"陆离"。"琉璃"或"流离"见诸先秦文献，

---

① 李会：《从蜻蜓眼式玻璃珠探析域外之物的本土化》（作者提供）。

但迄今尚未在楚国文献和出土楚简、楚帛书中见到，故陆离或即为楚语中"琉璃"的近音词。后来，"陆离"被引申为光影斑驳之义。[1]

楚人对这些来自域外的新鲜事物充满好奇，不仅"拿来"，而且还要"琢磨"，研究如何制造出相同的饰品来。一些战国楚墓中，发现用陶土制作的蜻蜓眼式陶珠；还有釉砂制的蜻蜓眼式珠，这些珠子表面已经玻璃化，而内部依然是未烧结的石英砂。从这些材料，似乎可以看出楚人仿制蜻蜓眼玻璃珠的经过。他们在仿制的过程中，无论是从生产原料还是生产技艺等方面，都不断在进行自主化、本土化的改造。经过战国早期到战国中期的不断探索，我国自创的铅钡玻璃制作工艺得到完善和发展。春秋战国时期，楚地有着高超的青铜冶炼技术。研究表明，从矿石到玻璃的冶炼过程和传统的青铜冶炼技术有着相似

故宫博物院藏秦汉时期浅绿琉璃肋纹钵

的地方，这也可以说明为什么玻璃生产工艺能够在楚地得以发展。在玻璃制品的生产过程中，楚人借鉴了传统的青铜器模制工艺，创造出中国特有的玻璃制品模制生产技术，生产出新的玻璃制品，其产品不仅有蜻蜓眼玻璃珠，还有模仿中国传统玉器生产的玻璃璧、玻璃剑饰等。一些学者还收集了不少战国到汉代的玻璃模具，并还原玻璃珠、玻璃璧等的模具化生产过程。

有意思的是，玻璃最初似乎是用来仿制玉器的。汉代以前，将天然玉石和人工制造的玻

大马士革国家博物馆藏古罗马时期梨形玻璃瓶

---

[1] 张正明：《楚文化史》，湖北教育出版社 2018 年 5 月第 1 版，P198。

璃统称为琉璃、璧琉璃，玻璃和玉石常常一起作为镶嵌或装饰物品同时出土，如湖北江陵望山 1 号墓出土的越王勾践剑和河南辉县琉璃阁出土的吴王夫差剑的剑格都是一面镶嵌蓝玻璃而另一面镶嵌绿松石。[①] 这或许可以说明中国古代玻璃生产的原始动机，并不是为了制作玻璃器皿，而是为了制作仿玉的饰品。这也是与西方玻璃发展有所不同的历史动因。中国由于有陶器、瓷器方面的发展成就，日用器皿较多使用瓷器，没有玻璃器皿的生产冲动，但是这种色彩斑斓的新型物质，却与玉石一样有着温润的光泽，因而被作为"人工玉石"而受到追捧。所以，在中国古代，玻璃一直以礼器和装饰品为主，这也在一定程度上制约了中国古代玻璃制造技术的发展。但是，玻璃的生产技术和生产能力却是很早就已经具备了。

可以说，"中国式"的玻璃工艺是古代西方玻璃工艺与古代中国陶瓷工艺、青铜工艺的融合。这个文化和技术融合的过程，充分展示出中国古代工匠们吸收创新、融会贯通的智慧，更体现了中华文明开放包容的特征。很难想象，如果没有吸收来自域外的文化文明因素，中华文明是否能够达到这么高的高度，又是否能在五千年风雨历史中不断推陈出新、迭代前行？比如，在长江中下游地区驯化的水稻向外传播的同时，小麦、大麦、黄牛、山羊、绵羊等等这些人类早期驯化的动植物，也在经中亚传入中国。早在新石器时代晚期，这些域外的驯化动植物，就已经在中国境内的考古遗址中频繁发现，成为新的食物来源，推动了华夏大地文明化的进展。法国汉学家谢和耐就曾指出，总览华夏世界历史，有一个不容忽视的特点，就是在与文化及生活方式不同的外来居民交往中不断获得充实和丰富，在华夏文明的形成过程中，邻近文化的影响在各方面都反映出来：驾车方式、马鞍、马镫、桥梁、山路建筑方式、草药学和毒品学、航海技术……"中国文明得其邻人之助，远方文明的贡献并非无足轻重。"[②] 当然，最典型还有后来佛教的传入。佛教沿着古老的

---

① 李青会、干福熹、顾冬红：《关于中国古代玻璃研究的几个问题》，《自然科学研究》2007 年第 2 期，P234-237。

② （法）谢和耐著，黄建华、黄迅余译：《中国社会史》，江苏人民出版社、人民出版社 2010 年 1 月第 1 版，P170-171。

商道传向东亚，成为中国最有影响的三大宗教文化之一，而在其进入华夏世界之后，经历一系列的本土化改革和演变，成为构成中华文明的最基本成分之一。

当然，史前至春秋战国时期的中外文化交流还是有限的。这一方面是由于当时人们活动能力和活动半径有限，交通条件的阻隔使东西方的人们不可能大规模地流动和流通起来；另一方面也囿于当时人们对外界的认识，尤其是前面说到的，作为农业社会和农耕文明的主体，对于文化的扩张和引进并没有十分强烈的冲动，因此只是进行了规模不大的尝试。中外文化技术的交往和交流，主要还是发生在张骞凿通丝绸之路以后，东方大两河流域的开放性达到空前程度，也是当时世所罕有的程度。而中国古代的开放性与一些游牧文明、海洋文明的开放性不同，没有资源掠夺、土地扩张的意图，它不是扩张性、侵略性的，而是交流性、互鉴性的。谢和耐也看到这种独特性。他说，汉朝的全部对外政策似乎建立在礼品尤其是贵重物品的交换上，汉帝国边境上的中介国家靠交易中国产品（首先是丝织品）致富并提高了自己的威望，汉皇朝消灭这些中介国家的目的也是在发展外交关系，而不在于扩大直接统治。[1]

这样的独特性，为中华文明走向一个全盛之势，创造了动力和活力。同时，它也为世界文明的进步和发展带来无可估量的影响和贡献。正如英国学者菲利普·费尔南多—阿梅斯托所说：中国文明的适应力极强，能扩展、有弹性，它在冲击土地上建立，却与其他因河诞生、因河生存的文明不一样，它能结合内聚、弹性、磁力于一体，所以比其他文明更博大，生命延续得更长久。中国对现今世界许多国家都造成极大影响，比如输出汉字和多种艺术到日本，将知识传统传遍东南亚，把一连串革命性的技术创新传到欧洲与全世界。"300 年以前，所有能真正改变人类生活的发明与技术进步大多数源自中国，其中最重要的包括纸、活字印刷、鼓风炉、科举制度、火药，以及罗

---

[1] （法）谢和耐著，黄建华、黄迅余译：《中国社会史》，江苏人民出版社、人民出版社2010 年 1 月第 1 版，P117。

盘等多项航海技术革新。中国能长久维持这种首创性,凭借的是传播路径的畅通和将世界各地信息汇集在一起的能力。"①

　　总之,中华文明是以黄河流域和长江流域为中心,在一个较大范围内相对独立发展起来,空间回旋余地大,有着很强的战略纵深。但是,相对独立和自主的发展空间,并没有阻碍先民们同域外交流的步伐。正是在与西方文明不断的交往与互鉴中,中华文明显示出强大的凝聚力和消化吸收能力,在向外输送自身优秀文明成果的同时,也不断充实引进新的文明元素,丰富和推动了原生文明的发展壮大,成就五千年生生不息的壮阔图景。

---

① （英）菲利普·费尔南多－阿梅斯托著,薛绚译:《文明:文化、野心,以及人与自然的伟大博弈》,中信出版集团 2020 年 8 月第 1 版,P298。

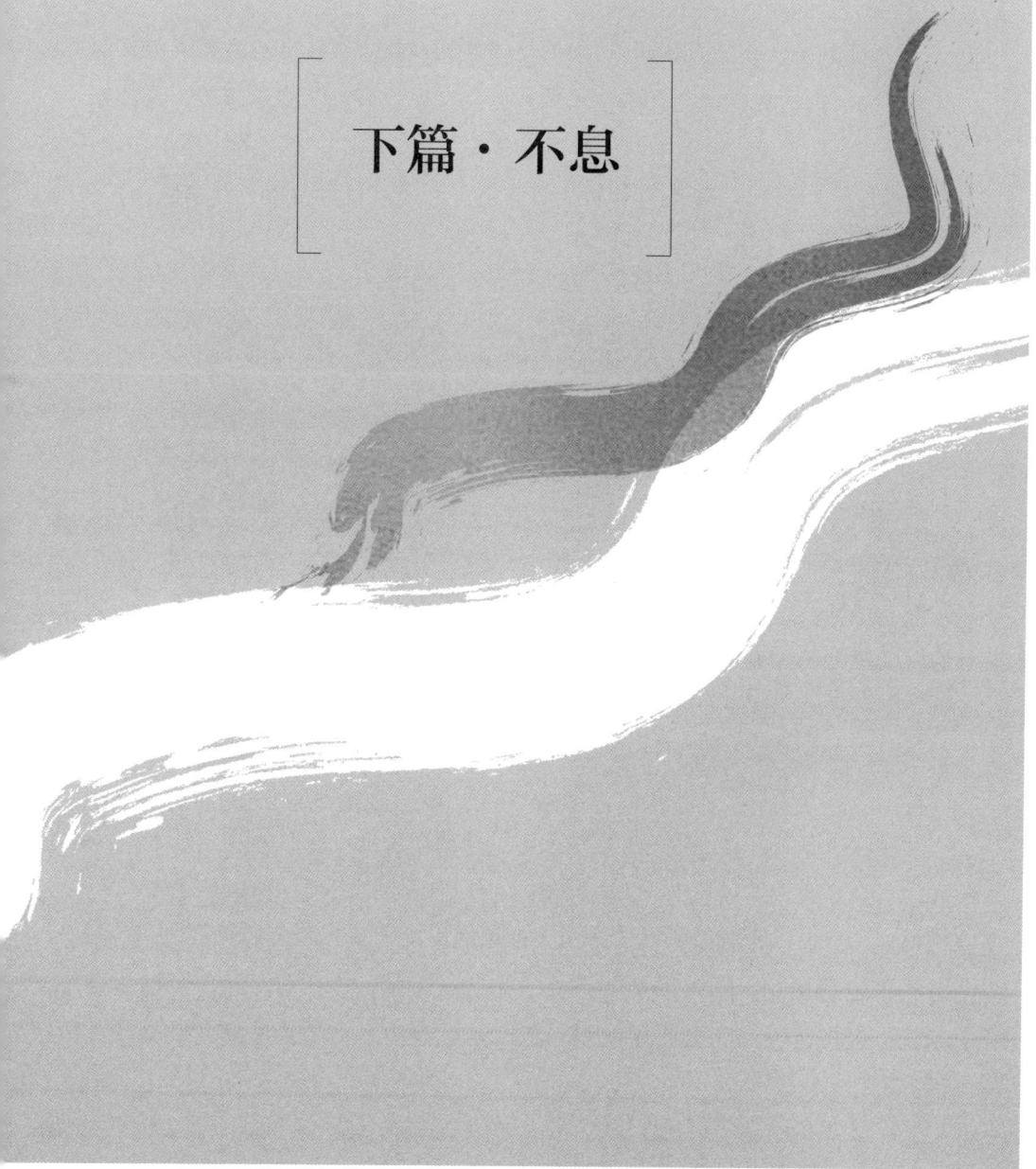

下篇・不息

第十一章　重商、大航海与大开放

"水能载舟，亦能煮粥。"这句网络时代的戏谑之言，却蕴含着人类文明与大江大河的历史渊源。在中华民族数千年文明发展的历史进程中，长江始终如母亲一样，提供源源不断的物质滋养、文化滋养、生态滋养。不仅如此，作为横贯东西、辐辏南北的大动脉大通道，母亲河自古就以"北客随南贾，吴樯间蜀船"的大开大阖，引领着中国古代商业文明之先声。

第一节　"茶""瓷""丝绸"出其左右

在著名的赤壁古战场所在地湖北省赤壁市，有一个小镇，旧称羊楼洞，如今叫作赵李桥镇。虽然更名多年，但"羊楼洞"这个名字，在我国北方乃至蒙古、俄罗斯等地，至今仍然响当当。从这里运送过去的砖茶一直为当地群众所钟爱。从17世纪末到20世纪初，茶叶从中国南方福建、湖南、湖北、江西等地出发，经河南、山西、陕西、内蒙古，由库伦（今乌兰巴托）至恰克图进入俄罗斯，并传入中亚和欧洲其他国家。这条茶叶之路绵延13000多公里，成为名副其实的"万里茶道"。羊楼洞是这条万里茶道上一个重要节点。羊楼洞（古名羊楼峒）地处湖北东南部与湖南交界，唐宋时期属鄂州，明清时期属武昌府蒲圻县，是一个被幕阜山群环抱的小镇，气候温润、雨量充沛、光照充足，境内多丘陵地带，丘陵坡地多为偏酸性红壤土，是茶叶种植的理想区域，自古以来就是长江中游重要产茶区。由于其水陆交通都很便利，附近一带包括湖北、湖南等地的茶叶，在这里集散、加工后，经由长江水路到汉口，再转入汉江至襄阳上岸，汇入陆上茶道，直通俄罗斯及其他欧洲国家。

湖北赤壁羊楼洞古街

　　茶叶和瓷器、丝绸是中国历史上最具代表性的出口商品，一直是亚洲、欧洲许多国家和地区上流社会追宠的奢侈品，至今仍是很多外国人眼里中国的代名词。翻阅整部中国文明史，就会发现，不仅在新石器时代至先秦时期，长江流域曾经创造过辉煌的史前文化和灿烂的楚文化，在秦统一以后，这里虽经跌宕起伏，仍始终为多元一体的中华文明发展中最重要一轴。包括稻米、茶叶、瓷器、丝绸在内的重要农业、手工业商品，无不出其左右。

　　茶叶原产于中国。相传在神农氏之时，即以茶为药来解毒，"神农尝百草，一日遇七十毒，得茶（茶）以解之"。茶圣陆羽在《茶经》中也认为："茶之为饮，发于神农氏。"传说未必可信，有籍可查的则是，至晚在战国时期长江上游巴蜀之地已有茗饮之事。而到汉代，长江中游荆楚之地就开始种植茶叶了。长沙马王堆汉墓中出土随葬品中，就有疑似茶叶的痕迹。至三国两晋，茶叶种植和饮用向吴越之地传播开来，茶饮的范围更加广泛，不过还是以长江流域为中心。唐代是饮茶之风盛行的年代。《太平广记》记载，"南人好饮之，北人初不多饮"。茶圣陆羽就是中唐时期复州竟陵（今湖北天门）人，嗜茶成性，精于茶道，遂著《茶经》，详细记述了茶叶的种植、加工、煎煮、饮用之法，成为世界上第一部茶叶专著。陆羽还最先创造了煎茶之法，此法大大促进了茶饮之风的盛行和茶叶种植的普遍发展。南宋刘松年有一幅流传千古的

193

刘松年《卢仝烹茶图》

名画《卢仝烹茶图》，再现了唐代诗人卢仝主持煎茶的情景。新茶芬芳，卢仝乘兴写下一首《走笔谢孟谏议寄新茶》：

日高丈五睡正浓，军将打门惊周公。

口云谏议送书信，白绢斜封三道印。

开缄宛见谏议面，手阅月团三百片。

闻道新年入山里，蛰虫惊动春风起。

天子须尝阳羡茶，百草不敢先开花。

仁风暗结珠琲瓃，先春抽出黄金芽。

摘鲜焙芳旋封裹，至精至好且不奢。

至尊之余合王公，何事便到山人家。

柴门反关无俗客，纱帽笼头自煎吃。

碧云引风吹不断，白花浮光凝碗面。

一碗喉吻润，两碗破孤闷。

三碗搜枯肠，唯有文字五千卷。

四碗发轻汗，平生不平事，尽向毛孔散。

五碗肌骨清，六碗通仙灵。

七碗吃不得也，唯觉两腋习习清风生。

蓬莱山，在何处？

玉川子，乘此清风欲归去。

山上群仙司下土，地位清高隔风雨。

安得知百万亿苍生命，堕在巅崖受辛苦！

便为谏议问苍生，到头还得苏息否？

诗言友人谏议大夫谢简送来新茶，至为稀罕，本是天子的尊享，竟能入得山野人家，关上柴门自煎自煮，竟一连吃了七碗，这"七碗茶"碗碗感受不同，吃到第七碗，只觉两腋生清风，好似仙人归蓬莱。诗的最后却是奇峰急转，直问地位清高的"群仙"可知百万亿苍生之苦，他们的命可是堕在巅崖之间才换得这清茶如许。卢仝的这首诗写出了煮茶煎茶之法，写出了吃茶的细微体验，更写出了茶农之艰苦。可谓唐代茶业的生动写照。

唐代江淮、巴蜀等地，都已是颇负盛名的茶叶产地。长江流域的特殊气候是茶叶生产成长的基础，而长江航道方便快捷的水路运输，让茶叶从东到西、从南到北，成为中国古代商贸世界里交易最为活跃的商品之一。白居易《琵琶行》写道："商人重利轻离别，前月浮梁买茶去。"浮梁在今江西景德镇附近，可见当地茶叶已经声名远播。

鄂南赤壁一带的产茶历史或许也可以追溯至汉晋时期，唐代普种山茶。以羊楼洞为集散地的鄂南茶叶贸易也随之兴起，宋代这里的茶叶就已销往蒙古等地。明朝中叶，为了茶马贸易的便利，产于湖北蒲圻（即今赤壁）、咸宁、崇阳、通山及湖南临湘、江西修水一带的老青茶，运至羊楼洞加工为"青砖茶"，大批运往边疆地区销售。《蒲圻志》记载宋代就有大批茶叶销往西域各族，从事茶马贸易。明代"产茶之所，湖广以武昌为首"，其时蒲圻设有官塘驿、凤山驿、港口驿三处驿站和羊楼洞巡检司、石头口巡检司、港口巡检司三个巡检司，巡检司的职责就是检查盐、茶贸易，赤壁不是产盐

羊楼洞砖茶

地，可见主要是因茶而设，由此可以推知当时的茶叶贸易规模不小。①

提起茶叶贸易之路，人们首先想到的是滇藏、川藏之间的"茶马古道"。一度鲜为人知的是，在整个亚欧大陆地图上，一条纵贯南北的"万里茶道"曾经辉煌地存在了两个世纪。羊楼洞是这条"万里茶道"的起点之一。早在明永乐年间，为了便于长途运输和长久保存，羊楼洞的茶商们采用蒸汽加热和脚踩紧压的办法，制成圆柱形状的"帽盒茶"。清代由于有晋商等资本介入，制茶技术改进，羊楼洞砖茶产量大增。羊楼洞周边的茶叶都到这里集散加工，汇入万里茶道。经由长江水路运到汉口，再转入汉江至襄阳上岸，汇入陆上的茶叶之路，直通俄罗斯及其他欧洲国家。

自古以来的茶叶贸易线路，不论"茶马古道"还是"万里茶道"，都体现出一个事实：中国古代虽一直以重农抑商为主流，然而发自民间的贸易却总能在由南到北、由东及西的广袤范围内开合有度，而这种开合有度的大商贸之格局，与水陆交通的开拓拓展密不可分，长江流域因其特殊的地理位置，物产丰富，又因其水网交通的方便快捷，商贸流通气息愈发浓厚。如果将视野拉长至更久远的历史，则可见长江流域的商业风气早已盛行。无论丝绸还是瓷器，以及茶叶、漆器、铜镜、书籍、绘画等等，都不仅以长江流域为重心向全国各地贸易输送，还远销亚欧各地，成为世人共享的豪华奢侈品。

作为中国代名词的瓷器，源于长江流域的原始陶瓷。根据考古学家的研究，制瓷业在南方的出现较早，技术也较北方先进，直到北魏以后，北方制瓷技术方有明显的进步。我国最早的硬陶和原始瓷首先是从长江中下游地区发展起来的，湖北武汉盘龙城遗址、江西樟树吴城遗址都发现有大量商代硬陶和原始瓷。硬陶和原始瓷由高岭土烧制而成，它的烧成温度比一般陶器要高得多，达到1000度到1200度，具备瓷器的一些基本特征，是一种低级阶段的瓷器。而瓷器真正成为一个独立的手工业门类，应该是在东汉时期。经过自商代以来的一千多年的发展，原始瓷终于脱胎换骨，成为与制陶相区别的真正意义上的瓷器行业。东汉青瓷瓷窑不再与陶器一起混烧，炉温可以高

---

① 严明清等主编：《洞茶与中俄茶叶之路（一）》，湖北人民出版社2014年10月第1版，P20。

达 1300 度以上，青瓷胎中铁元素含量非常低，吸水率也比原始瓷低很多，釉层增厚，光泽增强，与后世瓷器已经十分接近。东汉时在长江下游已经形成越瓷窑系，到三国至南朝，长江流域青瓷窑场遍布上、中、下游，器物种类越来越多。南方的青瓷也影响到北方，北魏时期黄河中下游地区也开始出现青瓷，只不过无论从数量还是品质上看都不及南方。

湖北黄梅出土西周原始瓷豆

湖北黄冈出土战国原始瓷罐

湖北武汉出土三国青瓷剖鱼男俑

湖北鄂州出土三国弹卧箜篌俑

唐代是瓷器工艺的大发展时期。越州窑、婺州窑、岳州窑、长沙窑、洪州窑、邛崃窑等，瓷窑几乎遍布全国各地，并出现青瓷、白瓷等不同瓷系。陆羽说："越州瓷、岳州瓷皆青，青则益茶。"他从饮茶的角度，称瓷器为"越州上，鼎州次，婺州次，岳州次，寿州次，洪州次"，对产于长江下游的越窑推崇备至。陆龟蒙更是盛赞越窑青瓷："九秋风露越窑开，夺得千峰翠色来。"有学者认为，正是由于唐代饮茶、饮酒的风尚流行，促进了瓷器制作工艺的提高、生产规模的扩大。宋朝是我国古代瓷器实现飞跃的年代，也是瓷器艺术臻于至善的时期，可谓达到巅峰。其时南北辉映，百花争妍，北有定窑、磁州窑、钧窑、耀窑，南有景德镇窑、越窑、龙泉窑、建窑，构成了一幅瓷器工艺"群星璀璨"的绚丽图景。景德镇窑因宋景德年间为宫廷生产瓷器而

北宋景德镇窑青白瓷盏托

得名，所生产的瓷器色白如玉，玲珑剔透。到了明代，景德镇的瓷器已经是天下之最盛。"弹丸之地，商人贾舶与不逞之徒皆聚其中"，"佣工皆聚四方无籍游徒，每日不下数万人"，佣工来去自由，以技售值，"工兴则挟佣以争，工毕则鸟兽散"。这里已经出现了资本主义生产方式的萌芽。①

瓷器至晚在唐代开始就已大量外销。各国使臣和客商来华后，对大唐生产的青瓷、白瓷、唐三彩钟爱有加，作为珍稀宝物带了回去。从此往来于东西方的海上商船和陆上商队，把瓷器作为一种珍贵商品运销各地。瓷器的外销在宋元时其日盛，至明代达到高潮。尤其是长江中下游及东南沿海地区瓷窑生产的瓷器，大量运往欧洲、非洲甚至拉丁美洲。据舒尔茨《马尼拉大商帆》载，公元1573年，从马尼拉驶往阿卡普照尔科的两艘大帆船中，就载有中国瓷器22300件。② 美国学者罗伯特·芬雷说："一千多年之间，瓷器是全世界最受喜爱、韵羡，也是最被广泛模仿的产品。从公元7世纪瓷器发明问世以来，它始终居于文化交流的核心。在欧亚大陆，瓷器是一大物质媒介，跨越遥远的距离，促成艺术象征、主题、图案的同化和传布。"③

---

① 李学勤、徐吉军：《长江文化史》，江西教育出版社1995年12月第1版，P995。

② 李学勤、徐吉军：《长江文化史》，江西教育出版社1995年12月第1版，P1111。

③ （美）罗伯特·芬雷著，郑明萱译：《青花瓷的故事》，台北猫头鹰出版公司2011年版，P21。

丝绸刺绣更是长江流域风气之先的一个标志。早在先秦时期，长江中下游丝绸纺织技术就已经达到极高的水准，特别是楚国的丝织刺绣艺术，以其精湛的技艺，绽放于列国之上。秦汉以后，丝织技术进一步发展，长沙马王堆汉墓是继荆州马山一

修复中的荆州马山一号墓出土丝绸。
摄于荆州文物保护中心

号墓之后又一个"地下丝绸宝库"，墓中出土丝织服饰不仅数量惊人，而且反映出高超的丝织刺绣技艺。其中有一件素纱单衣，身长 128 厘米，袖通长 190 厘米，重量只有 49 克，堪称古代的"皮肤衣"。唐代的丝织刺绣技术、产量、质量空前提高。唐代最著名的蜀锦，起于巴蜀之地，经由长江水路带往中下游及北方地区，一时间大放光彩。"夜市卖菱藕，春船载绮罗。"江南之地丝绸贸易热闹繁盛。到宋元时期，江南的纺织技术达到高潮，长江流域作为丝织刺绣业中心的地位已经不可动摇。据史料记载，宋代 300 多年间，著名的丝织物品种大多出产于江南及川蜀地区。南宋时期，苏州城内"家家养蚕，户户刺绣"，可谓盛况空前。

丝绸及其工艺品向全世界各地的输出，成为世界各地人民认识中国、了解中国的重要载体。早在古罗马时期，中国丝绸就是风行于罗马宫廷和上层社会，被作为奢侈至极的象征。据说，著名的恺撒大帝曾穿着中国丝绸制作的袍服出现在剧场，引起轰动。唐宋时期，中国丝绸在世界上极负盛名。16—18 世纪，丝绸在中西贸中成为大宗货品，成为社会的普遍需要，中国丝织品因其明亮的色彩、异国情调的纹样和相对低廉的价格，受到欧洲上层社会妇女们的青睐和追捧，成为她们的主要服饰之一。这个时候，各种丝织品，比如服装、地毯、挂毯、窗帘、床罩等等一起输入欧洲。[1]

---

[1] 武斌：《文明的力量：中华文明的世界影响力》，广东人民出版社 2019 年 9 月第 1 版，P31-32。

第二节 "网络"纵横

中国最早的诗歌总集《诗经》中有这样的诗句："汉之广矣，不可泳思；江之永矣，不可方思。""汉广""江永"，是人们通行远方的天堑难题。但是中国人自古以来就在长江航运上做文章，将长江天堑变为"黄金水道"，使其成为水上运输"大动脉"。"黄金水道"历朝历代承担着粮食、丝绸、食盐、茶叶、瓷器等商贸物品东传西递、南承北送的使命，在促进经济社会发展、扩大人文交流等方面都发挥着不可替代的地位与作用。

船舶的发展是长江商业文明的先声。史载"伏羲氏刳木为舟，剡木为楫"。今天的考古发现也显示，早在新石器时代，我国先民就已经驾驶舟船，在长江流域开始了原始的航行。2002 年在浙江杭州萧山跨湖桥遗址出土的独木舟，经碳 -14 测定其年代距今在 8000 年至 7000 年之间，船体保存基本完整，残长 5.6 米，是迄今发现世界上年代最早的独木舟。出土时，在其周围还发现有桩架结构、木桨、石锛、编织物等相关遗迹和遗物。[①] 早期的先民或许就是靠着这样的独木舟在长江中下游密布的水网间穿行，耕种、打鱼，甚至开展物物贸易。有时，他们也或驾着木舟对远处的部落发动攻击。

在从原始部落到国家文明发展的数千年时间里，长江流域的原始先民不断改造船舶的结构，使之能够适应更快捷、更远程以及更大载量的航行。从独木舟、竹木筏到木板船、桨船、木帆船，造船技术推动着先民们活动空间的不断扩展。终于在秦汉时期，迎来了中国造船史上的第一个高峰期。在这一时期，长江流域上游四川和中下游湖北、湖南、江西、安徽、江苏、浙江等地……都设有专门的造船工场，所造船舶也更大更先进。20 世纪 80 年代湖北江陵凤凰山汉墓出土了多只木船模型，从墓中出土的简册记载来看，当时还有结构复杂、有 23 支船桨的大船模型。《史记·淮南衡山列传》中记载"上取江陵木以为船，一船之载当中国数十两车"，《史记·平准书》载"治楼船

---

① 王心喜：《中华第一舟——杭州跨湖桥遗址古船发现记》，《发明与创造（综合版）》2005 年第 8 期，P40-41。

高十余丈，旗帜加其上，甚壮"。可见，当时大船（楼船）十分雄伟，载量可观。①

随着船舶的大型化发展，对航道的改进也成为长江流域自古以来的重要工程。特别是到了春秋战国时期，在经济社会发展和军事需求的推动下，对航道进行开发治理已经较多地出现，一些诸侯国还开挖了大大小小的地方性运河。早在春秋晚期，长江下游的吴国在扬州筑邗城，开邗沟，在中国历史上第一次使长江流域和淮河流域联为一体。秦灭六国后，为解决秦军给养运输问题，在今广西兴安县境内开挖人工运河灵渠，长达 30 多公里，引湘江之水注入漓江，沟通了长江和珠江两大水系，为我国古代长江流域与珠江流域的经济文化交流开辟了通道。自然河道航运的拓展和人工运河的开凿，成为日后在全国范围内形成商品流通水上运输网络的雏形。

这个水运网络，对于多元一体的中华文明持续稳固发展，发挥着非常重要的作用。其中大运河的开通影响尤为显著。大运河是隋代在前朝工程基础上，加以大规模改造和扩建而成的，后又经历代修葺和拓展，使之成为一条沟通南北的大动脉。它将海河、黄河、淮河、长江、钱塘江五大水系紧密地联系起来，形成了一个流经今北京、天津、陕西、河北、山东、河南、安徽、江苏、浙江 9 省市的庞大河运体系。在陆上交通不便的古代社会，大运河的开凿将中国南北的经济文化更为紧密地联结起来，尤其使位居北方的政治中心，得到了南方源源不断的物质供养，同时也加速了长江流域地区的开发。资料显示，唐太宗时期，大运河担负的大宗贸易商品主要是丝绸，而稻米的运输量还比较小，但是一个世纪以后，长江下游的稻米种植迅速发展起来，运输量提高了 5—10 倍。这对南方和北方来说，的确是一个双向刺激的过程。

在大运河通航以前，我国的自然河道主要都是东西走向，内河航运以横向交通为主，除汉江打通了南北通道外，纵向水运基本上缺乏骨干交通。运河的开通，内河航运终于形成纵横交错的网络。大运河通航以后，南北漕运兴起，长江中下游地区盛行的稻作农业加速发展，水稻耕作技术进步，茶叶、

---

① 李学勤、徐吉军：《长江文化史》，江西教育出版社 1995 年 12 月第 1 版，P268。

蚕丝、竹木、果树等经济作物兴盛，镇江、常州、苏州、杭州、湖州、越州、明州等一批商业化城市兴起，经济重心南移趋势已显。安史之乱以后，唐朝的财政收入主要依赖江南地区。正如韩愈所说："赋出天下，江南居十九。"长江边的扬州城，更是全国商品聚散的大都会，一时间"夜市千灯照碧云，高楼红袖客纷纷""夜桥灯火连星汉，水郭帆樯近斗牛"。杭州位于运河最南端，大运河开通前，还只是一个新起的小郡城，自大运河开通后，其地位越来越重要，成为"水牵卉服，陆控山夷，骈樯二十里，开肆三万室"的商业重镇，有着"江南列郡，余杭为大"之美誉。① 在长江中游，扼长江、汉江水陆交通网络枢纽和漕运要塞的襄阳、荆州、鄂州（今武昌）、潭州、岳州等城，也出现舟车相济、商旅接踵的景象。鄱阳湖、赣水流域也是水路交错，白居易称"江西七郡，列邑数十，土沃人庶，今之奥区，财赋孔殷，国用是系"。② 而在长江上游，川府之地也成为全国最为富庶的地方之一。史籍记载中唐以后"扬州富庶甲天下，时人称'扬一益二'"。长江下游的扬州与上游的益州，并为最富庶的城市。中国古代社会经济重心的南移在中唐以后已完全到位。③

　　宋元时期经济重心进一步南移，商品经济也进一步繁荣。法国汉学家谢和耐认为，与普遍认识上中国向来基本上属于农业经济国家的观念正好相反，宋朝恰恰是一个重商的国度，其主要财源来自商业和手工业，瓷器、丝绸、铁及其他金属、盐、茶、酒、纸张、书籍等，都是频繁交易的商品，11 世纪至 12 世纪初年，商业税与国家专管所得的财政收入已与农业税收入相等，12世纪至 13 世纪，更大大超过农业收入。④ 宋代粮食产量提高，供给充足，"苏湖熟，天下足"的民谚已经广为流传，朝廷用度，尽出于江南之地。而上游川蜀之地的单位面积粮食产量也仅低于江浙地区，成为重要的稻米产地。随着长江流域大规模兴修水利，农产品的商品化率提高，利用水道调运粮食的漕运规模扩大，贸易繁荣。宋代的手工业发展也远远超过了以往任何一个历史

①　李学勤、徐吉军：《长江文化史》，江西教育出版社 1995 年 12 月第 1 版，P546。

②　李学勤、徐吉军：《长江文化史》，江西教育出版社 1995 年 12 月第 1 版，P539。

③　李学勤、徐吉军：《长江文化史》，江西教育出版社 1995 年 12 月第 1 版，P538。

④　（法）谢和耐著，黄建华、黄迅余译：《中国社会史》，江苏人民出版社、人民出版社 2010 年 1 月第 1 版，P285-286。

时期，火药、罗盘、活字印刷等伟大的发明创造相继出现，正是当时手工业生产发展的显著标志。手工业产品的专业化也促进了商业化发展。整个社会的氛围也在扭转，传统的"重农抑商"观念遭到批判，朝廷甚至奖掖商业经营，关怀商旅，政治家、改革家乃至文人士大夫都在为商者呼号。范仲淹说："尝闻商者云，转货赖斯民，远近日中合，有无天下均，上以利吾国，下以藩吾身，周官有常籍，岂云逐末人。"王安石说："理财乃所谓义也。一部《周礼》，理财居其关，周公岂为利哉。"

在这样浓厚的商业氛围之中，世界上最早的纸币诞生了，这就是北宋真宗年间产生于川府之地的"交子"。"蜀民以铁钱重，私为券，谓之交子，以便贸易，富民十六户主之"，"交子"先是 16 户富商私人主办，后因私人发行"奸弊百出，讼狱滋多"，有人提议实行官办，"戊午，诏从其请，始置益州交子务"。天圣元年（1023 年），朝廷同意，设置益州交子务，发行官交子。[①]"交子"在川府之地的出现，反映出

湖北省博物馆藏元代青花
四爱图梅瓶

当时四川盆地商品经济的发展程度，也说明长江流域商贸物流的繁荣。

到明代江汉平原和洞庭湖平原成为重要的粮食输出地，又出现"湖广熟，天下足"的新局面。明代是我国资本主义萌芽的时期，不仅农业、手工业有较大发展，民间贸易也非常活跃。依托长江航运的远距离贸易发展，促进了国内商品经济生产及商贸市场的初步形成。重农抑商的传统思想进一步松动，重商思潮抬头，弃儒经商、弃农就贾现象普遍。明代政治家张居正也提出："欲物力不屈，则莫若省征发以厚农而资商，欲民用不困，则莫若轻关市以厚商而利农。"这一时期，徽帮、晋商、龙游商、洞庭商、江右商等以地域乡谊或血缘宗亲关系结成的商帮团体纷纷登场，活跃在大江南北，成为当时商业

---

① 周军、赵德馨：《长江流域的商业与金融》，湖北教育出版社 2004 年 10 月第 1 版，P59-63。

活动中的一大特色。同时，随着商业和商业资本的繁荣，明代城市化趋势明显，南京、苏州、杭州、汉口、成都等大城市的发展格局基本确立。以汉口为例，"水陆之冲，舟车辐辏，百货所聚，商贾云屯，其山川之雄壮，民物之风华，南北两京而外，无过于此"。①

第三节　H型开放格局

谢和耐认为，总观华夏文明，它首先也是一种技术文明：丝织始于公元前1000多年；棉织始于13世纪末；炮火工艺方面表现出卓越的技能；瓷器工艺于12世纪开始就已经臻于完善；公元前4世纪开始铸铁便成为中国的大工业；两个世纪后已经能够出产钢材……不仅如此，其产品的贩运还带来世界范围的贸易潮流。正因为东亚存在着非常活跃的贸易潮流，欧洲临海国家才于16世纪初以后千方百计地要打进去。②

在谢和耐看来，如果中国只是一个纯农村经济的国家，对欧洲各国就毫无吸引力可言。而实际上，华夏文明自古就是一个开放型的文明。早在史前时期，长江流域文化就表现了较强的开放性特征。不仅流域内各个史前文化之间的往来已经频繁，与邻近地区文化的接触也有很多。比如在石家河出土玉器中的凤、虎等造型以及羽冠持钺人物像，也传到了同一时代中原地区的陶寺、石峁，以及川西的宝墩等文化中。正是由于与各地区进行了广泛的接触交流，早期的各个文明单元得到飞跃前进，并逐渐形成多元一体化的结果。秦汉以前，华夏文明与域外文明的交流也很频繁，已有诸多考古资料可以证明这一点。秦汉时期，国内的商贸交流更加频繁，对外的交流也更加活跃。从文献和考古资料来看，古代的"丝绸之路"，除了由西汉都城长安通往中亚的线路外，在西南地区，从四川、云南进入缅甸、印度等地，还有一条早期的民间通道，这虽是一条山水险阻、通行不易的羊肠小道，但是通过这条商道，

---

① 李学勤、徐吉军：《长江文化史》，江西教育出版社1995年12月第1版。
② （法）谢和耐著，黄建华、黄迅余译：《中国社会史》，江苏人民出版社、人民出版社2010年1月第1版，P30。

长江流域的丝绸、漆器等也向西南地区输出。汉武帝听闻西南可能有这样一条商道，曾多次派人寻找，经略西南夷。一些学者认为，到东汉中期，西南丝绸之路已经成为官方经营的商道。

大马士革国家博物馆藏罗马时期丝绸织物，霍姆斯省西部
叙利亚沙漠的帕尔米拉出土

被称为海上"丝绸之路"的出海通道，早期的起点在广州，通向印度洋沿线。六朝（吴、东晋、宋、齐、梁、陈）以后，长江口也已经是新的重要起点，长江流域与东南亚及印度洋的往来日益开展起来。据记载，吴国曾从海上遣使到达湄公河三角洲；宋、齐、梁与林邑、扶南、爪哇、印度、锡兰也都有过海上联系。盛唐之际，国力强盛，呈现出全方位对外开放的态势，崛起了扬州、楚州、苏州、明州等一批重要的港口城市。长江北岸扬州港接近长江口，成为海、江、河中转枢纽港，是古代海上"丝绸之路"的起点。此时的长江中下游，已是远近闻名的造船中心，往来于内河水运网络的船舶大多出产于此，而且为适应远洋航行的大型海船也应运而生，顺着"海上丝绸之路"，载着丝绸、瓷器等手工业品从长江流域源源不断地输往东亚、南亚及

武汉出土西晋青瓷人骑狮烛台

西亚地区，并到达非洲、欧洲地区。唐朝和尚鉴真，自扬州六渡大海，最终到达日本，不仅带去佛法经典，还将中国的建筑、医学等方面的技术传到日本。种茶、饮茶的风俗也随着海外贸易传向日本、朝鲜等地。当然，外来物品也纷纷涌入，加强了唐朝与海外的经济、文化交流互鉴。谢和耐认为，长江流域与华北的统一开阔了视野，使隋唐时的中国面向大海、通向热带地区以及东南亚各国。而这一结果，是通过发展经济联系、人文接触、货物交易，以及人员、思想的交流而于整个 6 世纪时期酝酿成熟的，6 世纪的中国因商品经济兴起而充满活力，并接纳经中亚陆路与印度洋海路而来的商业大潮流。①

大马士革国家博物馆藏马穆鲁克王朝时期（1250—1517年）的瓷瓶，这件瓷瓶采用了中国制瓷技术，类似于青花瓷

如果将长江看作一条横轴，西南的南方"丝绸之路"与东南沿海的海上"丝绸之路"，此时已经构架起一个古老的"H"型开放架构，虽只是一个雏形，却为中国古代的文明进步奠定了开放的基础。"H"型格局中，长江以水为纽带，连接上下游、左右岸、干支流，形成经济社会大系统。今天，长江仍然是连接"丝绸之路"与"21 世纪海上丝绸之路"的重要纽带。

宋元时期我国的航海技术取得突破，走在世界前列。北宋之时，我国造船工匠已可建造载重 2 万斛（约合今天 1100 吨）的巨轮，号为"神舟"，当巨轮到达高丽，"倾国耸观，而欢呼嘉叹"。②人们还掌握了潮汐的变化规律，可以绘制航海图。公元 1056 年，吕昌明编制《浙江潮候图》（又称《四时潮候图》），是一幅具有较大实用价值的实测潮汐表，比欧洲最早的潮汐表、13

---

① （法）谢和耐著，黄建华、黄迅余译：《中国社会史》，江苏人民出版社、人民出版社 2010 年 1 月第 1 版，P206。

② 李学勤、徐吉军：《长江文化史》，江西教育出版社 1995 年 12 月第 1 版，P823。

世纪出现的"伦敦桥涨潮时间表"早两个世纪。[①] 更为重要的是发明指南针并应用于航海，为开辟更多、更远的出海航线创造了条件。中国人最早在战国时期就已经学会利用磁石指极性发明辨别方向的仪器，称为"司南"。"司南"经过长时间的演化和改进，即指南针。北宋曾公亮《武经总要》中就记载了"指南鱼"的制作和使用方法。沈括《梦溪笔谈》则记载"方家以磁石摩针锋，则能指南"，指出指南针已是"方家"所常用的一种仪器。"方家"所使用的指南针，被固定在一个圆盘之内，并依天干地支划定方位，便成为可以精确定向的"罗盘"。

《梦溪笔谈》

罗盘（指南针）一经发明，很快便用于航海事业，大大提高了航向的准确性和航行的安全性。北宋朱彧《萍洲可谈》记载："舟师识地理，夜则观星，昼则观日，阴晦观指南针。"这是指南针应用于航海船舶的最早文献记载。宋元时期，罗盘（指南针）引领了中国航海事业的发展，公元 13 世纪至 14 世纪，我国航海家已经开辟了许多航海路线，海上贸易迅速扩张。今天的江苏太仓港，历史上称为刘家港，是元朝南粮北运至大都的漕运起点和海外贸易的重要码头，长江中下游地区和日本、高丽、安南等国的商船都集结于此，时称"六国码头"。中国的航海地图和指南针还随着航船传入欧洲，开启了欧洲的大航海时代。恩格斯在《机器、自然力和科学的应用》一书中说："罗盘（指南针）打开了世界市场并建立了殖民地。"

---

① 李学勤、徐吉军：《长江文化史》，江西教育出版社 1995 年 12 月第 1 版，P825。

　　谢和耐指出，中国曾是历史上最大的航海国家，自宋朝确立至明朝前大扩张时期，历时四个半世纪。[①]两宋以后，南方的造船业和造船技术日臻成熟。到 15 世纪，中国的帆船已成为世界上最大、最牢固、适航性最优越的船舶。这为中国古代航海事业的发展开辟了一个全新的时代。以水运为纽带的流通网络，从华夏大地向海外拓展。元朝的航运规模在当时世界上居于领先地位，按照马可·波罗等的记载，元朝海船的载重量可高达二三百吨。通过海外贸易，元朝与亚、非很多国家和地区都建立了联系。[②]在宋元海外交通和贸易不断发展的基础上，15 世纪郑和七下西洋，将中国古代航海事业推向顶点，也可以说将中国古代的开放事业推向高潮。"下西洋"是明成祖朱棣推行的一项对外贸易政策，他派出亲信宦官郑和数次远航，其目的本是为了"耀兵异域，示中国富强"。郑和每次都统领着规模巨大的船队，人员逾 2 万，船只上百艘，满载丝绸、瓷器、铁器等物，用以馈赠所到之地的国君贵族，并换回当地的特产。郑和远航的行程，到达印度西海岸，并横穿印度洋，抵达阿拉伯、东非，甚至到达赤道以南、今天肯尼亚沿海，一些学者研究认为郑和抵达了今天莫桑比克沿海、马达加斯加岛对岸，甚至可能绕过马达加斯加岛和好望角，进入南非西南沿海的大西洋海域。历史学家吴晗说，郑和下西洋比哥伦布发现新大陆早八十七年，比迪亚士发现好望角早八十三年，比奥斯·达·伽马发现新航路早九十三年，比麦哲伦到达菲律宾早一百一十六年，"可以说郑和是最早的、最伟大的、最有成绩的航海家"。此说实不为过。而一位英国学者加文·孟席斯在《1421：中国发现美洲》一书中，甚至提出，郑和船队于 1421 年远航到达美洲大陆，早于哥伦布 72 年发现美洲，早于麦哲伦一个世纪完成环球航行。[③]

　　20 世纪 80 年代，著名经济地理学家陆大道提出了以海岸带和长江沿岸为国土开发、经济布局战略重点的"T"型发展战略，以沿海为一个战略轴线，

---

① （法）谢和耐著，黄建华、黄迅余译：《中国社会史》，江苏人民出版社、人民出版社 2010 年 1 月第 1 版，P288。

② 袁行霈主编：《中华文明史（第三卷）》，北京大学出版社 2006 年 4 月第 1 版，P283。

③ 袁行霈主编：《中华文明史（第三卷）》，北京大学出版社 2006 年 4 月第 1 版，P287-289。

沿江为主轴线形成整体发展的空间格局。由于沿海与沿江形如一把拉开的弓箭，有些研究者也常以弓形战略来形容长江流域引弓待发的开放态势。实际上，这种"T"型开放的格局在中国古代已有雏形，并形成了内陆河流文明与海洋文明并发的趋势。美国学者林肯·佩恩在谈到唐朝的对外开放时，就说："中国中南部的一个内陆小镇（景德镇）所生产的瓷器，通守海路运输，出现在数千英里之外人们的餐桌上。我们可以将此视为一种早期的全球化，劳动力和原材料（包括进口的）的成本必须足够低，以抵消相对高昂的运输费用，而低廉的运输费用正是今天全球化的典型特征。"①

中国古代的开放格局，早期还可以看作是一种"H"型，即以东西方向的水上交通串联起来的东西两条对外开放线路。可惜的是，这个开放格局却遭到封建王朝闭关锁国的破坏，以至戛然而止。谢和耐认为，郑和1433年最后一次远航归来就是一个标志：中国400年间曾是亚洲海洋大国，而这个大航海时代在1433年宣告结束。②

明清时期的"天朝大国"思想愈演愈烈，商业文明萎缩，大航海终止，开放势头终结，中国落后了。落后就要挨打！鸦片战争以后，帝国主义侵略者用枪炮和武力敲开中国的大门。沿海与长江，反而成为列强们进驻、掠夺和瓜分中国的通道。这一时期，地处长江入海口的上海和地处长江中游的汉口，也是近代商业文明的先声之地。"十里帆樯依市立，万家灯火彻宵明"的汉口，一度就是中国最大的茶港。1861年，汉口开埠，外国茶商纷然而至。随着万里茶道的兴盛，当时的俄国茶商，几乎操纵了汉口砖茶市场。一方面是近代工商业的兴起，另一方面是外国资本在华的肆意掠夺，让清末湖北的新思想萌发得更快，为一场改变两千年传统帝制的历史巨变奠定了物质和思想基础。

---

① （美）林肯·佩恩著，陈建军、罗燚英译：《海洋与文明》，天津人民出版社2017年4月第1版，P300。

② （法）谢和耐著，黄建华、黄迅余译：《中国社会史》，江苏人民出版社，人民出版社2010年1月第1版，P354。

第十二章　制度文明"水元素"

中华文明绵延数千年而不断，与自身丰富而独特的制度文明成果密不可分。现在看来，长江流域和黄河流域都是中华文明的发源之地，从制度文明的特征上看，二者之间又实在有着显著的个性化差异，黄河流域的中原文明粗犷刚硬，而长江文明以水为源、以水为魂，更显出江南水乡柔韧的一面。但是考古发现，即便是在四五千年前的原始时代，两者之间的相互交流交往就已频繁，从未间断，并至融为一体、相互依存，共同构成一个丰富而生动的中华制度文明体系。

第一节　玉琮、水坝映射国家制度

2019年7月之初，一则来自阿塞拜疆首都巴库的新闻引爆国人信心：我国申报的"良渚古城遗址"项目成功列入《世界遗产名录》！世界遗产委员会认为，良渚古城遗址展现了一个存在于中国新石器时代晚期的以稻作农业为经济支撑、并存在社会分化和统一信仰体系的早期区域性国家形态，印证了长江流域对中国文明起源的杰出贡献。这意味着中华五千年文明一脉相承、生生不息的历史，得到了国际社会的广泛认同。那些对中华远古文明的质疑甚至否定之声，在考古资料和历史研究展现的事实面前，可以休矣。对良渚古城的社会性质，世界遗产委员会给出的"稻作农业""社会分化""统一信仰体系"等关键词，描述了跨入文明大门的早期社会特征。

良渚文化距今5300年至4300年左右，最早发现于1936年。在过去80多年的时间里，良渚遗址群的考古发现一次次刷新人们对长江流域史前文化发展的认知。可以确切地说，良渚文化是中华文明五千年的实证。其中，令人印象尤为深刻的当数其精美的玉器和宏大的水利工程。良渚的玉器数量庞大，种类繁多，造型独特，纹饰精美。其中最为典型的有玉琮、玉璧、玉钺等。考古学家和历史学家研究认为，他们并非只是单纯的贵重物品，而是具有宗教或威权意义的象征物。良渚玉琮独具特色，外方内圆，气势不凡，似乎象征着通天接地的神力。一般认为，他们表达了良渚先民高度一致的信仰崇拜，也表明玉琮的拥有者在社会生活中至高无上的地位。

良渚有一个总面积约 300 万平方米的大型古城遗址，有完整的都城结构，四面为堆土合围的城垣，还有环绕城垣的壕沟（护城河），城内有宫城遗址，城内城外古河道纵横交错，构成完整的水路系统，外围则是规模庞大的水利工程，由 1 条长堤和 11 条水坝组成，控制范围达 100 平方公里，这是迄今所见中国最早的大型水利工程，也是世界上最早的拦洪水坝系统。从 30 万平方米的宫城到 300 万平方米的王城，从 800 万平方米的外郭面积到 100 多平方公里范围的水利系统，构成一个庞大的城防系统。从这样一个完整的城址框架，可以看到后世我国都城制度的基本形态，研究者认为是最早的都城结构。这样的都城架构，无论施工组织，还是供给保障，乃至秩序维护，无疑都必须有一个高度集中的统一力量，能够动员社会力量，调配社会资源，组织社会生产，维护稳定秩序。这是已经出现阶层划分和社会分工的表现。

玉器、水坝、都城建制，良渚文化的这些基本元素已经体现出文明起源时期的制度化特征，这些特征与长江流域较早成熟的稻作农业以及独特的地理和水文环境相联系。玉器本是石器时代的副产品，原始先民为了稻作生产，在长期磨制石器的过程中，发现了这种质地坚硬而又美观的石头，并将其作为沟通天地、祭

良渚文化玉琮。摄于国家博物馆

祀神灵的神物，进而作为拥有者身份和地位的象征。研究者认为，以玉琮为代表的良渚玉器，标志着石器时代进入了新阶段。就像后来以青铜"九鼎"为礼器，此时的玉琮便是沟通天地与权力象征的礼器。考古学家张光直根据良渚玉琮的特征，称中国在石器时代与青铜时代之间，有一个"玉琮时代"或"玉器时代"，即产生特权阶级的时代。①20 世纪 90 年代以来，以吴汝祚为代表的一批学者对"玉器时代"的社会特性进行研究，认为玉器作为礼器出现，特别是在一些新石器时代晚期大墓中，以成组礼器出现，反映了整个社会的分层与分化，表明社会已经有了一定的礼仪制度。玉器是从石器中分离出来，但是它并没有用于生产工具，也没有用作武器，已经由实用性抽象而为礼仪性，应用于宗教祭祀礼仪之上，或者作为财富和社会地位的象征，被少数当权者所掌握。玉礼仪制度或许就是后来贯穿于整个商周社会礼仪制度的基础。从考古学上观察，良渚的玉礼仪制度实际上已经影响到很多地方，良渚文化标志性的玉琮等器物，在广东、山西、陕西、甘肃等地均有发现。

归结起来说，玉器之所以能成为礼仪的象征，至少说明当时的社会组织形态上已经发生了如下重大变化：一是社会分工已经普遍，出现了专门的制玉工匠，他们是在制造石器生产工具的过程中分化出来的一部分专门生产者，他们从专业的农民和专门的陶器生产者中分离出来，同时分离出来的还有专门的族群事务管理者；二是私有制或者贫富分化已经明显，一部分人由于掌握了族群的管理权力而掌握着财富的支配，成为贵族，又由于掌握了财富而拥有更多的权力，显然这些人并不是制玉的工匠，而是玉器的拥有者和使用者；三是贵族需要区分社会等级和高低贵贱，以使自身从直接的农耕或手工业劳动中脱离出来，成为"剥削者"，享用更多的剩余粮食和社会资源，于是礼器成为他们区分社会地位的标志；四是为了实现这个目的，贵族还需要讲更多的"故事"，比如创造原始的宗教仪式，通过"绝地通天"或者是与祖宗神灵沟通的"故事"，让直接的生产者相信这些人是大家所需要、信仰和依赖的，这就进一步强化玉礼器和礼的制度的社会价值。正如苏秉琦先生所说，

---

① 张光直：《中国青铜时代》，生活·读书·新知三联书店 2013 年 3 月版，P313-314。

没有社会分工生产不出玉器，没有社会分化也不需要礼制性的玉器。

在良渚遗址群中的塘山遗址，考古人员曾发现一处制玉作坊，有上百件玉质遗物，其中大量为有切割、磨磋痕迹的玉料，还有玉琮、玉璧、玉管等玉器的残件。可以看出，这是一个分工化特征明显的专门玉器"生产基地"。在长江中上游的史前文化中，玉器也被大量发现，比如石家河文化玉器，虽然体积不大，但工艺非常精细，形象生动逼真，与北方地区所见的原始玉器有很大差别，与良渚玉器也明显不同。石家河罗家柏岭遗址也发现有玉料和玉器残件，表明这里也可能有专门的制玉作坊。石家河遗址还发现有冶铜遗迹和遗物，表明当时在长江中游可能已经出现铜手工业。石家河邓家湾遗址出土数量惊人的陶塑小动物和三房湾遗址出土数量庞大的红土陶杯，显示其制陶手工业分工已经精细化、规模化。这些现象都是新的社会制度正在形成的历史映射。

长江中游屈家岭文化、石家河文化古城遗址丰富。江汉地区迄今发现的史前古城遗址已经有15座之多，其中石家河古城面积达到120万平方米，是长江中游众多古城遗址中最大的一个。近年来在距离石家河古址遗址约100公里之外的湖北荆门沙洋城河，发掘的一座古城遗址，被考古工作者称为石家河古城遗址群的"二级城市"，城址面积70万平方米，仅次于石家河古城，城内有大型院落式建筑遗迹，也有一般性居住区遗存，有"中心广场"设施，还有陶器生产区的遗迹。笔者曾考察这一古城遗址发掘现场，发掘者认为，流经城内的城河并非自然河流，而是经改造后的人工水系，目的是为了解决当时城内大量人口的用水、排水问题。我们在后来的楚国郢都纪南城也看到这种人工河流贯穿城内外，使城内城外水系连成一个整体的情况。《清明上河图》中的北宋都城东京，也是这样的结构。和良渚古城遗址一样，长江中游的古城遗址也是以城垣、壕沟合围，可知其不仅有防御外敌的作用，还具有抵御洪水、减少水患甚至导水以利农业灌溉的功能，或者还有利用水路进行交通运输的可能。

根据考古资料分析，长江下游、长江中游的这些古城遗址，都表现出大型工程、大型祭坛、以玉器为代表的礼器等制度化发展特征，是制度文明肇始的端倪。尤其是史前的水利工程出现在长江中下游的史前遗址中，与长江流域以稻作为基础的农业制度化发展密不可分。良渚文化时期的稻谷生产能力相当惊人，显然与这些水利工程的修筑有着相辅相成的关系。考古学家认为，能够修建这样的水利工程，是原始社会能力和社会制度发展的具体表现。稻作农业一方面依赖于长江流域丰沛的水资源条件而兴起，另一方面却又受到洪涝水患的威胁。原始先民因为稻作农业，有条件在水网密布的长江中下游定居下来，又通过兴水利避水害的措施而使自己的生活和农耕生产得以稳定，农耕生活创造了以家庭为单位的生产方式和经济制度，而对水利水患的趋避，却往往是家庭为单位的经济主体不能承担，需要在一定的聚群范围或者说共同体范围内一致行动，需要聚落群体的集体努力。这就对寻求自然生产与社会生产相结合的原始社会生产制度提出了要求。

社会化生产是建立在劳动分工基础上的经济制度。在经济学上，劳动分工是一切社会制度和经济增长的起点。马克思认为，分工不仅是生产力发展的动因，并且是生产关系发展的动因。现代经济学之父亚当·斯密也说："劳动生产力最大的增进，以及劳动在任何地方运作或应用中所表现的技能、熟练和判断的大部分，似乎都是劳动分工的结果。"亚当·斯密认为，劳动分工起因于人性中进行交换的倾向，但是我们也应该看到，最初在一个群集内的分工，并不是为了交换而进行的。在一次共同的狩猎活动中，一部分人从事诱捕，一部分人从事围捕，还有一部分在四周盯梢，防止"螳螂捕蝉，黄雀在后"，捕猎不成反被猛兽入侵。这样的劳动分工，看来与交换的倾向无关，而是一种自然的分工，是为了提高捕猎的效率和防范捕猎的风险而进行的分工，这种分工也许是根据年龄、性别以及个体状况的差异而自然产生，也许就是部族内部的一种约定。

个人狩猎是一件充满了凶险的事情，而大家结成一个集群进行狩猎活动则要安全高效得多。在原始的共同体中，氏族或部族内部是不需要交换的，大家严密地进行分工，共同获取食物，共同抵御风险。至于斯密所说的交换的倾向，笔者以为是在这种分工中产生的，而不是像他所说的是分工产生的原因。正因为有了严密的劳动分工，才有了交换的倾向。一部分人在部落中长期制造弓箭，日益熟练，他们便不再只为自己的部族提供弓箭，还用它们来与外部族进行交换，他们成了专门的制造业者，不再受部族的统一调度，原始的共同体在这种交换中逐渐瓦解，自然分工也逐渐演化成社会分工，畜牧业、农业、手工业等早期的分工固化形成，打下了后原始时代经济制度的基础。

在一些比狩猎活动更需要部族内部或者是多个邻近的部族共同面对的风险面前，分工显得更为重要。最为典型的就是洪水治理。一个部族去疏浚，一个部族去围堤；或者是每个部族各负责一个河段，再在部族内部进行工作上的分担。不管是哪一种分工模式，都需要一个统一协作的机制来调度运行。社会共同体越庞杂，需要进行的分工就越细致，而调度运行的协作机制也就越需要高度一致。这就得有一个凌驾于各个部族、各个族群之上的权威来进行协调。这个权威开始是部落联盟推举出的共同领导人，后来就产生了国家。

中国远古时代有过大洪水的历史，而史前的治水工程也是确实存在的。美国学者魏特夫在其《东方专制主义》一书中就提出：中国文明起源于大河流域在远古时代的大规模治水。[①] 传说中尧帝、舜帝时都在致力于治理洪水，而共工、鲧都是部落推举的治水领袖。但是，最终取得治水成功的是禹。禹的治水策略是在对江河山岳进行考察后提出的系统化治理方案，传说中大禹是在九条河流同时开展治理工程，而所采取的方法则是导引洪水入海。大禹的疏导方案，主要是开挖河道、疏浚洪水通道，包括传说之中凿通了长江三峡，让长江上游洪水可以顺利出川，东流到海。导引洪水并不是不要筑堤堵水，而是因势利导，该疏浚开挖的地方疏浚开挖，该筑堤堵水的地方筑堤堵水，可见这是一个十分宏大的水利工程。相比于此前禹的父亲鲧所采取的单纯筑堤堵水的方法，禹的方案更为科学，但显然工程量和施工难度更大，组织协调起来也更困难。禹能够完成这样一项庞大的工程，除了自己"三过家门而不入"躬身力行的精神感召，更为重要的原因必定是他能够将"天下九州"各个部族的力量聚合起来，实行合理的分工，从而实现协同。大禹也借此统

---

① 孙浩晖：《国家时代》，上海人民出版社 2020 年 10 月第 1 版，P58。

一了由北而南的所有部落，完成了由原始古国、方国向集中统一王朝国家制度的转变。

在以农耕为基础的社会里，构筑军事防御体系、洪水防御体系以及能够促进农业发展的水利灌溉体系，是原始社会最主要的制度化安排。良渚古城、石家河古城、城河古城的城濠系统、水利系统都充分说明了这一点。世界遗产委员会认为，良渚文化"印证了长江流域对中国文明起源的杰出贡献"。我们也可以说，包括良渚、石家河在内的长江流域新石器时代早期文明形态，也是长江制度文明的起源，是中国制度文明的杰出贡献者。史前文化的演进，导致了中国制度文明的基本特征。中国文明中制度体系上的诸多因素，都可以在这些原始的发现中找到印记，而这些原始的印记在长江流域的出现，则往往浸染着具有地域特色和环境特色的"水元素"。

第二节　从"血缘礼制"到"县制""士制"

何谓制度文明？学术界定义为：制度文明是指作为进步状态、合理建构并产生积极后果的制度建设成果。[①]中国古代社会在长期的实践和创造过程中，积累了内容十分丰富而又具有鲜明特色的制度文明成果，这些成果涵盖政治、法律、经济、军事、思想文化、社会生活等方方面面，是维系和推动中国社会历史演进的制度系统。而在这个庞大而复杂的制度系统中，却始终贯穿和浸润着一些共同的思想理念和精神内核，正是这些内核性的思想和精神，才是成就中华文明统一性和连贯性的关键性因素。这些内核的因素有人概括为"礼""乐"文明，有人总结为"和""合"文明。不论如何概括总结，中华文明制度成果虽不断推陈出新，其内在的文明要素却始终"守一不移"，这是毋庸置疑的。

国家是制度的集合，也是文明的集中体现。恩格斯指出，所谓国家，就是经济利益互相冲突的阶级，为了不致在无谓的斗争中把自己和社会消灭，

---

① 丌光：《中国古代制度文明的政治解释》，《云南行政学院学报》2017 年第 5 期，P112-117。

就需要一种表面上凌驾于社会之上的力量，这种力量应当缓和冲突，把冲突保持在"秩序"的范围以内。① 作为规范"秩序"的制度系统，既是国家的本质，也是国家的表象。考古研究表明，无论在良渚古城遗址还是在石家河古城遗址中，不仅可以看到某种"凌驾于社会之上的力量"，而且也可以窥见其"秩序"："都城"结构、手工业分区、宗教建筑、水利工程……凡此种种，为中华文明五千年历史提供了明证，也表明原始意义上的"国家"（学者们或称之为"古国"，或称之为"方国"）诞生。长江文明以其独特的起源和成长经历，创造了特别的制度文明内核元素，并在"多元一体化"的融合进程中，影响着整个制度体系的构建，成为中国制度文明发展的内生"原动力"之一。

考古学家严文明讲过一个有趣的现象：中原地区龙山文化时代的主要炊器是鬲，长江流域则主要是鼎，随着商周势力的扩展，后来鼎鬲合流，融为鼎鬲文化，但是有意思的是，鬲一直作为炊器被使用，且多以陶为之，而鼎则演变为国家的重器，成为代表贵族等级身份的礼器，并且多以青铜精铸而成。② 如前所述，礼制是我国自新石器时代晚期即已存在的制度化体系，而鼎则成为这个制度体系最重要的物化载体之一。这一现象似乎也能说明长江流域在礼乐制度文明形成中的特别贡献。

《礼记·礼运》篇说："今大道既隐，天下为家，各亲其亲，各子其子，货力为己，大人世及以为礼，城郭沟池以为固，礼义以为纪，以正君臣，以笃父子，以睦兄弟，以和夫妇，以设制度，以立田里，以贤勇知，以功为己，故谋用是作而兵由此起。禹、汤、文、武、成王、周公，由此其选也。"按照《礼运》所载，禹之前是没有私有制的，是"大同"社会，而禹之后，这种大同的社会组织形态消失了（"大道既隐"），财产私有，甚至组织协同各个部族的权力也变成了私有（"天下为家"），新的社会组织形态需要有城郭沟池的护卫，还需要礼义制度的约束（"礼义以为纪"），才能实现社会的稳定与和谐。所以，孔子说："夫礼者，先王以承天治道，以治人之情，故失之者死，得之者生。"

礼制在新石器时代就已经形成于原始部落族群之中，最初都是以血缘为

---

① 恩格斯：《家庭、私有制和国家的起源》，人民出版社 2018 年 12 月第 1 版，P189。

② 严文明：《求索文明源》，首都师范大学出版社 2017 年 9 月第 1 版，P420。

基础建立起来的，规定了同一个族群内部的长幼秩序、权力分配，并逐渐演化而为以家庭为单元要素的宗法制度。这种宗法制度在夏商时期得到巩固和发展。周王朝的统治范围较之夏商有了极大的扩展，需要建立一定的治理体系和治理结构。周王室继承了夏商时期分封土地的做法，实施了分封制度。分封的对象除了少部分有功之臣外，主要是周王的族属，姬姓的同宗。据说周公封建七十一国，其中兄弟十五人，同姓四十人，正如范文澜先生所说："周子孙不是发狂生病，都有封作诸侯的权利。"而对周灭商作出过重要贡献的楚，却只封了"子男之田"。可见西周王朝的分封还是以血缘为纽带的宗族分封，基于分封制度所构建的礼乐制度，实质上还是一种血缘为基本纽带、维系"一体化"统治的制度安排，是一种"血缘礼制"。

当然，周也分封了一些非同姓和同宗的诸侯国，看似是对血缘制度一定程度上的突破，但实际上这种突破并没有超出"宗法"的基本框架，周天子仍然是天下的"宗主"，异姓的诸侯往往通过婚姻关系联系起来，回到"血缘礼制"的共同平台。通过这样一种血缘与宗法的联系，以"天下最大的宗主"周王为中心，将整个王国的诸侯们团结起来，维系起王室对封国的"一体化"统治。这是一个看似很稳定的制度安排，却经不住时间的考验。到春秋战国的时候，"礼崩乐坏""诸侯僭越"之事时有发生。《左传·宣公三年》载，楚庄王发兵攻打陆浑戎敌，到达洛水，在周王室之疆阅兵示威。周王派王孙满前去劳军，庄王"问鼎之大小轻重"，这是对周之礼制的挑战，是对周王室的"大不敬"。故王孙满答"在德不在鼎"，"周德虽衰，天命未改，鼎之轻重，未可问也"。

曾侯乙墓出土九鼎八簋，便是诸侯僭越、冒用天子之制的实例，是春秋战国礼崩乐坏的考古证明。当然，礼崩乐坏并非礼乐制度的废止或消除，从历史进步的视角来看，恰恰是对西周王朝所确定的"礼乐之制"的重构、再造，以适应社会发展的需要。随着时间的推移，周王朝"血缘礼制"纽带的维系力量越来越脆弱，分封国与王室之间、分封国与分封国之间血缘关系越来越淡化，需要新的力量维系"一体化"关系。所谓礼崩乐坏，就是对"血缘礼制"的重新审视。

曾侯乙墓出土文物堪称是中国青铜文明的杰出代表，也是先秦礼乐文明的最高成就。曾侯乙编钟音乐性能卓越，"一钟双音"展现出当时卓越的青铜铸造技艺，3700多字的长篇铭文堪称一部完整的乐律经典。曾经参与曾侯乙编钟发掘的冯光生在接受笔者方谈时表示：作为乐器，曾侯乙编钟在世界乐器史中独树一帜；作为礼器，曾侯乙编钟蕴含了丰富的礼乐思想，完整、明确地呈现出周代诸侯的"轩悬"制度。

"乐"在人类文明发展史上具有特别的制度意义，无论是西方的柏拉图还是中国的孔子，都十分强调音乐在

春秋战国时期的编钟乐悬

社会教化中的作用。大量的考古发现显示，曾是周的一个姬姓封国，是周王室"血缘礼制"下的分封。曾国起初是代表周王室控制南方，后来楚国强大，被迫臣服于楚。曾国虽小，却成为春秋战国时期长江中游繁荣昌盛的物质文明和精神文化生活的典型代表，以曾侯乙编钟为代表所展现的礼乐制度，可谓达到先秦时期礼乐文明的巅峰。

曾侯乙编钟完整地呈现出先秦礼乐的"轩悬"之制，也明确地呈现出南方楚文化的历史风貌。巧合的是，一种与"轩悬"有关的政治制度，也在南方楚文化圈里诞生，并对后世产生深远影响，那就是"县制"。"县"的本义就是"悬"，西周之时中原也有"县"的说法，但通常是"悬"于都城之外的郊外偏远地区，并非一个治域的概念。春秋时期，楚武王熊通灭权国，首设县制，建权县，命斗缗为权尹。这是一次伟大的创举，第一次不以分封的方式，对征战而得的土地进行治辖。在这之后，楚每灭一国，即以"县"而治之。"县制"的核心是地方"悬"于中央，受王国中央控制，县域的治权在中央，税赋收入也归中央，不像之前那样归分封者所有，就像"乐悬"所代表的权力结构一样。县域的管理者"县尹"只是王国中央派出的代理人，是国王任命的官员。

"县制"是政治制度一次突破性的变革，对后世影响深远。人们通常说"汉承秦制"，其实在某意义上更可以说是"汉承楚制"。"郡县治，天下安"。秦汉之后沿袭两千多年的郡县制，是中国历代国家治理体系中一个基本的制度架构。"封建时代，以家为国，周天子是一个家，齐国是一个家，鲁国又是一个家，这样的贵族家庭很多，天下为此许多家庭所分割。那时大体上说，则只有家务，没有政务。现在中国已经只剩了一家，就是当时的皇室。这一家为天下共同所戴，于是家务转变成政务了，这个大家庭也转成了政府。"①较之先秦时期的分封之制，"礼""乐"仍然是国家治理体系中重要的因素，但是不同的是"血缘礼制"退化，后世即使有血缘的分封，礼乐对于分封者是来说也只有某些象征性的意味，而并没有实质上的权力意义。比如，汉代和明代的皇室子弟也被封王封侯，但是这些王侯可以占有财富，却并不能掌握治权。相反，帝王任命制安排下的"士"在国家治理中成为地方悬于中央的真正权力执行者。

与郡县制相适应的是郡县管理者的选拔任命制度，也就是后来的封建官僚制度，也可以称为"士制"。汉代的"乡举里选"之制和隋唐以后的科举制度，进一步让"士"的选拔任用打破了王室血缘封锁，而是更加开放地面向社会其他阶层，将社会精英纳入国家管理者的体系中来。尤其是科举制度的实行，只要是读书人都有可能进入政府管理者的行列，"士"的选拔任用渠道大大拓宽，社会阶层界限也有了被打破的通道。所以钱穆先生认为，若说政权，则中国应该是一种"士人政权"，政府大权都掌握在读书人"士"手里。②虽然说这也会引发很多的政弊，造成历史上兴衰治乱循环往复的历史周期率，但笔者以为，这种"士制"最突出的好处是让读书人大都将自己的人生投入国家治理的实践之中，他们并非只是脱离现实的空读死书、空谈理论，而是可以将自己的政治理想和思想抱负付诸行动付诸实践。从历史大势来看，这种理论与实践"知行合一"的政治机制，是推动中国古代社会不断向前进步的动力。

---

① 钱穆：《中国历代政治得失》，九州出版社 2012 年 2 月第 1 版，P15。
② 钱穆：《中国历代政治得失》，九州出版社 2012 年 2 月第 1 版，P140。

可以说，"县制"和"士制"的确立，加强了中央对地方的控制能力，是国家维系大一统、"一体化"的关键；也使得基于"血缘""世袭"的贵族体系被打破，中央王朝可以在更大范围内选拔任用人才以治理国家，是促进国家治理制度文明发展的关键。

第三节　"善治""柔治"激发创造活力

长江流域的古老文明，自上游而至中下游，形成了众多的文明单元，如上游的滇文化、巴蜀文化，中游的荆楚文化，下游的吴越文化，这些文化单元既相互独立，又相互交流，东西贯通，南北融汇。尤其是至春秋战国时期的楚文化，"扶有蛮夷，奄征南海，以属诸夏"，以博大胸怀包容一切外来文化。著名考古学家李学勤说：东周的楚文化，沿江而上，影响巴属；顺江而下，又及于江南，并与越文化接触交错。其影响范围所至，几乎有国家之半。到了汉代，由于汉朝君臣多出于楚，楚文化的影响更为深远。[①]

长江是一条开放与包容的巨龙，汇合众多的支流，聚集无数湖泊。长江文明包容流域上下文明成果，并对南北各地文明成果加以吸收，成为中国古代最富活力的文化之一。在对长江文明的追溯过程中，笔者深刻感受，开放和包容就是长江流域文明普遍性特征。这些特征浸润于长江流域制度文明发展，也浸润于中华文明全部制度成果。楚文化是先秦文化开放包容的典范，它是以黄河流域华夏文化与江汉地区苗蛮文化为主干，并吸收了巴蜀文化、吴越文化等南方"蛮夷文化"融汇而成，形成了在长江流域的文化特性，这些特性表现在稻作农业、蚕桑丝织、干栏式建筑、漆器、舟行水利、悬棺崖葬等方面，也表现在哲学思想、文化艺术、风尚习俗、价值观念等方面，对后世产生深远影响。所以说，楚文化是一种富有创造精神的文化，创造性是长江文明的一个突出特征。

这种创造性特征上承于史前长江流域原始先民的经济活动和精神文化活

---

① 李学勤：《中华古代文明的起源——李学勤说先秦》，生活·读书·新知三联书店 2009 年 1 月第 1 版，P334。

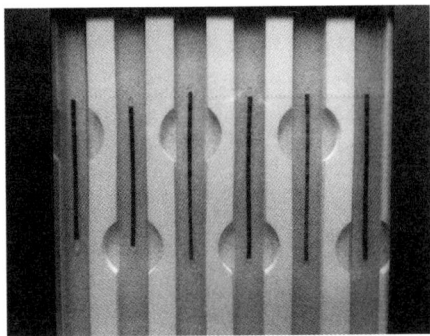

经过修复的郭店楚简

动实践，也源自楚人更为开放活跃的政治思想和制度文化。湖北荆门沙洋郭店楚简中有多篇佚失典籍，《太一生水》就是其中之一。这部失传已久的道家典籍，阐述了特别的宇宙观：天地万物生成的根源为太一，太一生成水，并藏于水，水生天地、阴阳、万物。也就是说：太一是宇宙的根本，水是太一的载体。道家尚水，这在《道德经》中即有体现。《道德经》第八章说"上善若水，水善利万物而不争，处众人之所恶，故几于道"；第七十八章说"天下莫柔弱于水，而攻坚强者莫之能胜"。这种尚水的理念，不仅是思想上的，也是体现国家治理的制度取舍上的。楚人先哲鬻熊的政治思想中，包括"和与道，帝王之器""欲刚，必以柔守之；欲强，必以弱保之""积于柔必刚，积于弱必强"等观念。楚人从自己治国、兴国的经验中，或者也是从长江汉水的自然特性中，悟出了刚柔并济、强弱转化的辩证法。这也为老庄哲学在楚地生长培植了土壤。作为春秋五霸之一、曾经问鼎中原的楚庄王，却提出了"止戈为武"的名言。他认为，武的本义，是禁暴、戢兵、保大、定功、安民、和众、丰财者也，所以周武王克商之后，作《商颂》："载戢干戈，载櫜弓矢。我求懿德，肆于时夏，允王保之。"战争的目的，并不是为了

楚庄王出征石雕像

挑起更大的战争，而是为了实现长久的和平，保大安民、和众丰财。可见，楚人有着更加开放性的政治思想，所以他们也更能吸收先进的文化因素，而又创造出更为丰富多彩的文化因素。楚国本来是相对弱小的，但正是由于他们有这些开放包容的政治思想和文化创造力，才能够迅速在长

江流域广大区域建立起一个强大的诸侯国。

秦汉以后，中华文明最大的发展趋势，也是最重要的影响，就是国家的统一和中央集权的巩固，政治、经济、社会制度均趋于统一，融合一体的制度体系、思想体系乃至社会价值体系终于形成。秦汉奠定了统一的、专制主义中央集权政治制度的根基。秦的统治时间并不长，真正成就两千年封建制度文明的是汉代。李学勤等认为，西汉初年实际上是长江流域文化取代关中文化的年代，长江流域文化是汉代统治者借以维持其统治的文化。许倬云说，从秦代到西汉经过 200 年的演变，春秋战国的列国制度，终于转化为坚实的皇朝体制，以文官制度和市场经济两个大网，将广大的中国融合为一体。① 西汉初期为达到休养生息、恢复民生的目的，以道家"无为"思想为统一的思想基础，制度安排上，以宽柔为主，适时地矫正了秦朝"以法为教"的暴政制度，并且达到了良好的效果。而汉武帝以后，罢黜百家、独尊儒术，表现出一种更为积极进取的"有为"思想，实则是社会文化与制度进一步的统一和融合，也是创造能力的进一步激发。

老子说："居善地，心善渊，与善人，言善信，政善治，事善能，动善时。"这也是从水中悟出的人生智慧和政治哲学，是后世中国一直在追求的"善治"传统。通观秦以后的帝制时代，以道家思想与儒家思想为主的思想体系总是水乳交融般地存在于各个时期，表现于制度体系上，按礼按法而治的同时，又须辅以德治与柔治的手段，如此推动了历史车轮滚滚向前。唐代朝廷建立了三省六部、科举、均田等制度，国家管理制度对于民间活力，包括人才、商品以及人口流动都有了很大的松动，为唐宋时期的城市经济发展和市井文化发展创造了宽松环境。在唐宋以后中国文化重心南移的过程中，长江文化所具有的柔善特征更加彰显，书院盛行，私人讲学风气流行，学术思想活跃，发明创造和技术研究的能力也有很大程度的释放，成为宋代至明代十分突出的社会亮点。我们知道，科举制度发展到宋代已经很完善了。唐代的时候门阀势力还很强盛，科举应考的大多还是门阀子弟，而到了唐后期，门阀势力衰微，科举的

---

① 许倬云：《说中国——一个不断变化的复杂共同体》，广西师范大学出版社 2015 年 5 月第 1 版，P75。

大门才更多地向寒门子弟敞开。至宋代，科举已经成为一个面向社会各个阶层的选拔制度，不论农家子弟还是白屋书生，都可以通过科举考试之路进入"士"林，庶族精英有了更多机会可以进入政治决策和行政管理的行列。这在很大程度上激发了全社会的学习动力、创造热情、创新活力。

从五代黑暗中走出来的北宋朝廷特别注重学问，倡导教育，重视科举，在中央和地方都设立官学。民间的书院更是广泛分布。书院是宋代传播知识和思想的重要载体。书院的数量，据白新良统计有 513 所，邓洪波统计则有 711 所，而据曹松叶统计，宋代 203 所书院，其中长江流域占 74%，珠江流域占 21%，黄河流域仅占 3.5%。[①]北宋初年的六大书院之中，除了睢阳（应天府）书院和嵩山书院在今河南省境内，岳麓书院（湖南长沙岳麓山）、白鹿洞书院（江西庐山白鹿洞）、石鼓书院（湖南衡阳石鼓山）、茅山书院（江苏句容茅山）都在长江中下游地区。苏州吴县人范仲淹本为"长白一寒儒"，少年时苦读于僧舍书院，考中进士，步入仕途，主持"庆历新政"，将平生所学悉数付于治国治天下的实践。范仲淹在任参知政事之时，实施兴学政策，推广胡瑗的"苏湖教法"。胡瑗在苏州、湖州办学，倡导经世致用的实学，主张"明体达用"，开创了"分斋"（分科）施教的办法，在校中设"经义""治事"两斋，前者学习经学理论，后者则以学习农田、水利、军事、天文、历算等实学知识为主。

相对宽松的制度环境和教育氛围，大大激发了社会创造力。两宋之时，不仅手工业、商业发达，科学创造和技术革新更是空前活跃，而这些创造大多出在长江流域。被英国著名科技史学家李约瑟称为"中国科学史上的里程碑"的《梦溪笔谈》，其内容涉及包括数学、物理、天文、历法、医学、水利、化学、生物等广泛的科学领域，且其所载的许多技术都是具有突破性、创造性意义的，书中还最早使用了"石油"这个名称。可以说，《梦溪笔谈》是作者沈括（浙江钱塘人）所生活的北宋时期社会创造力的最生动记录。我们常说的中国古代四大发明中的印刷术、指南针和火药，在宋代都取得突破性的技术

---

① 李学勤、徐吉军主编：《长江文化史》（第三卷），长江出版社 2019 年 12 月第 1 版，P845。

革新并成功推动经济社会发展。比如，毕昇发明的活字印刷术带来传播技术的革命，印刷业大发展，书籍大量刻印，更加速了文化传播，进一步激发社会创造力。毋庸置疑，宋代在科学技术的诸多方面都居于当时世界领先地位，在文学、艺术、社会生活等方面的创造活力也十分显著，所以有人称宋代乃中国的"文艺复兴"时期。

两宋时期之所以能爆发出如此强大的社会创造动能，离不开以下几个方面的原因：其一是如前所说，朝廷对于人才培养和选拔的重视，使得大批各个社会阶层的优秀人才都能够进入"士大夫"的行列，通过科举选拔出来的底层精英，更有一种强烈的赈济社稷苍生、治国平天下的自觉意识和政治使命，同时他们对于社会底层需求也更了解，也更懂得如何尊重创造者、如何激发创造热情；其二是文官执政的朝廷对于经济生活的干预较以往更少，放手发展商业、手工业，趋利重商成为社会风尚，市场活力被激发出来；其三是经济文化重心向南转移以后，南方的思想文化影响更加凸显，南方的开放开发也更进一步加强，社会财富的积累达到新的高程，形成了财富推动创造、创造积累财富的良性互动。

这种社会创造活力一直延续到明代。明代虽然政治上走向黑暗，科举制度、官僚制度也走向了极端，但在明朝中叶以前，其在经济、文化等领域仍然保持着开放与宽松的政策，学术气氛仍然浓厚，教育事业也在发展，社会创造的能力还在增强，造船、航海、纺织、陶瓷、医学、水利等各个领域都有新的发展和突破，产生了李时珍、徐光启、宋应星、徐霞客等杰出的科学家和《本草纲目》《农政全书》《天工开物》等伟大的科学著作。明代，在长江流域的瓷器、纺织等手工业作坊，资本主义萌芽率先出现，将经济文化活力推向新的层面。可惜，这种创造的活力，却在政治制度向着极端专制、封闭和故步自封的发展过程中，逐渐被阻滞、被扼杀。

"浅者流行，深渊不测，似智。"进入前近代时期，长江流域的学术大家高举"经世致用""知行合一"等大旗，提出了许多的反专制、求改革的新主张，形成颇具声势的"启蒙思潮"，为近代中国社会制度转型，为华夏制度文明探求新创造、寻找新突破，充当了先行者的角色。

第十三章　诗意长江

"断竹，续竹；飞土，逐宍。"这是一首反映原始狩猎生活的诗歌，名叫《弹歌》。它是长江流域诗歌的始作，也是中国已知最早的诗歌，它比《诗经》的诞生年代还要久远，是公认中国诗歌的鼻祖。

中国，是一个诗歌的国度；长江，更是一部流动的诗史。自庄骚以下，长江流域自古辈出诗词名家，自古多产诗词名篇。那些伴随绵绵青山、滔滔江水流淌不息的厚重诗意，奇伟瑰丽，气象万千，形成了中国诗歌精神的泱泱干流。

第一节　惊采绝艳，浪漫奔放

"危楼高百尺，手可摘星辰。不敢高声语，恐惊天上人。"这首家喻户晓的《夜宿山寺》，仅以寥寥数笔，将一个山空夜静、野旷天低、星汉灿烂的空灵寰宇呈现在读者的无限遐想之中，诗人豪放雄健、浪漫豁达的心境情怀也展露无遗，堪称千古绝唱。李白夜宿的这座山寺，是位于今天湖北省黄梅县境内蔡山上的江心寺。蔡山本是长江冲积平原中的一座孤峰，五阜湖中的一个小岛，涨水时节江湖一体，蔡山便在长江中心，蔡山上的寺庙由此得名江心寺。如今长江改道，蔡山去江已有数公里，江心寺与长江只能遥遥相望。

长江古称"大江"，不仅因为江面宽阔，更在于它浩浩荡荡、气象雄伟，无时无刻不显露出大气魄、大手笔。一千多年，长江在李白夜宿江心寺的地方，只轻轻一摆，便已是山水相隔，沧海桑田。正如钟嵘《诗品》所论："气之动物，物之感人，故摇荡性情，形诸舞咏。"诗文的特色，受外在的气物所感，受自然地理环境的影响，往往会形成不同的风格。

经学大师刘师培著有《南北文学不同论》，他说："大抵北方之地，土厚水深，民生其间，多尚实际。南方之地，水势浩洋，民生其际，多尚虚无。民崇实际，故所著之文，不外记事、析理二端。民尚虚无，故所作之文，或为言志，抒情之体。"著名学者张正明则说："中国的古代文化是多元复合的，它的主体华夏文化是二元耦合的。所谓二元，就方位来说是北方与南方，就流域来说是黄河与长江……就风格的基调来说是雄浑、谨严与清奇、灵巧。"这些论述，可谓得其要旨。长江有大开大合的宏阔气象，又有温润灵秀的自然风光，正是这些独特的自然地理因素，滋养了长江流域古往今来多惊采绝艳、浪漫豪放的诗文特色。故刘勰《文心雕龙》也说："屈平所以能洞《风》《骚》之情者，抵江山之助乎？"

早在先秦时期，楚人便以文采著称。楚人文采汪洋辟阖，惊采绝艳，"有时像风行水上，自然成文；有时像万斛源泉，随地涌出"。庄子的散文和屈原的诗歌都是具有开创性的文学先锋，开创了中国浪漫文学的先河，影响着后世数千年文化艺术的走向。这既是由于楚人一贯有着信巫重祀的传统和热情奔放的思想，而从地理环境上看，长江流域明媚的风光是其滋长的沃土。江河瀚阔，湖泽浩渺，山峰雄峻，林海茂密，空谷幽深，原野广阔，造就了长江流域人们宏阔中浸染旖旎、浩瀚里渗透空灵的独特审美趣味，形成了他们诡谲奇幻、奔放无羁的想象力。季羡林曾说，中国北方文化源于黄河流域，南方文化源于长江流域，南北文化的特点还是比较明显的，"专就文学而论，北方可以《诗经》为代表，南方可以《楚辞》为代表"，"北方文学可以说是现实主义的，而南方文学则可说是浪漫主义的"。不过，《诗经》中的《周南》《召南》"二南"诗，一般认为是采自楚地的民间歌谣。从风格上看，"二南"诗大都情景交融、清扬婉转，比如那首《汉广》，如果将诗中的"思"换成"兮"，"南有乔木，不可休兮；汉有游女，不可求兮。汉之广矣，不可泳兮；江之永矣，不可方兮。"是不是就有了《楚辞》的味道？或许，当时采诗之人由于方言的困惑，写下了一个不同的语助词也未可知。

《楚辞》是浪漫主义的奇文，开中国浪漫主义文学的先河。"气往轹古，辞来切今。"可以说，有了长江流域气象万千的大江大湖大山旷野，才有了屈原"朝发轫于苍梧兮，夕吾至乎县圃""饮余马于咸池兮，总余辔乎扶桑""前望舒使先驱兮，后飞廉使奔属""吾令凤鸟飞腾兮，继之以日夜"这样恣意汪洋的想象。然而，这些浪漫奇谲的想象，还脱胎于楚地之人尚巫鬼重淫祀的民风，上下历史，巫鬼神人，都在屈原的诗歌里集结而成为自我的化身、君王的象征或者理想的托体，这也是北方文学少有的表现形式。王国维也曾说："南人想象力之伟大丰富，胜于北人远甚。"这种文学上的差异性，由自然环

武汉东湖屈原雕像

境、社会生活、历史发展等诸多因素所决定。庄周、屈原之后，历代文人骚客，面对大江大河大山大湖，浪漫奔放自是少不了的共有情感。故而豪放的诗人、瑰丽的诗句总是绵绵不绝。庄子虽为道家思想之大家，但是读庄子散文，其实也很有诗歌的气韵，不仅有诗一样的语言，更有诗一般的想象和意境。"言大则有北冥之鱼，语小则有若蜗角之国，语久则大椿冥灵，语短则蟪蛄朝菌。"所以，王国维评价，"谓之散文诗，无不可也"。

秦汉时期的文学较多地承袭了楚辞的风格。汉代文士大都推崇屈原，雅好辞赋。东方朔作《七谏》、王忌作《哀时命》、王褒作《九怀》、刘向作《九叹》、王逸作《九思》，是对屈原、宋玉的直接承续和致敬。汉赋辞藻华丽，手法铺张，以至于"极丽靡之辞"，也是受到楚辞的影响，"拟其仪表"，"窃其华藻"。司马相如《长门赋》："夫何一佳人兮，步逍遥以自虞。魂逾佚而不反兮，形枯槁而独居。"后人评价，此文高妙，最近楚辞。西汉文化是楚文化的传承与流变，汉王朝的创建者大多本是楚地之人，他们崇尚的是楚文化。汉高祖刘邦的《大风歌》："大风起兮云飞扬，威加海内兮归故乡，安得猛士兮守四方。"就是楚歌的风格。汉武帝时期专设乐府收集民间歌谣，这些乐府诗中，楚、越、吴地的歌谣尤为生动优美，如采自庐江郡的"乐府双璧"之一《孔雀东南飞》，讲述了焦仲卿、刘兰芝夫妇被迫分离并双方自杀殉情的感人故事，其

结果是化为林中双飞鸟，"自名为鸳鸯，仰头相向鸣，夜夜达五更"，凄婉哀伤，情感丰沛。根据《剑桥中国文学史》，汉初推动辞赋创作的不是中央朝廷，而是南方诸藩国，吴王刘濞、淮南王刘安、梁王刘武，都在藩邸中延揽了无数的政治思想家、哲学家、雄辩家和文学才士，其中最杰出的枚乘和司马相如，他们的语言与想象力也都无疑具有《楚辞》中所体现的那种南方特色。①

历代文人学者向来喜欢区分南北之文化差异，又从差异中去寻找统一性、相通处。文化差异自然存在，这是由于地理环境、自然条件、社会生活方式的多元而孕养出的文化上的多样性，然而多元文化能够相互融合、统一性地存在，又是中华文化十分突出的特点，多元文化的融合和统一，是中华文明的历史辩证法。三国两晋南北朝是一个南北对峙的历史时期，却也是文化交融的关键时期。这一时期，北方文化南渐加速，而其自身受到南方文化的冲击也很强烈。即便是被称为"建安风骨"的曹魏三杰（曹操、曹丕、曹植），也深受老庄和屈骚影响，文风豪迈，慷慨沉雄。而从竹林七贤到陶渊明，动荡时局下的文人士者，融会南北文化之精粹，一改过往的表达方式，开创出全新的诗歌话语体系，他们创立的咏怀、隐逸等新诗风气，既是《诗经》《楚辞》的文学发展，又呈现出古代道家投合自然、超越世俗的精神境界。尤其是竹林七贤中的阮籍、嵇康，受楚文化影响甚深，他们的诗文从言辞表达、意境情感上都可见《楚辞》的烙印。而陶渊明的隐逸诗风，更是后世历代诗人追崇的典范。

晋室南渡，自北方而来的文人们感到"风景不殊，正自有山河之异"，他们起初是忧伤彷徨的，但很快便陶醉于江南的山水明媚之间，追求起优雅从容的山水逸趣和宁静安逸的审美意致，从而创造出这一时期独特的诗歌魅力。谢灵运、谢朓等人的诗仍以辞彩见长，不过更重于山水之"清丽""秀丽"，铺锦列绣，激扬山水，以文字作画，成就出"山水诗"之一脉。谢灵运是南渡的世家子弟，祖父是东晋名将谢玄。谢灵运年少好学，博览群书，工诗善文，十八岁就袭爵康乐公。但是他性情孤傲，恣意妄为，寄情于山水之间，

① 孙康宜、宇文所安主编：《剑桥中国文学史》，生活·读书·新知三联书店 2013 年 6 月第 1 版，P121。

游宴娱乐，不恤政事，如此却成就了一股清新的诗风。唐代诗人白居易《读谢灵运诗》写道："吾闻达士道，穷通顺冥数。通乃朝廷来，穷即江湖去。谢公才廓落，与世不相遇。壮志郁不用，须有所泄处。泄为山水诗，逸韵谐奇趣。大必笼天海，细不遗草树。岂唯玩景物，亦欲摅心素。往往即事中，未能忘兴谕。因知康乐作，不独在章句。"蔡靖泉认为，长江流域山清水秀的自然环境和崇尚自然的文化传统，孕育出山水诗；山水诗的出现，是长江文化的巨大贡献，山水诗的发展，是长江文化的鲜明特色。①

隋唐结束了南北长期对峙的局面，实现了国家的统一，文化的交融也达到一个高峰，政治上北方中心地位巩固，而经济上南北的协调性增强，尤其是大运河的开通为南北经济上的一体化创造了条件，南方经济地位跃升，推动着文化地位的上升，南北文化上的差异性因为交流融合而弥散。交流融合总是创造出新的文化高度：楚的先祖将北方文明带到南方，与远古时期的南方文明融合，创造出灿烂一时的楚文化；秦汉实现楚文化与中原诸文化融合，创造了辉煌的汉文化；而南北对峙时期的交合与南渡，为唐代文化达到新巅峰做出了铺陈。统观隋唐时期，已经很难区分文人士者是南方还是北方。尽管有人做过统计，唐诗浩繁，不下5万首（《全唐诗》900卷，共收48900余首，作者2200余人），其中出自长江流域诗人之手的占有很大比例②，但笔者认为，这样的统计意义并不大，因为唐代诗人文士的流动性是很大的，大批南人寓居于北地，而大批北人又隐逸于南方山水之中。从诗歌的风格来说，比如李白、杜甫这样的诗歌"顶流"，他们的一生飘忽无定，诗歌风格也是多元化的，可谓融通了古代南北诗歌文化之精粹。

另一方面，我们也可以看到，不论南方还是北方的文人，在那个激情澎湃的年代里，一旦与长江山水有了时空上的汇聚，便会生出无数浪漫主义的诗歌情怀，这种浪漫主义情怀，恰是庄屈驰骋想象和陶谢山水逸趣的融合。有唐一代，堪为中国古代浪漫主义诗歌的高潮，以歌咏长江流域山水风光壮美、写得宏阔壮丽的诗词不计其数。李白自称"我本楚狂人"，一生与长江有

① 蔡靖泉：《长江流域诗词史论》，湖北教育出版社2005年7月第1版，P132。
② 李学勤、徐吉军：《长江文化史》，江西教育出版社1995年12月第1版。

着不解之缘，其诗文承袭了屈骚艺术的雄奇瑰丽的特点，也浸染着陶谢山水诗清新雅丽的特色。他曾以"两岸青山相对出，孤帆一片日边来"将长江的豪壮气象一笔勾勒，也曾以"山随平野尽，江入大荒流"表现出长江的阔大雄伟，而"朝辞白帝彩云间，千里江陵一日还"的豪迈奔放，与屈原驾玉虬、乘凤车、飘风旋转、云霓相迎的自由洒脱也是如出一辙。以浪漫想象为驰骋，以清奇山水为寄托，宏之为势，丽之为美，成为千年中国诗词审美情趣中一面十分鲜亮的旗帜。

第二节　境阔意丰，文法自然

"昔人已乘黄鹤去，此地空余黄鹤楼。黄鹤一去不复返，白云千载空悠悠。晴川历历汉阳树，芳草萋萋鹦鹉洲。日暮乡关何处是？烟波江上使人愁。"今天，登上位于武昌江畔蛇山之上的黄鹤楼，在现代化都市林立的高楼大厦之间，虽然已难有极目千里、气吞云梦的恢宏之势，但是俯瞰江汉，两江交汇清浊分明，大桥飞架一线南北，桥上车如流水，桥下巨轮穿行，依然是令人心潮澎湃的大景象。诗人崔颢是北方人，写了不少边塞诗。然而，成就其诗名的却是这首《黄鹤楼》。崔颢进士及第，宦游大江南北，登临黄鹤楼时写下此诗。诗文意境开阔、气魄宏大，起笔便是时空无涯，天地悠悠，白云黄鹤，神驰遐骋，更有黄鹤楼下的一景一物，历历苍木，萋萋绿洲，滚滚江水，浩渺烟波，牵动着远道而来的游人心思，情景交融、动人心魄。以至于传说李白登黄鹤楼时，本想提笔赋诗，见了崔颢题诗，不免搁笔，感慨道："眼前有景道不得，崔颢题诗在上头。"

李白是否真说过"有景道不得"，无从考证，即使说了，也是一种自谦，大江侧畔，黄鹄矶头，明月西楼，落英之间，这样绝妙的景致和苍茫的情感，对诗仙李白来说不可能错过。李白不仅为黄鹤楼写诗，而且写了很多境阔意丰的绝诗妙句，比如"雪点翠云裘，送君黄鹤楼。黄鹤振玉羽，西飞帝王州"；又如"黄鹤西楼月，长江万里情。春风三十度，空忆武昌城"；再比如"一为迁客去长沙，西望长安不见家。黄鹤楼中吹玉笛，江城五月落梅花"。当然还

富有诗意的黄鹤楼

有家喻户晓、耳熟能详的《黄鹤楼送孟浩然之广陵》："故人西辞黄鹤楼，烟花三月下扬州。孤帆远影碧空尽，唯见长江天际流。"李白祖籍陇西，少年随家迁居绵州彰明县（四川江油），二十多岁出川，曾寓居湖北安陆十余年，对于长江边的景物风貌、风土人情十分熟稔。他诗中的黄鹤楼总是那样雄奇壮伟，他笔下的长江汉水总是苍茫寥廓，欣然时"黄鹤振玉羽"，怅惘时"沧浪吾有曲"，落寞时"泪下汉江流"。

唐诗是中国古代诗歌文明的高峰，巨擘名篇迭出。与崔颢一样，南北诗人到了长江两岸，往往多有佳作。王昌龄也以边塞诗著称，然而一首"寒雨连江夜入吴，平明送客楚山孤"则更为脍炙人口。王湾往来吴楚间，为江南清丽山水所倾倒，留下"潮平两岸阔，风正一帆悬"的千古名句。长江总能以不择细流、广纳百川的气度，让诗人们书写出境阔意丰的诗篇。从"性本爱山丘"的陶渊明，到"逸韵皆奇趣"的谢灵运，从王勃的"长江悲已滞，万里念将归"，到杜甫的"无边落木萧萧下，不尽长江滚滚来"，诗人们面对山水自然，或闲适中时遇理趣，或浩然中感喟人生，或清扬婉转、逸兴淡然，或慷慨悲壮、雄浑苍劲，却都是情景交融、天人合一。

唐诗是中国古代诗歌的高峰，也是长江流域诗歌文化进入"化境"的高潮。唐代虽然以长安为中心，政治和经济的影响达到"万国来朝"的境地，但就文化而言，重要的文化代表人物或成长于长江流域，或长期活动于长江流域。

特别是中唐以后，经济重心进一步南移，文化也进一步南移，长江流域文化俨然已在北方之上。所以，后世一些文人学士说南方"汉唐盛时，文章之秀，甲于中原"，又说"唐诗人江南为多"。唐代诗歌赫然成势，蔚为大观，流派纷呈。山水田园诗为一大流派，边塞诗也是一大流派。边塞诗人之中，有写下《黄鹤楼》的崔颢，也有写下"北风卷地白草折，胡天八月即飞雪。忽如一夜春风来，千树万树梨花开"的岑参。崔颢自北方来，看到长江浩荡而心旷神怡。岑参却是湖北江陵人，来到无边壮阔、风光萧瑟的边塞，却有另一番感触，描写北方卷地飞雪，却以梨花开遍作比，可谓奇丽绚烂，这正是长江诗歌文化传统在边塞之地绽放的一个例证。至于李白、杜甫，一个狂放豪情，一个恭谨端严，成为唐诗的两座最高峰，恰似先秦时的《风》《骚》，构成中国诗歌文化史上又一对双子丰碑。

每个时代有每个时代的特征，每个地域有每个地域的风貌，每个诗人有每个诗人的风格。唐诗浩繁，风格不一而足，但正如钱钟书先生所说："唐诗多以风神情韵擅长，宋诗多以筋骨思理见长。"唐诗在整体风格上，与唐代的时代面貌相契合，气象恢宏，意境辽阔，神韵飘逸，这是对《楚辞》风格的继承，是对汉魏诗风的发展，也是南北文化整合后的风貌。汉水是长江最大的支流。在以舟楫为重要交通工具的时代，汉江是沟通南北的"黄金水道"，是连接长江流域与黄淮地区的纽带。古代楚人的活动区域围绕汉水展开。地处汉水中游的襄阳是商贾云集之处，也是兵家必争之地。襄阳城东南约15公里处，一座山因孟浩然、皮日休隐居于此而誉满天下。鹿门山，并不见危岩峭壁，山道幽静，林荫扑面，眼帘中只见野花奇树，耳畔时闻鸟雀啼鸣。在孟浩然的诗中，处处能看到这里的美景："结交指松柏，问法寻兰若。小溪劣容舟，怪石屡惊马。所居最幽绝，所住皆静者。云簇兴座隅，天空落阶下。"生于襄阳的孟浩然一定是喜欢这里的清幽，喜欢这里的天籁。地域的文化传统和自然风物，陶冶出他的"风流"性情。李白说："吾爱孟夫子，风流天下闻。"孟浩然清高飘逸、放旷自由，成就新的山水田园诗派。他和陶渊明一样，将人格的独立和情操的高洁置于人生的高格，"欲识狂歌者，丘园一竖儒"。隐居襄阳，漫游长江，清流逸性，百里行春，只有地理环境的造就和地域文化的熏陶，方可有这样的"境界"吧。孟浩然如此，王维亦然。"楚塞三湘接，荆门九派通。江流天地外，山色有无中。郡县浮前浦，波澜动远空。襄阳好风日，留醉与山翁。"他目中的江汉天地，气势磅礴，意境深远，俨然一幅宏阔的《江汉临泛》山水图"。王维虽生于北方，却熟读《庄子》，长揖《楚辞》，受长江文化传统影响甚深，在长江流域工作期间，也是其诗画才华迸发之时。"中岁颇好道，晚家南山陲。"王维的后半生也是在山水田园之间寻得物我两忘的诗情画意和人生境界。

这是中国诗歌特有的内在气质，王国维称之为"境界"，"大诗人所造之境，必合乎自然，所写之境，亦必邻于理想"。诗人们或"以我观物，故物皆着我之色彩"，或"以物观物，故不知何者为我，何者为物"。这种"有我之境"和"无我之境"的境界，贯穿了中国诗歌的全部历史。

两宋之时，文人聚居江南，诗歌文化再跃巅峰，达到鼎盛。按照当下普遍认可的历史观，唐安史之乱以后，中国古代经济文化重心的南移加速，尤其是到宋代，经济的重心基本上都在南方，文化的重心也在南方。宋代文学的典范是词，而就地域而言，宋词可谓南方人的天下。据周笃文统计，《全宋词》辑录 1331 位词人，籍贯、年代可考的 873 人，其中安徽以北约 152 人，安徽以南（包括安徽）约 721 人，南方约占 82.5%。如果仅以地域来看，两宋词人尤以江、浙、闽、赣为多，宋词的文学风格，具有浓厚的"南方"色彩，富于"南国"之情调。[1]宋代最具成就的词人、文学家，临川晏殊、晏几道，庐陵欧阳修，崇安柳永，眉州三苏，洪州黄庭坚，山阴陆游，等等，从籍贯来讲都是南人。文学风格和特色，当然不能仅以文人出生之地来评定，但是宋词的总体风格，宋代文学的整体特征，不能不说具有强烈的南方特色。如果说唐诗是南北的融合，那么宋词可以说是对南方特质的进一步钟情和偏爱。

词是"曲子词"的简称，本是市井的产物，是随着城市经济的繁荣而兴盛起来的。宋代城市规模扩大，手工业繁荣，商业活跃，市井文化兴盛，尤

---

[1] 李学勤、徐吉军：《长江文化史》，江西教育出版社 1995 年 12 月第 1 版，P858。

其是江南之地，秦楼楚馆，瓦舍勾栏，街市里巷，歌舞翩跹。词就是这种热闹非凡的市井生活一部分，早在唐代就已经伴随着士大夫的优裕生活而兴起，晚唐五代之时受到温庭筠、冯延巳以及南唐后主李煜等人的喜爱和推动，发展成为专门的文学门类。词在两宋发扬光大，其时的文人雅士、政治名流乃至将军武士，都有词的创作。柳永词是里巷市井文学的代表，他经常出入于秦楼楚馆，沉溺市井，浅斟低唱，与乐工歌伎打成一片，其词情切意真，思韵绵长，是市井文学风雅脱俗的一次革新。而在欧阳修、范仲淹等人的改造下，

湖北黄冈苏东坡纪念馆

海南儋州东坡书院苏东坡像

宋词进一步脱离市井趣味，而向着更为宏阔的意境上发展。主盟北宋文坛第

一人欧阳修，主张诗文反映现实生活，弘扬屈骚传统，为忧天下乱亡而作。这是宋代文学的一次突破性变革：它一方面将高高在上的士大夫文学拉下圣坛，贴近生活，贴近百姓，贴近时代；另一方面又对凡俗市井文学进行升华，实现诗词文学既不脱离尘俗，又能保持高洁的审美追求。

而真正完成词的这种实质性突破的，是苏轼。苏轼以写诗的意境写词，将词从所谓"艳科"彻底摆脱出来，不再是消遣娱乐的工具，而是用词的形式完成诗的表达，开创出豪放阔大、高旷开朗的词风。因而他的词被誉为豪放派。苏轼是两宋文坛的峰顶，也是中国文化南移的标志性人物。苏轼一生，目击了长江的波澜壮阔，更体验了人生的跌宕起伏。尤其是作为贬官谪居黄州，却成就了他在文学上的巅峰地位。有人统计，他在黄州工作了 4 年 2 个月，写了 753 篇作品，平均每 2 天一篇。在这里，他完成了自己最重要的作品"一词二赋"：《念奴娇·赤壁怀古》和《前赤壁赋》《后赤壁赋》。在大江之畔，赤壁之矶，他由自省自悟而至旷达超然。他为"白露横江，水光接天，纵一苇之所如，凌万顷之茫然"的浩渺而感慨："哀吾生之须臾，羡长江之无穷。挟飞仙以遨游，抱明月而长终。"更因"乱石穿空，惊涛拍岸，卷起千堆雪"的激荡而彻悟："人生如梦，一尊还捔江月。"苏轼一生仕途坎坷，然而其诗文却是"人间绝版"。"我家江水初发源，宦游直送江入海""谁道人生无再少？门前流水尚能西。休将白发唱黄鸡""竹杖芒鞋轻胜马，谁怕？一蓑烟雨任平生"……苏轼总能在清丽山水间了悟超然的人生，其诗也豪，其词也放，发于肺腑，自然天成。

林语堂曾说，"诗在中国代替了宗教的任务"。因为中国的诗歌，有着与宗教一样的意义，"为人类性灵的发抒，为宇宙的微妙与美的感觉，为对于人类与生物的仁爱与悲悯"。苏轼的诗词可谓其中的突出代表，于大江山水的万般变化之中，感受到物我超然的理趣、文法自然的本真。在长江边成长的湖北作家刘醒龙说，长江一万里，大岭九千重，能奔涌的自然奔涌而来，会伫立的当然相守相望。"那些巨大的文明元素，注定只会蕴藏在山的最沉重处，水的最清纯中。"

第三节 先忧后乐，家国情怀

面对大江大湖，情怀自会变得大气。即便是今天，站在岳阳楼上，面对"浩浩汤汤，横无际涯；朝晖夕阴，气象万千"的洞庭湖水，依然令人难掩内心的澎湃激荡。今天的洞庭湖已经变小了很多，依然可以谓之浩渺无垠。古时则号称八百里洞庭，其浩瀚壮阔可以想见。范仲淹从未到过岳阳楼，却凭一幅书画中的洞庭胜景，便写出了"先天下之忧而忧，后天下之乐而乐"的千古士人情怀。

范仲淹不仅是伟大的文学家，也是伟大的政治家。在北宋王朝内忧外患之际，他主导了一场重大的内政外交改革"庆历新政"。然而，改革遭到保守势力的强烈反对而宣告失败，范仲淹被贬河南邓州，陷入极度苦闷忧郁。好友滕子京被贬谪巴陵郡守，给范仲淹寄来书信，请他为重修的岳阳楼写一篇记，并附上一幅《洞庭晚秋图》。范仲淹就凭这幅洞庭湖图，飞扬文采，恣意想象，将洞庭湖恢宏寥廓景象写得如亲身所临。但作者之意还不在此，他真正的意图是要借此来引发自己对家国前途和命运的忧思，尽情挥洒自己内心最高的精神理想。清代吴楚材、吴调侯《古文观止》点评《岳阳楼记》："岳阳楼大观，已被前人写尽，先生更不赘述，止将登者览物之情，写出悲喜二意。只是翻出后文忧乐一段正论，以圣贤忧国忧民心地，发而为文幸，非先生其孰能之？"

中华民族，饱经风霜洗礼，历受内忧外患，作为时代先声和民族心声的诗词歌赋，历来都最为强烈地表达出中国文人心忧天下、情系国家的爱国精神和家国情怀。长江流域的特殊自然环境和历史人文，使得其诗词所表达的爱国思想尤为突出、充分、激昂和深沉。"鸟飞反故乡兮，狐死必首丘。"屈原作为楚国文化的传承人、集大成者，第一次用浪漫主义的诗文将楚人对楚国政治、经济、社会、文化的认同做了酣畅淋漓的诠释，同时也对楚国存续了近八百年而行将就木深感痛惜和孤愤，于是，他用自己的生命将"家国情怀"写进了中国人的辞典。从此，"国之不存，家将焉附"的思想便深植于中国文人的骨髓和作品之中。西汉贾谊，18 岁就以擅长诗文而闻名，21 岁应召为汉文帝博士，一岁之内又被破格提拔，升至太中大夫，少年得志，春风得意，给汉文帝提出了一整套针砭时弊的改革方案，孰料壮志未酬，却遭谗言诬陷，被贬为长沙王太傅。赴任途中，贾谊乃渡湘江，为赋以吊屈原，写道：

凤凰翔于千仞兮，览德辉而下之；见细德之险徵兮，遥增翩逝而去之。彼寻常之污渎兮，岂能容夫吞舟之鱼？横江湖之鳣鲸兮，固将制于蝼蚁。

此赋令贾谊与屈原一样流传千古，其中的关键，在于其境其情与屈原感同身受。贾谊 33 岁抑郁而亡，英年早逝，其忧国之心，报国之志，愤懑之情，与屈原又何尝不是如出一辙。

由屈贾开创的爱国主义文学传统，成为后世长江流域文学的主流，也是中华文化的主流。越是内忧外患之时，越是民族危难之际，英雄豪杰也罢，士子文人也好，诗文辞赋之中，报国之情、忧民之心越是深沉凝重。宋代内忧外患深重，尤其是北方游牧民族凛厉的攻势，使宋王朝时时处在国破家亡的命运危途。北宋都城的沦陷，更是让志士仁人痛心疾首，抱定恢复中原的死志。反映在诗词文学之上，以保家卫国为使命、以家国情怀为主题成为宋代，特别是南宋时期的中心。陆游生逢北宋灭亡之际，出身江南望族，一生以慷慨报国为己任，力主坚持抗金，拒绝议和，诗词多抒慷慨激昂的报国热忱和壮志未酬的沉郁忧愤。他说："白首自知疏报国，尚凭精意祝炉熏"。又云："壮心未与年俱老，死去犹能作鬼雄"。临终之际，甚至留下绝笔诗《示儿》："死去元知万事空，但悲不见九州同。王师北定中原日，家祭无忘告乃翁。"报国之心，可昭日月。

辛弃疾在南宋词坛上的地位首屈一指，因词风豪迈沉雄，而被认为是苏轼之后又一豪放派巨擘，二人常被并称为"苏辛"。辛弃疾出生之时，家乡（山东济南）已经沦落金人之手。流落江南，他一生以洗雪国耻、收复失地为志，却不能如愿。期望与绝望之中，他写下大量诗词，表达力图恢复国家统一的英雄豪迈和沉郁悲愤：

醉里挑灯看剑，梦回吹角连营。八百里分麾下炙，五十弦翻塞外声，沙场秋点兵。

马作的卢飞快，弓如霹雳弦惊。了却君王天下事，赢得生前身后名。可怜白发生！

面对国家苦难、民族危亡，仁人志士每每留下慷慨悲壮、沉郁苍凉的爱国咏唱。甚至女词人李清照也是豪气纵横，写下"生当作人杰，死亦为鬼雄""欲将血泪寄山河，去洒东山一抔土"这样慷慨激昂的诗句。在抗元斗争中被俘就义的文天祥，更是留下"人生自古谁无死，留取丹心照汗青"的千古格言。文天祥还有一首长诗，题为《二月六日海上大战国事不济孤臣天祥坐北舟中向南恸哭为之诗曰》，这是在公元1279年二月六日，元将张弘范集中军力破崖山，强制被俘的文天祥与之随船前去，文天祥目睹宋军惨败，南宋王朝行将覆灭，心如刀割，写下长诗以为哀悼。元人的本意，是想让宋人中最有气节的文天祥屈服投降，让宋人看到你们所谓的气节在生死面前也不值一提。但没想到，文天祥毫不屈服，视死如归，慷慨赴义。仅从这长长的诗题就可以看出文天祥面对国破家亡是何等心痛，又是何其悲壮。

长平一坑四十万，秦人欢欣赵人怨。

大风扬沙水不流，为楚者乐为汉愁。

兵家胜负常不一，纷纷干戈何时毕。

必有天吏将明威，不嗜杀人能一之。

我生之初尚无疚，我生之后遭阳九。

厥角稽首并二州，正气扫地山河羞。

身为大臣义当死，城下师盟愧牛耳。

间关归国洗日光，白麻重宣不敢当。

出师三年劳且苦，只尺长安不得睹。

非无虓虎士如林，一日不戈为人擒。

楼船千艘下天角，两雄相遭争奋搏。

古来何代无战争，未有锋蝟交沧溟。

游兵日来复日往，相持一月为鹬蚌。

南人志欲扶昆仑，北人气欲黄河吞。

一朝天昏风雨恶，炮火雷飞箭星落。

谁雌谁雄顷刻分，流尸漂血洋水浑。

昨朝南船满崖海，今朝只有北船在。

昨夜两边桴鼓鸣，今朝船船鼾睡声。

北兵去家八千里，椎牛酾酒人人喜。

惟有孤臣雨泪垂，冥冥不敢向人啼。

六龙杳霭知何处，大海茫茫隔烟雾。

我欲借剑斩佞臣，黄金横带为何人。

靖康之变后，"精忠报国"的抗金名将岳飞厉兵秣马，率领岳家军誓杀金寇，收复失地。公元1133年，岳飞率岳家军北伐，收复襄阳六州，翌年驻节鄂州（即今天武昌），以这里为军事大本营，经历过抗金战役大小无数，声名赫赫。初入鄂州，岳飞写下《满江红·登黄鹤楼有感》：

遥望中原，荒烟外、许多城郭。想当年，花遮柳护，凤楼龙阁。万岁山前珠翠绕，蓬壶殿里笙歌作。到而今，铁骑满郊畿，风尘恶。

兵安在？膏锋锷。民安在？填沟壑。叹江山如故，千村寥落。何日请缨提锐旅，一鞭直渡清河洛。却归来，再续汉阳游，骑黄鹤。

武汉黄鹤楼公园的岳飞亭和岳飞像

今天，在武汉黄鹤楼公园里有一座岳飞亭和一尊岳飞铜像。岳飞亭有长幅楹联："撼山抑何易，撼军抑何难，愿忠魂常镇荆湖，护持江汉雄风，大业先从三户起；文官不爱钱，武官不怕死，奉说论复兴家国，留得乾坤正气，新猷端自四维张。"正是这位民族英雄一生忠肝赤胆的写照，也是英雄精神常驻武汉人民心中的写真。岳飞壮志难酬，遭奸臣构陷，受诏撤军，终没能"直抵黄龙府"，也未能"再续汉阳游"，空将一腔报国之志化为"潇潇雨歇"。然而，"抬望眼、仰天长啸，壮怀激烈"。岳飞"精忠报国"之遗志却受到中国老百姓千百年来不歇的颂扬，成为民族精神中世代传承的力量。

愈是国家危难、民族危亡之际，愈是诗人们爱国之情、忧民之心激烈迸发之时。明代于谦"离家自是寻常事，报国惭无尺寸功"，清初顾炎武"天下兴亡，匹夫有责"……诗人每每将自我情感与家国之恨、黎民之痛、忠贞之节联系在一起，"字字楚骚心"。这种文学传统至近现代表现尤盛。晚清之时，封建王朝飘摇欲坠，西方列强纷纷入侵，救亡图存成为中国人民最为重要的心声。诗人龚自珍激愤呼号："九州生气恃风雷，万马齐暗究可哀。我劝天公重抖擞，不拘一格降人才。"鉴湖女侠秋瑾抚刀太息："河山触目尽生哀，太息神州几霸才！牧马久惊侵禹域，蛰龙无术起风雷。头颅肯使闲中老？祖国宁甘劫后灰？无限伤心家国恨，长歌慷慨莫徘徊。"他们的激愤与太息，情同屈原、贾谊，志比陆游、辛弃疾、李清照、岳武穆。

在屈原自沉汨罗江两千多年后，诗人闻一多"爆一声：咱们的中国"，再次用生命诠释了不同历史时期的"家国情怀"。闻一多生长于长江中游之滨、浠水望天湖畔，对于故乡家园，他有着深深的眷恋：那里"白波翻在湖中心""绿波翻在秧田里"，那里"麻雀在水竹枝头耍武艺""孵卵的秧鸡可在秧林里"，那里"泥上可还有鸽子的脚儿印'个'字""湖岸上有兔儿在黄昏里觅粮食，还有见了兔儿不要追的狗子"……他深爱着脚下的土地，为这土地可以流血去灌溉。1945 年 12 月 1 日，昆明发生国民党当局镇压学生爱国运动的"一二·一"惨案，闻一多亲自为死难烈士书写挽词："民不畏死，奈何以死惧之。"1946 年 7 月 11 日，李公朴在昆明被国民党特务暗杀，闻一多拍案而起，慷慨激昂发表《最后一次演讲》，愤怒申斥国民党特务的暴行。他说："我们不怕死，我们有牺牲精神，我们随时准备像李先生一样，前脚跨出大门，后脚就不准备再跨进大门！"他也被国民党特务残暴杀害，然而，他用生命和鲜血照亮了那个至暗的年代：

有一句话说出就是祸，

有一句话能点得着火。

别看五千年没有说破，

你猜得透火山的缄默？

说不定是突然着了魔，

突然青天里一个霹雳

爆一声：

咱们的中国！

这话教我今天怎么说？

你不信铁树开花也可，

那么有一句话你听着：

等火山忍不住了缄默，

不要发抖，伸舌头，顿脚，

等到青天里一个霹雳

爆一声：

咱们的中国！

——闻一多《一句话》

从 1840 年鸦片战争，到 1949 年新中国成立，多少仁人志士为着这一句"咱们的中国"，抛头颅，洒热血，用生命写就了一曲曲惊天地、泣鬼神的历史壮歌。1928 年 3 月 20 日，28 岁的共产党员夏明瀚被杀害于汉口余记里，行刑之前挥笔写下《就义诗》："砍头不要紧，只要主义真。杀了夏明翰，还有后来人。"抗日名将吉鸿昌 1934 年 11 月被国民党当局杀害于北平陆军监狱，刑前他在狱中写道："恨不抗日死，留作今日羞。国破尚如此，我何惜此头。"

"为什么我的眼里常含泪水？因为我对这土地爱得深沉……"山河怎可破碎，土地不容践踏。数千年来，反映在浓浓诗意中的民族情感从未改变。

山河壮丽催生一条流淌千年的文化长河。生态的滋养，文化的凝聚，这其中不仅可以窥见中华文化一脉相承的历史文脉，更透露出古老文明延续不断的历史密码。中国古代王朝更迭、世事浮沉，但是内核的东西却始终如这滚滚江水一样奔流不息。

第十四章　移民创造历史

在人类历史的长河中，人口的大规模流动是社会变迁和文化发展的催化剂。尽管在中国传统中，安土重迁一直是埋藏于人们心底的文化基因，但是数千年来，波澜壮阔的移民大潮仍不时发生。传说之中尧帝流共工于幽陵、放驩兜于崇山、迁三苗于三危、殛鲧于羽山，就是通过强制性的迁徙，实现对不安分部落的有效管控。而从考古发现可见，早在史前时期南北原始先民的相互迁徙就已经多有发生，屈家岭文化从长江流域向黄河流域扩张，"禹征三苗"时期中原文化向长江流域拓展，殷商时期商文化在"南方"经略，等等，都伴随人口的大量迁移和文化的相互融合。而在史籍记载中，两千多年大一统历史上，人口与文化的交流融合更是频繁发生，从未间断。尤其是从"永嘉南渡"到"靖康南渡"，从"江西填湖广"到"湖广填四川"，发生在广阔时空的人口大规模流动，加速了地域文化的融合汇通和中华文明多元一体化进程，也使长江文明带成为一条名副其实的移民文化带。

第一节　"衣冠南渡"

总观中国古史上的南北大势，就是一个文明不断融合的过程，这个过程势必伴随着人口的迁徙和流动。在文明萌发的早期，长江流域曾经与中原和黄河流域一同迈向古国文明发生的门槛，甚至在很多方面还处于领先之势，长江下游良渚文化和中游屈家岭—石家河文化一度强势影响到北方文化。但在文明的成长时期，中原文化崛起，对周边文化产生强大的吸附能力，中原部落可能通过人口在广阔空间范围内的流动，强化自身，弱化周边，长江流域陷于沉寂，而中原文化却因为吸收了各种文化成果变得更加强大。

到商周时期，由于进一步扩大统治范围、抢夺土地和资源的需要，中原王朝又对周边开展新的经略，在南方建立新的城市，一些部落也成建制地向南方迁移，谋求更大的发展空间，这为北方文化与南方土著文化的融合创造了条件，为楚文化的强势崛起作出了铺垫。战国初期，秦国在列国之中还是相对贫弱之地，商鞅认为秦民"不足以实其土"，展开了一系的变法行动，采用免除赋税徭役的优厚条件招徕各国农民到秦国垦荒。秦灭六国后，不仅将"天下豪富"12万户集中迁往咸阳，还大规模征调"罪民"和农夫，迁往河套、汉中以及北方边陲之地，以补充这些地方因战争而锐减的人口。可以想见，这一次大规模的移民中，长江流域的"豪富"几乎一网打尽，商人、农民、青壮年劳力也被迫大批量流出。长江流域的开发能力再次被大大削弱。以北方为政治、经济、文化中心的格局进一步巩固和加强。

东汉末年，时局动荡，中原及北方广大地区陷入连年战难，民众流离失所四散奔逃现象普遍。而在南方，江东、两湖、蜀中等地相对稳定，北方人口纷纷南迁避难，移民之潮再见端倪。刘表治下的荆州，孙策治下的东吴，以及刘备、诸葛亮治下的蜀汉，史料中都有大批北方人口入迁的记载，尤其是大批名士俊杰的趋入，极大促进了长江流域的开发。公元280年，西晋灭吴，结束了三国鼎立之势，中国重新出现统一的局面。然而好景不长，西晋平吴后不过数十载，前有"八王之乱"，后有"五胡乱华"，加之灾荒并起，"人多饥乏，更相鬻卖，奔迸流移，不可胜数"。"五胡"主要是指匈奴、鲜卑、羯、羌、氐五个胡人部落，以及其他北方部落，趁着西晋政权内部因皇权争夺而乱成一锅粥的时机，纷纷作乱，建立大大小小的政权。永嘉五年（311年），匈奴族刘汉政权首领刘聪派兵围攻西晋都城洛阳，洛阳沦陷，晋怀帝司马炽被俘，王公士民被杀者3万余人，宫内珍宝财物和宫女被掠，宫庙官府和民房被烧，十分惨烈，史称"永嘉之乱"。两年之后，司马炽被杀，司马邺在长安即位，又过两年（316年），长安被破，司马邺被杀。

"永嘉之乱"后，北方进入了"五胡十六国"的混乱局面。而在南方，公元317年，司马睿在南渡士族与江南士族的共同支持下，在建康（今南京市）称帝，建立东晋王朝。中原世族大批南渡，百姓也跟着逃亡，形成了声势浩大的"衣冠南渡"之潮。"衣冠"即指中原文明,"衣冠南渡"就是中原文明的南迁。"衣冠南渡"的人口,据历史学家谭其骧先生的估算,约有 90 万,占到当时北方人口的八分之一强。大批北方流民沿着大运河、汉水南下,涌入江淮、两湖之地,其中以今天江苏等地为最多。[①] 东晋的都城建康(南京)在三国时期就是东吴政权的都城,其后南朝宋、齐、梁、陈的都城也设在南京,历史将这六个南京政权并称为"六朝"。"六朝"的政治中心在江南,促进了江南经济文化的开发,推动了我国封建时期经济文化重心的第一次南移。[②]

第一次经济文化重心的南移,不仅仅是"衣冠南渡"这一历史事件所带来的结果,而是经历了一个漫长的过程,这个过程起自东汉末年,其间经历了无数次人口的规模化南移。葛剑雄认为,自初平元年(190 年)董卓挟汉献帝迁都长安,至魏正元二年(255 年),就先后发生五次较大规模的迁移。而在永嘉之乱后,移民南迁进入高潮,这一高潮历时达一百多年,加上余波更长达二百余年,移民的规模估算至少有 200 万人。[③]

"朱雀桥边野草花,乌衣巷口夕阳斜。旧时王谢堂前燕,飞入寻常百姓家。"今天,南京秦淮河畔的乌衣巷,狭窄幽静,历史悠久,是游客必到的网红打卡地。而唐代诗人刘禹锡所说的"旧时王谢",指的就是晋代王氏和谢氏两个豪门大族,两家不仅出了王导、谢安等名臣能相,更有王羲之、谢灵运等文化巨匠。这两大家族,便是西晋末年大规模"南渡"移民中的突出代表。这一次大规模的"南渡",不仅有皇室贵族、文武官员,而且有世家大族、平民百姓,他们不仅带来北方的财富和文化,更极大地推动了江南地区的土地开垦、农田开发、手工业发展、文化繁荣。

历史学家认为,中国封建王朝历史上第二次大规模的"南渡"发生在中唐时期,即"安史之乱"之后。"安史之乱"不仅是唐代由盛转衰的转折点,而且是中国历史上一次重要转折。钱穆先生指出,此前中国经济文化的支撑偏重于北方黄河流域;而在此后,经济文化的重心则向南、向长江流域转移。

---

① 李学勤、徐吉军:《长江文化史》,江西教育出版社 1995 年 12 月第 1 版,P367。

② 李学勤、徐吉军:《长江文化史》,江西教育出版社 1995 年 12 月第 1 版,P366。

③ 葛剑雄:《黄河与中华文明》,中华书局 2020 年 9 月第 1 版,P136—138,P140—145。

　　"安史之乱"使中原地区陷入战争劫难，黄河文化遭遇极其沉重的破坏，"安史之乱"发生后，中原士民为避战祸，纷纷举家南迁。李白在《永王南巡歌》中这样描绘："三川北虏乱如麻，四海南奔似永嘉。"史籍之中也有记述："天下衣冠士庶，避地东吴，永嘉南迁，未盛于此。"可见，"安史之乱"后的北人南迁，又是一次对长江流域的大规模移民潮流。唐玄宗避祸入蜀，也引得大批北方士民随迁入蜀。四川本是天府之国，历史上一直是富庶之地，又相对安稳，许多北人入川之后，就定居下来，进一步促进了蜀地的开发。长江中下游的荆襄、两湖以及淮南、闽浙诸地，更是北方移民高度集中的地区。赵文林、谢淑君《中国人口史》中计算，由于战祸，元和时北方豫、冀、鲁、陕六省的人口已经从天宝时占全国人口总数的 56.8% 下降到 28.6%，而南方 14 省区的人口比重却在元和时达到 59.87%，大大超过了北方。[①]

　　虽然唐王朝的政治重心并没有因"安史之乱"而转移，长安城依然是都城，但是这一次的"南渡"一定程度上造成了北方经济文化的凋敝和南方的勃兴，为江南发展奠定了经济和人文基础。"安史之乱"后，北方藩镇割据，唐朝政府遂要靠长江一带的财赋立国。德宗时，江淮米不到，六军将士脱巾狂呼于道。[②] 自此，不论政治的中心在北或在南，中央财政偏倚南方的局面越来越明显，而从文化上来讲，南方的地位也越来越重要。

　　完成经济文化重心南移的标志性事件为"靖康之难"，这也是封建帝制历史上第三次大规模的"南渡"移民潮。靖康元年（1126 年），金兵攻破宋都汴京，次年二月掳徽、钦二帝北返，北宋王朝覆亡。赵构称帝，建立南宋政权。随着金兵不断向南推进，南宋政权被迫南迁，最终定都临安（今杭州市）。朝廷官员争先恐后举家南迁，正如朱熹所述："靖康之难，中原涂炭。衣冠人物，萃于江南。"备受战争之苦的北方百姓也纷纷南下，"高宗南渡，民之从者如归市""中原士民，扶携南渡，不知其几千万人"。史载，靖康元年八月，宋军败于山西境内，百姓渡河南逃，"州县皆空"。闰十一月，开封陷落，军民 4

---

①　李学勤、徐吉军：《长江文化史》，江西教育出版社 1995 年 12 月第 1 版，P553。

②　钱穆讲授，叶龙记录整理：《中国通史》，天地出版社 2018 年 7 月第 1 版，P213。

万余人夺万胜门逃亡。翌年，高宗经汴河退于扬州，三年二月驻临安，河北、河南百姓纷纷南迁，络绎不绝。

"靖康之难"后的"南渡"，也是一个历时漫长的过程，金人在北方的统治虽一度稳固，然而许多百姓仍然避退南方，以致宋金几次达成的和议中，还专门约定南宋不得接收金国的"逋亡之人"。但因为宋金之战打打停停，停停打打，所以南迁流民也是一波接着一波，在整个南宋存续期间，一直没有停止过。至蒙古军灭金、南下，难民南逃再起高潮。整个南宋年间，流民规模之庞大，可谓有史以来之为最，流民覆盖的区域，时人记述"江、浙、湖、湘、闽、广，西北流寓之人遍满"，长江流域自西至东，几乎都是移民的迁入地，乃至福建、广东等地，也是大批北方移民迁入定居的地方。

宋室南迁后，江南地区更大力开发，加之大量北方难民到来，一起参与开发南方的土地，于是江浙、湖广等地，膏沃之田数千里，地无荒田，人无遗力，"苏常熟，天下足"的民谚也应运而生。宋以前一千多年中国经济文化之重心在北方，宋以后则迁到南方来了。天下的租赋，江南占了十分之九，浙东、浙西又占了整个江南的十分之九。[①]宋室南移，以杭州为中心的江南地区经济文化迎来了前所未有的发展高潮，四方士民商贾辐辏，意味着中国经济文化重心南移的完成。长江文化在中华文化中的重心地位巩固强化。

第二节　一路向西

有南北交汇，也有东西交融。自新石器时代以来，由南而北或者由北而南的人口流动从未间断。大规模的人口南北迁徙早就时有发生。自东汉至宋元时期，长江流域的移民一直以北来为主流，前后持续千余年，并形成了数次北人南渡的迁入高潮。北民南迁成为中国古代移民史上一个显著特征。而自元代以后，移民的潮流有了新的动向，其中一个主要动向是东西向的流动变得频繁，由江南和东南沿海地区向两湖、四川内地移民突出，"江西填湖

---

① 钱穆讲授，叶龙记录整理：《中国通史》，天地出版社 2018 年 7 月第 1 版，P222。

广""湖广填四川"都是著名的西迁潮流，加速了长江流域内部的经济文化平衡发展。可惜，对于这种新的移民动向，官方史料记载甚少，一直未能引起学术界的重视。近年来，一些学者通过民间资料和察访，才逐渐使其轮廓清晰起来。

在湖北黄冈、安徽安庆等地，人们往往自称是"江西老表"，他们认为自己的祖先来自江西。而在民间，"北有山西洪洞大槐树，南有江西鄱阳瓦屑坝"的说法也很普遍，江西鄱阳瓦屑坝、湖北麻城孝感乡是与山西大槐树、山东枣林庄等齐名的"移民发源地"。瓦屑坝是鄱阳湖边一个古老渡口，如今这里是著名的移民之乡，无数人寻根问祖的地方。根据学者的研究，元末明初天下纷扰，兵祸不绝，水旱蝗疫，灾害接踵，一时之间生灵涂炭，人口锐减，"千村血洗"，"万灶烟寒"，"白骨露于野，千里无鸡鸣"。洪武初年，朱元璋面对这种满目疮痍、田荒地芜的局面，为巩固政权、恢复生产、安定社会，决定在全国范围内移民屯田、奖励开垦。江西、山西等地由于战事相对较少，人口较多，成为移民的主要来源地。山西洪洞大槐树和江西鄱阳瓦屑坝，成为这次"洪武大移民"主要集散地。江西饶州等地的移民，以瓦屑坝为中转站，背井离乡，迁往鄂、皖、湘等省。

关于这次大规模移民，在鄂、皖、湘等地的一些地方方志及宗族族谱中，都留有痕迹。20 世纪 80 年代，张国雄用了长达九年时间，在湖北 40 多个县市进了艰苦的资料搜集工作，从其所获 300 多部家谱反映的 313 个家族的迁徙情况来看，有 281 族来自两湖以外的 11 个省区，其中江西 239 族，占比高达 85%，其他则为安徽、江浙、山东、山西、河南、河北、陕西等地的零星移民。张国雄测算明清时期湖北家族中有 60% 来自江西。[①] 黄冈《湛氏家谱》中明确记述："居楚之家，多豫章籍。"《黄氏宗谱》中则记载："现今大姓杂于冈、水、麻、安（即今黄冈、浠水、麻城、红安）者，类皆发于江右（江西）。"湖北麻城、黄安（红安）是江西填湖广的重要区域。麻城市地方志办公室 2005 年 3 月至 2006 年 8 月在麻城境内收集 142 套族谱，通过对这些家

---

① 张国雄：《明清时期两湖移民研究》，博士论文提要。

族源流的分析，从江西迁移到麻城的就有 125 支，占入籍麻城家族的 88%。

在"江西填湖广"的同时，还有"湖广填四川"之说。晚清魏源在《湖广水利论》中道："当明之季世，张贼屠蜀民殆尽，楚次之，而江西少受其害。事定之后，江西人入楚，楚人入蜀，故当时有江西填湖广、湖广填四川之谣。"可见，"江西填湖广"与"湖广填四川"是几乎同时发生的大移民。魏源以为这两个移民事件都发生在明末张献忠入蜀之后，实际上近年来的研究表明，早在元末明初就已经大规模发生。

不少研究都表明，"湖广填四川"有两次流动高峰：其一是在元末，徐寿辉麾下明玉珍率部西征川蜀，后来留在当地自立为帝。由于入川将士大部分为湖北黄冈人，黄冈百姓为避战祸外逃，也纷纷迁往四川，垦田开荒。后来，朱元璋实行移民政策，又有大批周边地区的民众迁入川蜀之地。这一时期移民大量入川，主要还是由于蜀中相对安稳，又是富庶之地，周边流民涌入。李映发研究认为，洪武五年 (1372 年)，"户部奏，四川民总八万四千余户"，洪武十四年，四川户口为 21.4 万户，人口 146 万，十年间增加 13 万户。[①] 其二则是在明末清初，张献忠率军入蜀，四川饱经战乱，人口锐减，田地荒芜，地方志中频现"田垄荆莽丛生，虎狼白昼肆掠"的记载。清政府于是几次颁诏，允许各省贫民入蜀开垦，准其入籍，并给予免征赋税的优惠政策。

几次移民的高潮及移民潮的流向，均有民间口口相传为依据，也有方志族谱为佐证，可见长江流域自元末以来确实发生了规模庞大的自东向西移民走向。有学者还提出，这种流动是长期持续的，发生的时间甚至比元末明初更早：四川在汉唐时期已是全国最发达的区域之一，但在宋代以后受战乱影响，人口流亡，社会经济受到很大的破坏，"有可耕之田，而无耕田之民"，于是引来大量外地贫民的自发流入。或由政府组织，或为民间自发，元末明初与明末清初的大规模动迁，不过是这个长期持续过程中的两次高潮。瓦屑坝、孝感乡则是这些移民高潮中被打下深深烙印的标识，成为移民后裔们追溯记忆的文化符号。入川之民，多自称湖广人氏，其中又以来自"麻城孝感乡"

---

① 李映发：《元末至明末湖广入川移民考察》，《长江文明》第 28 辑。

者为最多。至今，移民后裔大多数仍然认为自己的祖辈来自湖北麻城孝感乡，纷纷以来自于"麻城孝感乡"作为自己的身份认同。

第三节　动机与结果

今天，我们都知道一个普遍的经济学常识：流动才有活力，流动创造发展。纵观中国历史上大规模移民的动机，不外两个方面：一种是自发的移民，一种是强制的移民。自发的移民一般是因为生存的需要，由于生存环境的改变，或者原住地人口密度加大，资源变得越来越有限，人们不得不从原有的住地搬离，寻找更好的生存环境和更充足的生存资源。这在远古的采集社会以及游牧部落，是常态化的存在，但到了农耕定居生活时代，就是一件引人关注的事件。根据史料记载，自夏禹将商地封给子契，直至商汤灭夏，商部落先后"八迁"，经历了八次大迁徙；而自商汤建国至盘庚迁殷，商都又经历了五次迁徙，"前八而后五"，无论商在立王朝之前还是之后，为了寻求更好的栖居地，不断在迁徙流动，直至最终落足于殷。先秦时期，楚国的先民来自黄河流域。根据史料记载，祝融部落的一支沿着汉水南迁，最后落脚于丹阳之地。他们也是为了寻找更广阔的生存空间而来，带来黄河流域的文化，并与长江流域土著文化融为一体，在被称为"荆""楚"的地方筚路蓝缕、以启山林，创造了后来雄踞南半个中国、辉煌数百年的楚文化。

自发的移民也有被迫的。为了躲避战祸，或者洪水、干旱以及其他灾难性的情况，这些情况常常会造成屠杀、饥荒，迫使无辜的平民流离失所。东汉末年以后的大规模移民潮，多半是因为这些情况。秦汉时期黄河流域和中原地区作为政治中心，发展迅速，人口膨胀，财富集中，而南方由于战国末年的连年战争和人口外迁的影响，相对落后，人口也大幅减少，许多土地无人开垦。到东汉末年，连年的战祸加上饥荒，又迫使黄河流域和中原地区的人口南迁，开垦新的土地。"安史之乱"后，南迁的步伐继续向前，深入福建、广东、广西等地。

另一种情况是强制的移民。统治者为了加强对一些地方势力的控制，采取强制移民的办法，使他们脱离故土，迁移到人口稀少而落后的地方，实行异地管控。长江中下游的良渚、石家河等著名新石器文化先后消失在历史的长河之中，学术界的一种看法认为，这些南方部落在与北方黄河流域部落的作战中失败，被迫向北迁徙。《史记》中就有尧舜之时"迁三苗于三危"的记载。他们失去了原有的文化家园，却将长江流域的早期文明带向了北方地区。秦始皇也采取这样的强制移民措施，将相对稠密的东、南诸地人口，强制迁徙往西、北人口匮乏的地方，以补充当地的人口不足。汉高祖刘邦在长安新建都城的时候，也感都城附近人口严重不足，于是将项羽分封的那些诸侯以及原来六国贵族后裔、豪杰名家迁往长安。统治者强制的移民，还有一类是所谓工程移民。为了实施大规模工程建设而大举迁动老百姓。秦始皇兴建阿房宫、修筑万里长城，都动辄迁移数以十万、百万计的民众。

移民是文化交流的载体。自秦统一以后，中华文明的一体化进程加快，交通、商贸流通的发展是促进南北交融、东西融合的常态，而移民则在更大程度上加强了文化相融的深度。秦汉时期的移民政策，充实了北方人口，巩固了北方政治、经济、文化中心地位，而长江流域开发相对沉寂于北方，一些地方甚至退还为"蛮荒之地""边恶之州"。但是随着北方人口的大量南迁，将北方文化习俗、风物人情带到长江流域，并与当地文化融为一体，恢复了长江两岸的勃勃生机，使长江流域的经济文化提升到一个新的水平。"永嘉南渡"之初，士人们慨康悲怆、击楫中流，誓言"克服神州"。然而，随着时间流逝，政局趋稳，这些北方移民逐渐接受了南方的山水明媚和物产丰富，江南文化迎来了相对繁荣的时期。河东名士郭璞南下后，以壮丽的文辞和恢宏的气势写了一篇《江赋》，对长江的源远流长、地域广阔、气势浩瀚、物产丰饶、风光瑰丽进行讴歌，"其辞甚伟，为世所称"。从中可以看出作者对于江南山水旖旎、人杰地灵的无限热爱，他说："考川渎而妙观，实莫着于江河！"考察天下百川的奇妙景象，实在没有谁可以胜过雄伟的长江！

"山外青山楼外楼，西湖歌舞几时休？暖风熏得游人醉，直把杭州作汴州。"林升的这首《题临安邸》，虽则是对南宋统治者纵情声色享乐、不思救亡图存的控诉与义愤，但从中也可以看出移民江南后的北人实已与江南融为一体。南宋时期，长江流域语言及饮食、服饰、婚姻、丧葬等风俗习尚，均已受到北来文化的全面影响，"水土既惯，饮食混淆，无南北之分矣"。李学勤、徐吉军认为，赵宋政治中心和北方移民的南迁，对长江文化的发展产生了十分深远的影响，使这一时期的长江文化再次感染上浓厚的黄河文化色彩，并完全确立了此后长江文化在中华文化发展史上的主导地位。①

考察中国古代移民史，自东汉末年直至元末，自北向南的流动是大势。通观中国经济社会发展历史，秦汉以降经济文化重心的南移也是大趋势。导致这种现象的原因，首先是由于封建王朝之政治黑暗，天灾连绵，兵祸不断，导致百姓远离政治动荡之所在，而流向偏安的地方。长江流域有丰饶的土地和丰沛的水量，更有稻作农业不断进步而带来的农业文明，足以养活更多的人口，这是历史的必然。开发江南成为王朝政府的必然选择。自隋唐以后，通过运河的开通，漕运的发展，使南北之间交通运输上的障碍得以打通，大规模的南粮北运成为可能。北宋全国统一，国家财赋大部分依赖于南方。江淮、两湖的粮赋通过槽运到达汴京。移民的南迁，满足了长江流域生产规模日益扩大的需要，而南迁的移民也加速了长江流域开发的进程。这是一个相互促进、相辅相成的过程。

从文化动因来讲，科举制度也是文化重心南迁的重要因素。科举制度的兴起，打破了北方政权由贵族门第垄断的格局，社会阶层出现了贯穿的通道，白衣、寒门也有机会跻身士大夫阶层，长江流域大量人才涌现，活跃于政治、经济、学术、文化、科技、商贾等各个领域。两宋时期，江南书院林立，学术风气盛极一时。这既是移民南下的结果，也是促使更多移民南下的动因，同时，也是推动文化融合的必然。

移民是文化融合的催化剂。移民自北向南的迁徙，将中原文化、黄河流域文化普遍地带向长江流域，对南方文化产生重大而深远的影响。而在宋元以后，长江流域移民自东向西的扩散，又为长江流域的均衡发展作出贡献，特别是对过去一些开发较慢、相对落后的山林地带，带来发展机遇。江西是

---

① 李学勤、徐吉军：《长江文化史》，江西教育出版社1995年12月第1版，P742。

宋代文化重镇，经济文化发展的高地之一。元代以后"江西填湖广""湖广填四川"的移民过程，加快了长江流域中西部一些蛮荒之地的开发，并在长江中游开创出"湖广熟，天下足"的新局面。鄂东大别山区黄州府，在几次大规模的移民冲击之后，人才蔚起，文化勃兴，不得不说是江西移民带来的人文繁盛。至明朝中期，黄州府不仅水稻产量丰富，而且桑麻作物、渔业、纺织业都很发达，为全国之上等州府（明制税粮在 20 万担以上者为上府）。此时黄州人文风气蔚然，科举高潮迭起，有人统计，明、清两朝，黄州府进士728 人，在湖北所有州府中居第一位。

而湖广移民对川蜀的影响也是十分深远的。张颖玲认为，郑和率船队远洋，带回玉米、红薯、棉花等新的经济作物，这些作物在江南经济发达地区快速流行起来。流传而来的新作物引起了农业种植形态和生产方式的变化，促进了人口进一步增加。人们在种植过程中学会了更合理地利用土地，使得粮食大量剩余。而后利用优越的地理环境，发展起种植甘蔗、桑蚕、烟草和发展纺织等经济活动，推动经济的进一步发展。移民还导致商贸的繁荣，以及文化的交融，湖广移民主体性语言的压倒性辐射作用使湖广话成为四川官话。在移民不断交融、文化相互影响下，形成富有特色的地域文化。例如川剧，吸收了江苏的昆山腔、安徽和湖广的皮黄腔，还有陕西的秦腔，从而形成了形式多样的川剧文化。[①]

如果说南北移民将长江流域与黄河流域两大文明区域交揉为一体，那么东西移民则不断地改变东中西部的不平衡状况，促进了长江流域区域内部的经济文化均衡。经济文化重心的南移，使长江中下游地区开发发展取得长足进步，尤其是江南地区成为国家倚重。但是，随着江南开发的进一步饱和，长江中上游地区的开发又呈现出不平衡状态，特别是在王朝更替的战争之中，这些地区往往又是兵祸交结之所在，进一步削弱其发展的均衡性。于是，无论从自然规律而言，还是当局出于平衡发展、开拓资源的需要，都需要人员向这些区域流动。

---

① 张颖玲：《湖广填四川移民历史研究》，《西部学刊》2019 年 11 月下半月刊，P110-112。

流动创造发展。中国古代社会是农耕文明高度发达的社会，如果说游牧文明是迁徙中的文明，择水草而栖，那么农耕文明是稳定性的文明，需要择善地而居。但是，没有流动的农耕文明也是不稳定的，缺少流动性，就没有交流，缺少融合，缺乏经济、文化发展的活力和成长性。一方面，"安土重迁"成为中国人的固有观念、文化基因，另一方面，历史上的移民高潮声势浩荡、轰轰烈烈，这就是历史的辩证法，是历史的自然规律，也是中华文明能够不断强大的内在逻辑。然而，对于迁徙中的个体而言，每一次的南"渡"北"迁"、东"移"西"渐"，实则是一曲背井离乡、抛家舍业的悲怆之歌，其情其状实属凄惨。正如元代张养浩《哀流民操》所写：

哀哉流民！为鬼非鬼，为人非人。

哀哉流民！男子无缊袍，妇女无完裙。

哀哉流民！剥树食其皮，掘草食其根。

哀哉流民！昼行绝烟火，夜宿依星辰。

哀哉流民！父不子厥子，子不亲厥亲。

哀哉流民！言辞不忍听，号哭不忍闻。

哀哉流民！朝不敢保夕，暮不敢保晨。

哀哉流民！死者已满路，生者与鬼邻。

哀哉流民！一女易斗粟，一儿钱数文。

哀哉流民！甚至不得将，割爱委路尘。

哀哉流民！何时天雨粟，使女俱生存。

哀哉流民！

正是由于世世代代华夏儿女以克服艰难困苦的勇毅与朴诚，才创造了中华文明生生不息的壮丽图景！

第十五章　天人合一的生态智慧

尊重自然、热爱自然是中华民族的优良传统，中华文明内在包含着深刻的自然、生态文明基因。中华文明的生态基因源自先祖们在长期社会实践中的哲学思考与历史总结，是中国古代哲学思想在人与自然、人与社会关系中的实践反映。在长期历史实践中，中国人形成一个普遍联系的自然观，一种连续性、整体性、系统性的宇宙观念，即人与自然、人与社会、自然与社会之间，都是相互联系、相互依存的关系，这就是所谓"天人合一"的生存理念和价值取向。这种思想体现在人们对自然的认识过程中，体现在对自然生态的利用与改造中，也体现在人对自身的认识中，比如体现在古代的水利工程上，体现在城市和建筑的构造上，体现在中医治病的理念中……长江文明在长江流域特殊的自然禀赋与生态环境中成长起来，在漫长的发展历程中，长江文明与水相生，与特有的自然生态和人文环境相伴，与灾难与磨砺相依，绵延不断，万古长流，其间所蕴含的生存理念与生态智慧，今天仍值得人们深思。

第一节　治国先治水

世界上的古老文明都有着强烈的洪水记忆。中国文明的洪水记忆从女娲补天到大禹治水，无不体现出一种坚韧不屈的奋斗精神和顺天应时的自然理念。

在湖北宜昌三峡大坝下游，有一座高耸陡峭的山崖黄牛崖，崖下有一座黄陵庙，又称黄牛庙，矗立在波澜壮阔的长江边。庙中供奉的就是远古时代治水英雄大禹。大禹像持耒傲立，目视着滔滔江水。相传上古时候长江峡谷未开，洪水无路可走以致泛滥成灾，大禹带领群众劈山开河，九载不辍。巫山神女瑶姬有感于大禹的赤诚，命天上的土星化作神牛下凡相助，于是神牛以角触石，撞开巫山，长江自此东流入海。千百年来，人们不断以各种方式到这里来祭祀黄牛，拜谒大禹，彰扬中华民族持之以恒治理长江的英雄业绩，也寄托彻底根除水患的迫切愿望。在庙中保存的《黄牛庙记》碑文中，诸葛亮说："平治洪水，顺遵其道，呜呼，非神扶助于禹，人力奚能至此耶？"

湖北宜昌黄陵庙

　　洪水历来是我国最严重的自然灾害之一。历史上有关水灾的文字记载可以追溯到 4000 多年之前，"当尧之时，天下犹未平，水逆行，泛滥于天下"，"汤汤洪水方割，荡荡怀山襄陵，浩浩滔天"。洪水汹涌泛滥，包围了高山，淹没了丘陵，使人民深受苦难。秦汉以后，史料渐丰，关于洪水的记载也更具体。根据郑功成《中国灾情论》，从公元前 206 年到公元 1949 年的 2155 年间，史料记载中国发生的大水灾有 1092 次，平均每两年就有一次。

　　考古发现表明，中华文明从诞生之时，就是以长江流域和黄河流域为中心的大两河流域文明。长江与黄河作为中华民族的母亲河，不仅孕育了古老的华夏文明，而且为中华文化持续不断发展提供生生不息的滋养。然而，长江、黄河也是多灾多难的河流，其泛滥决溢"史不绝书"。"三年两决口，百年一改道"，这是人们对黄河水患的形象描述。黄河有明确记载的决口最早发生在周定王五年（前 602 年），至 1938 年花园口扒口，2500 多年里，黄河共计决溢 1590 余次，较大的改道 26 次。长江水灾较多的记载在隋唐以后。随着经济重心南移，长江流域人口渐密，水灾的记录也更多了。据历史资料统计，自唐至清近 1300 年间长江水灾 200 多次，而且越往后来，洪水灾害越频繁。1870 年，长江发生历史上最著名的洪水之一，上游干流重庆至宜昌河段出现数百年来最高洪水位，推算宜昌站洪峰流量达 100500 立方米每秒。洪水令丰都"全城淹没无存，水高于城数丈"，宜昌"郡城内外概被淹没，尽成泽国"。① 宜昌黄陵庙大禹像旁边的立柱上，至今保存着 1870 年长江洪峰淹没的痕迹。当时此处水位达海拔 81.16 米，是长江水文史上的最高纪录。然而，就是在这样艰苦的环境中，产生了灿烂的古中国文明。

武汉晴川阁前的禹稷行宫

大禹治水是传说，也是历史。它存在于早期的历史典籍之中，更存在于古往今来华夏儿女的心目中。《史记·河渠书》载："禹抑洪水十三年，过家门不入，陆行载车，水行载舟，泥行蹈毳，以别九州。"历代广为流传的不只是大禹"三过家门而不入"的治水精神，还有与其父鲧完全不同的治水理念：鲧集中力量修筑堤防，以期约束水势，但是堤防不能阻遏洪水的冲击，不断地修筑又不断地溃决；而禹总结了鲧的经验教训，采用疏导之法，使诸水各有去路，就其天然的趋势，让小水归入大水，大水东流入海。后来，司马迁"南登庐山，观禹疏九江"，"上姑苏，望五湖"，"东窥洛汭、太邳，迎河，行

① 国家防汛抗旱总指挥部办公室、水利部南京水文资源研究所：《中国水旱灾害》，中国水利水电出版社 1997 年 12 月第 1 版，P65。

淮、泗、济、漯洛渠"，"西瞻蜀之岷山及离碓"，"北自龙门至朔方"，深感"甚哉，水之为利害也"！于是专门写了《河渠书》。他通过大量的实地考察，记述自大禹以来河道的开凿、治理过程，悲悼江河决溢给人们带来的深重苦难，颂扬人民变水害为水利的伟大斗争。

"治国必先治水"成为历代相传的古训。

大禹治水的故事难以考证其历史真实，然而有关禹治水之功的历史遗迹却遍布各地。在长江沿线，纪念大禹治水的禹王庙、大禹庙就难以计数。故事未必是历史，但是故事中所蕴含的道理，却奠定了中华文明关于自然生态认知的思想基础。《周易》中说："夫大人者，与天地合其德，与日月合其明，与四时合其序，与鬼神合其吉凶，先天而天弗违，后天而奉天时。"《礼记》中说："凡举事，毋逆天数，必顺其时，慎因其类。"老子则说："人法地，地法天，天法道，道法自然。"《庄子·齐物论》说："天地与我并生，而万物与我为一。"古代的思想家们，从历史实践中得出了人与自然应该是"合拍"共存的关系。这种"天人合一"的思想就是远古记忆中留下的哲学命题。大禹的疏导之法，也就是顺天应时，"与自然无所违"。

这种朴素的生态思想不仅体现在神话传说中，也体现在长江流域早期的文明实践中。考古发现证实，早在5000年前，原始先民就已经开始了兴水利避水害的劳动实践。被列入世界遗产名录的良渚古城遗址有连接古城内外的河道、水门、濠沟系统，有世界上最早的大型水利工程，在良渚古城遗址外构筑起100多平方公里范围的防洪、灌溉系统。可以想见，水利系统为良渚古城在水网密布的江南地区崛起构筑了安全屏障，同时也为稻作农业在长江中下游起源和成熟奠定基础。良渚文化时期的稻谷生产能力相当惊人，显然与这些水利工程的修筑有着相辅相成的关系。在长江中游，以石家河遗址为中心有16座史前城址，这些城址主要分布于大洪山、荆山、鄂西山地、武陵山向江汉平原和洞庭湖平原过渡的结合部，呈现出山水相依的分布格局。比如不久前发掘的城河古城遗址，考古人员研究认为，流经城内的城河并非自然河流，而是经改造后的人工水系，目的是为了解决当时城内大量人口的用水、排水问题。那时长江中游的居民，已经开始对水系的利用、管理。

　　进入王朝社会以后，对于治水理念有了更加科学的认识和实践。都江堰是中国水利工程史上的奇迹，历时2200余年，仍然是集历史文化、科学创造与自然生态于一体，既充满神话色彩又令人激情澎湃的人文景观。两千多年来，它一直发挥着防洪灌溉的作用，使成都平原成为水旱从人、沃野千里的"天府之国"。如今，它的灌溉面积更是增至1000多万亩。

　　历史研究表明，都江堰为战国时期秦国蜀守李冰始建。李冰采用中流作堰的方法，在岷江峡内用石块砌成石埂，叫都江鱼嘴，把岷江水流一分为二：东边的叫内江，供灌溉渠用水；西边的叫外江，是岷江的正流。又在县城附近的岷江南岸筑离堆，离堆的东侧是内江的水口，称宝瓶口，内江自宝瓶口以下进入密布于川西平原之上的灌溉系统。都江堰的工程效果，便是著名的"分四六，平潦旱"六字决：每年枯水季节，通过分水鱼嘴及宝瓶口的控制作用，水流自动分成内江六成、外江四成，而当洪水来袭，沙洲被淹没，水流不再受河床弯道的制约，主流直奔外江，分水比例变成内江四成、外江六成，以保证成都平原不受洪水袭击。既不修筑拦断岷江的堰坝，又没有设立控制闸门，却能运用自如地调配水量，使枯水季节有足够的水量进入灌区，洪水季节又能把多余的水量排向外江，使灌区水旱无忧。都江堰如此巧妙的工程布局，堪称世界水利史上的奇迹。

　　《史记·河渠书》记："蜀守李冰凿离碓，辟沫水之害，穿二江成都之中。此渠皆可行舟，有余则用溉浸，百姓飨其利。"东晋常璩《华阳国志·蜀志》说："于是蜀沃野千里，号为陆海，旱则引水浸润，雨则杜塞水门。故记曰：水旱从人，不知饥馑，时无荒年，天下谓之天府。"都江堰顺应自然、乘势利导的工程，为长江上游的发展打下了基层，"天府之国"成都平原在后来两千多年的发展历史中，屡屡处于全国经济文化发展前沿，都江堰功不可没。

　　都江堰是中国古代治水思想的完美体现，更是长江文明生态理念的生动实践。即便到了今天，水利工程专家们也无不感慨其工程理念，在造福人类的同时并没有对生态环境产生负面效应，做到了科学、自然与人类利益的完美统一。如此巧夺天工的工程布局，堪称世界水利史上的奇迹。从此，"得蜀则得楚，楚亡则天下并矣"。秦国占据巴蜀，夺蜀中之富，国力大增，方为打败楚国、吞并六国奠定基础。

春秋战国时期，治水已经成为普遍的政治实践。历史学家黄仁宇做过统计，《孟子》一书中提到治水的有 11 次之多，可见其重要性。辅佐楚庄王称霸的孙叔敖，不仅是一位杰出的政治家，也是一位治水名人。史载孙叔敖"决期思之水，而灌雩雩之野"，带领百姓兴建芍陂，灌田万顷，粮食大获丰收。芍陂就是位于今天安徽省寿县境内的安丰塘，经历代维修整治，这座 2600 年前的水利工程一直发挥着不同程度的灌溉效益。2015 年还成功入选世界灌溉工程遗产名单。

北宋时期的大文豪苏轼，同时也是一位治水的能人。他在《禹之所以通水之法》一文中指出："治河之要，宜推其理，而酌之以人情。"他认为，治水之道不仅要知道"水理"，还要了解"人情"，关键要在"水理"和"人情"之间找到平衡。他说："河水湍悍，虽亦其性，然非堤防激而作之，其势不致如此。"在任杭州知州时，苏轼带领百姓疏浚西湖，还湖于民。还疏通了杭州城内唐代留下来的"六井"，解决杭州居民饮水问题。为了解决堆积如山的水草和淤泥，苏轼"以水治水"，用这些挖出来的淤泥、水草，在西湖的西侧，修建了一条南起南屏山麓、北到栖霞岭下的长堤。如今，堤上花红柳绿的景色被称为"苏堤春晓"，成为西湖十景之首。

今天，在湖北省鄂州市，一座不起眼的古建筑意外"走红"，成为网民热捧的"阁坚强"。这座位于鄂州城东长江江心的观音阁，追溯起来已有 700 余年历史，依然如一艘巨大的航船，在滔滔洪水中劈波斩浪。"峭壁起江心，层台水面浮。岂堪龙久卧，但见石长留。云影轻帆处，桡声夜渡头。问津何处是，一柱砥狂流。"晚清时期，诗人姜恂一首《龙蟠晓渡》，描绘了观音阁屹立江水之中的雄姿。观音阁建在江心一块巨大石矶龙蟠矶上，有着巧妙的建筑设计，在矶上垒石成台，台上起楼，阁与矶融为一体，受水面还建一堵异常坚固的弧形石墙，如同船舷一样，既减缓水势，又顺势泄流，保护着观音阁主体免受洪水的正面冲击。自古以来，鄂州一带水患频繁，为了镇水免灾，从宋代开始，当地官民便在龙蟠矶上修建寺庙，元至正五年（1345 年），本地行政长官在原先的庙基上督修建阁。数百年来，观音阁历经洪水的洗礼，屡有毁建，但主体结构一直保持着原来的样子。

洪水中的湖北鄂州观音阁

观音阁的存在，或为人们对免受洪水灾害的祈愿。而今"阁坚强"的走红，更让人们深深体会一个民族长久以来饱经洪水磨难而坚强不屈的精神和力量。

第二节　中医与"疫病"的斗争

疫病和洪水一样，是人类社会发展面临的严酷考验。瘟疫是人类共同面对的最古老敌人，人类与疫病的对抗，贯穿了人类文明发展的全部历史。根据天津中医学院王玉兴教授 2003 年发表的《中国古代疫情年表》，自公元前674 年至公元 1911 年的 2585 年间，史料记载共有 356 年发生过疫情，平均每7 年多就会暴发疫情。其中很多年份，疫情在多地发生。[①] 最早的记载见于《春秋》，鲁庄公二十年（前 674 年），"夏，齐大灾"。《公羊传》解释说："大灾者何？大痔也。大痔者何？痢也。"就是说，那年夏天，齐国发生了疠疫，并波及鲁国，所以鲁国的史官在《春秋》上记了一笔。

考古资料表明，中国古代的疾疫史，还可以追溯到更早。殷墟甲骨文中，有关于"疾年"的记载，即指瘟疫。商朝人们对于疾病的认识还很有限，常

---

① 王玉兴：《中国古代疫情年表》（一）（二），《天津中医学院学报》2003 年第 3 期，P84–88，2003 年第 4 期，P33–36。

以占卜问吉凶，出土的甲骨文中，有不少详细的疾病记载。比如有卜辞为"其延""不延"，意为疾疫"会不会蔓延"；还有卜辞"王不疫"，意为"王会不会染上瘟疫"。《周礼·天官》中则说："四时皆有疠疾，春时有痟首疾，夏时有痒疥疾，秋时有疟寒疾，冬时有漱上气疾。"描述了古代常见的一些传染病。

在与瘟疫所展开旷日持久的斗争中，中国古人一直在用自己的勤劳和智慧创造方法、积累经验。商代人们虽主要靠巫、卜问病，但实际上已有针刺、灸疗等治疗手段的应用。甲骨文中还有"亡入，疾"的记载，或为最早的"隔离"措施。

1975 年湖北云梦睡虎地秦墓出土大批竹简，经保护整理，总数有 1155 枚，残片 80 片。其中以法律文书居多，反映了秦朝时期的法律制度。其中就记述了这样的案例：某地里典"甲"，送来他辖区内的一个人"丙"，向上级报告怀疑其为"疠"（麻风病）。上级官员讯问，"丙"陈述自己三岁时患有疮疡，眉毛脱落，不清楚得了什么病，没犯过其他事。又让医生"丁"诊断。"丁"说："丙"没有眉毛，鼻梁断了，鼻腔已坏，探刺鼻孔，不打喷嚏。两脚不能正常行走，并有溃烂，手上没有汗毛。叫他呼喊，声音嘶哑。确诊是麻风病。睡虎地秦简中还有一个案例："甲"正在接受"城旦"（筑城）的刑罚，服刑还没有结束，得了麻风病，问"甲"该如何处置？回答是"当迁疠所处之"。可见，秦朝法律文书中不仅有对麻风病症状的详细记载，而且指出对麻风病已经有专门的隔离场所"疠所"。患了麻风病的人，须迁往"疠所"进行隔离。

"疠所"隔离的措施，一直为中国历代应对疫病时所采用。汉平帝元始二年（公元 2 年），瘟疫伴随严重的旱灾和蝗灾而来，"民疾疫者，舍空邸第，为置医药"。这意味着朝廷征用空置的房舍，设为临时隔离地点，专收疫病患者，并给予医药治疗。2020 年初，新型冠状病毒感染肺炎疫情暴发后，钟南山院士立即指出，早发现、早诊断、早治疗、早隔离是最有效的手段。他说这是最原始的防控办法，但对已经确诊的病人进行有效隔离，减少接触，从公共卫生的角度来说仍是最重要的手段。

在这次新冠肺炎疫情中，中医药全面介入、深度参与新冠肺炎救治工作，发挥了重要作用，成为疫情防控的一大亮点。一些重要的中药方剂受到关注，比如清肺排毒方、化湿败毒方、宣肺败毒方、金花清感颗粒、连花清瘟胶囊、血必净注射液等。这些方剂和成药，或来自中国传统医方，或根据传统方剂研制而成，在新冠肺炎的治疗中起到了非常好的效果。

中医药学是中国古代科学的瑰宝，历史源远流长，遇到重大疫病事件，都会从中寻找解决办法。东汉南阳人张仲景，被后人尊称为"医圣"。他广泛收集医方，写出《伤寒杂病论》，从理论上系统论述了中医的辨证论治原则，同时收录了300多个药方，其中有很多是张仲景自己研究所得。张仲景成为一代名医，与一场连年疾疫大有关系。东汉末年，瘟疾流行，人们饱受疫病之苦。自汉献帝建安元年（196年）以来，南阳疾疫不断，张仲景家族向为大族，有200余人，不到十年间，"其死亡者，三分有二，伤寒十居其七"。张仲景"感往昔之沦丧，伤横夭之莫救"，于是"勤求古训，博采众方"，著《伤寒杂病论》合十六卷。

张仲景将伤寒病归结为太阳、阳明、少阳、太阴、少阴、厥阴六大症候，各有一些较为突出的临床症状，即阴、阳、表、里、寒、热、虚、实"八纲"，又有汗、吐、下、和、温、清、补、消"八法"，针对不同病症施用不同之法，定下了中医的诊疗规范。他的很多方剂至今被人们广泛使用。比如，治疗痢疾的"白头翁汤"、治疗流行性乙型脑炎等感染性疾病的"白虎汤"、治疗风热袭肺的"麻杏石甘汤"等。这些药方为中国历朝历代控制和治疗瘟病作出了贡献。这次新冠肺炎疫情中用到的金花清感颗粒，就是在《伤寒杂病论》"麻杏石甘汤"和清代《温病条辨》"银翘散"两个方子基础上合方组成的。中国工程院院士、天津中医药大学校长张伯礼介绍，临床研究表明，金花清感颗粒治疗新冠肺炎轻型和普通型患者，转重症的比例下降了2/3，退热时间缩短了1.5天，同时反映免疫功能的白细胞、中性粒细胞计数和淋巴细胞计数有显著改善。

除了《伤寒杂病论》，历史上大量中医药文献对各类传染性疾病提出防治方案。晋代葛洪的《肘后备急方》里，就记述了天花、狂犬病、恙虫病等疫疾的治疗方法。"青蒿一握，以水二升渍，绞取汁，尽服之。"从书中治疗寒热诸疟的方法获取灵感，诺贝尔医学奖获得者屠呦呦提取青蒿素，有效降低了疟疾患者的死亡率。

《肘后急备方》中对狂犬病的治疗，有一个方法是杀掉咬人的狂犬，"取脑敷之"。这被认为是原始的免疫治疗思想。19世纪下半叶，法国微生物学家路易斯·巴斯德通过采集病死动物的脊髓，研制出了狂犬病疫苗。天花是一种古老而凶险的传染病，曾经广泛肆虐。有资料显示，全球约有20亿人死于天花。我国很早就发明了人痘接种法预防天花，即采集天花病人的疱浆，阴干后吹入未患病者的鼻孔里，接种上痘苗，就不会再感染。这种方法大大降低了天花病的死亡率。18世纪，人痘接种术传至欧洲。其时，欧洲已遭受天花病毒的肆虐侵袭，4000万人被夺去生命。英国医生爱德华·琴纳在此基础上，成功创造了牛痘接种术。后来，以"牛痘"为基础，人们研制出了天花疫苗。1980年，世界卫生组织宣布人类彻底消灭天花。中国为全球传染病防治贡献了自己的智慧。伏尔泰在《哲学通信》中专门有一封《谈种痘》的信，他写道："这是全世界最聪明、最讲礼貌的一个民族的伟大先例和榜样。"

几千年抗击瘟疫的历史，不仅为中医治疗疫病积累了丰富的经验，更让中医药文化成为中国哲学思想体系的一部分。中医药承载着中华民族自古以来同疾病作斗争的思想总结。"它用阴阳五行学说来说明人体生理现象和病理变化，阐明其间的关系，并将生理、病理、诊断、用药、治疗、预防等问题结合在一起，形成一套整体观念和独特理论。"[①]

实际上，中医药不只是用药物或者其他方式来控制疾病，而是通过整体观念来认识人与自然的关系，通过改变人的社会生活方式达到人体与自然的和谐统一。《黄帝内经》认为人生病的原因主要源于"外感六淫""内伤七情""饮食劳伤"等方面，即外部自然环境的影响、自身情绪的异常变化以及卫生保健方面的失误，疾病的本质就是人与自然的关系出现不协同、不调和的状况。因此，中医治病和养生理念，就和洪水治理是一样的：因势利导，在"天人合一"整体思想指导下，根据个体差异、疾病发展变化趋势等诸多因素进行辨证论治、扶正祛邪。《黄帝内经》"素问"篇中说："人以天地之气生，四时

---

① 袁行霈主编：《中华文明史（第二卷）》，北京大学出版社2006年4月第1版。

之法成。"又说："治不法天之纪，不用地之理，则灾害至矣。"人的身体生命活动与天地之气、四时之法息息相通，诊断治疗疾病首先就综合考虑天时、地理等因素与人体之间的相生相成的关系，综合考虑四时气候变化、昼夜晨昏交替、地势方位燥湿等各种因素对人体生理、病理的影响，"以日之寒温，月之盛衰，四时气之沉浮，参伍相合而调之"。

中医还认为，人自身就是一个阴阳平衡的系统，是宇宙自然系统中的一个"小宇宙""小系统"，人能够通过在自然系统中的平衡实现自我机能的阴阳平衡，这就是所谓正气。"百病生于气也"，正气足，气血运行通畅，机体就能正常运行，并能抵御各种外邪的侵扰，否则就会疾病丛生。所以，顺应自然法则，顺应人体发展的规律，春天"发陈"，夏天"蕃秀"，秋天"容平"，冬天"闭藏"，这是维护身体正气的基本法则。否则，"逆春气则少阳不生，肝气内变。逆夏气则太阳不长，心气内洞。逆秋气则太阴不收，肺气焦满。逆冬气则少阴不藏，肾气浊沉。"

唐代名医孙思邈的《千金方》被誉为中国古代的临床医学百科全书。他不仅总结了许多治疗传染病的方剂，还提出熏药消毒等预防控制的方法。他说"人命至重，贵于千金，一方济之，德逾于此"，特别强调生命的价值。他将儒、道、佛诸家养生思想与中医理论相结合，提出许多切实可行的养生方法，更主张"常习不唾地""食毕当漱口数过""食必当行步踌躇"等健康生活理念。

明末崇祯年间，瘟疫频繁发生，疫气流行，感者甚多。时有名医吴有性，见一些医家以用治疗伤寒的方法医治，并不见效，有些医家心疑胆怯，以急病用缓药，导致患者病情迁延，种种现象，"医者彷徨无措，病者日近危笃"，"病愈急，投医愈乱"。他感叹"不死于病，乃死于医；不死于医，乃死于古册之遗忘也"，于是潜心钻研，认真总结，提出了一套新的认识，认为"夫瘟疫之为病，非风、非寒、非暑、非湿，乃天地间别有一种异气所感"。吴有性所著《温疫论》，堪称中国古代瘟疫学的集大成之作，形成了中国自己的瘟疫学体系。当时人们还没有病毒、细菌的概念，"异气"入侵对疫疾作出了新的解释。在应对新冠肺炎病毒的过程中，中医专家强调提高人体正气，可以使用太极拳、八段锦等传统的中医特色健身方法，也可以选择提高正气、药食同源的中药产品，增强免疫力，这正是中医"正气存内，邪不可干"的思想体现。

"爆竹声中一岁除，春风送暖入屠苏。千门万户曈曈日，早把新桃换旧符。"王安石的这首《元日》，描绘了中国传统新年的热闹、欢乐、祥和景象。诗中的爆竹、屠苏、桃符，是数千年来中国传统文化中的标志性符号，恰恰也是人们驱邪避疫、祛病除灾的寄托。在与瘟疫的长期斗争中，人们早已经将祛灾避疫融入了日常生活，融入社会文化，成为文明的一个部分。在中国传统文化中，这样的符号有很多，反映出老百姓与疫病相斗争的传统，也饱含着中国人民防疾抗疫的独有智慧。比如，每逢端午时节，一些地方家家户户采艾草扎艾虎，插在门头上，别在窗棂里，还纷纷薰艾烟、泡艾澡、饮艾酒，以避瘟疫之气。这也是一条历史悠久的中医抗"疫"之道。早在商周时期，以艾为原料进行灸疗的办法已经出现，与针刺法并行。《诗经·采葛》中就有"彼采艾兮"这样的诗句。如今，艾叶不仅是一味传统中药，而且早已成为一种祛病避瘟的文化象征。"千门万户悬菖艾，出城十里闻药香。"华夏儿女在人与自然的和谐共生中寻得生理上的治愈，更寻得精神上的慰藉。

第三节　东方的生态智慧

"天人合一"，不是一个简单的生态理念，也不是一个单纯的中医理论，它是中华文明的哲学基础，是人们对于人与自然、人与社会、自然与社会之间关系的根本性的认识，是中国人的宇宙本体论。中国哲学宇宙观是建构在阴阳观念的基础上的。不论儒家还是道家，其思想基础都在"阴阳"和"道"，阴阳是整个世界和万事万物中普遍存在、相互依存又相互对立的两个方面，"一阴一阳谓之道"，阴阳的对立统一就是道，也就是宇宙运行变化的基本法则。儒家认为，"立天之道曰阴与阳，立地之道曰柔与刚，立人之道曰仁与义。"天道、地道、人道都受阴阳规律所支配。道家说："道生一，一生二，二生三，三生万物。万物负阴而抱阳，冲气以为和。"世间万物都是因阴阳二气的相互激荡而成"和"的实体。正因为将宇宙的本体归于"阴阳"和合的"道"，因而宇宙万事万物便是一个统一的整体，即所谓"人法地，地法天，天法道，道法自然"，天、地、人都遵从于"道"，而道遵从于"自然"，顺其自然而成其所以然。西汉董仲舒说，"以类合之，天人一也"，"天人之际，合而为一"，将天、地、人与自然的关系，抽象为"天人合一"的哲学思想。

季羡林说，"天人合一"的思想是东方思想的普遍而又基本的表露，这种思想是有别于西方分析的思维模式的东方综合的思维模式的具体表现。[①] 东方人不仅以这样的思想观察世界、思考宇宙，这些思想指引也在实践中得到体现，不仅是在抵御洪水、抗击疫病等方面，也表现在中国人的日常生产生活规范的许多方面，比如中国古民居的建筑结构，常常是顺应自然地理和环境形势，依山就势，因地制宜。城市建设也是如此。春秋时期的政治家管仲就指出，"凡立国都，非于大山之下，必于广川之上""因天才，就地利"。近年来的考古发掘也发现，长江流域早在 4000 多年前就已经有大量早期城市形态的遗址。这些聚落遗址可谓"择丘陵而处之""枕山、环水、面屏"。原始的农业生产也是"顺天时，量地利""因地制宜"。这些都是具有健康基础的自然观，闪耀着原始的"天人合一"的光芒。[②]

1975 年出土于湖北省云梦睡虎地的秦简中，就有秦代时农田水利、山林保护方面的法律《田律》。根据对简文的释读，可见当时的法律即有明文规定：春二月时，禁止砍伐山林木材、堵塞河道；不到夏季，禁止焚草作肥，禁止采撷刚发芽的植物，捕杀幼兽、鸟卵和幼禽，禁止毒杀鱼鳖，禁止设置捕捉鸟兽的陷阱和网罟；只有到了七月，这些禁令才被解除。[③] 人们在实践中总结必须遵循的自然规律，创造性地诠释了人类发展与自然环境的关系，强调"山林非时不升斤斧，以成草木之长；川泽非时不入网罟，以成鱼鳖之长"。

"不涸泽而渔，不焚林而猎。"历代以来，学者或是朝廷诏令之中，也常

---

① 季羡林：《长江文化研究文库总序》（湖北教育出版社《长江文化研究文库》）。

② 邓先瑞、邹尚辉：《长江文化生态》，湖北教育出版社 2005 年 11 月第 1 版，P16。

③ 廖名春、张岩、张德良：《写在简帛上的文明：长江流域的简牍和帛书》，浙江大学出版社 2011 年 4 月第 1 版，P140。

有这种不伤生理、不逆时令的劝诫或禁令。宋代有诏令："方春阳和之时，鸟兽孳育，民或捕取以食，甚伤生理而逆时令，自宜禁民二月至九月无得捕猎，及持竿挟弹，探巢摘卵，州县吏严饬里胥伺察擒捕重真其罪。"明代也有规定："冬春之交，罝罛不施川泽；春夏之交，毒药不施原野。苗盛禁蹂躏，谷登禁焚燎。"①

"天人合一"被许多学者奉为"东方的生态智慧"。但是，季羡林先生又说，我们也要看到历史实践中的深刻教训。他指出，自然无言，但他却能惩罚和报复，眼前全球人类社会所面临的许多灾害和危机，大多是大自然惩罚的表现。中国文化主张与大自然和一切动植物和睦相处，张皇祥和的思想，扬弃"征服"的狂妄。"我们中国虽然有这种高明正确的哲学思想，但是在行动上我们也没有完全做到，因此我们也受到了大自然的惩罚。"②

唐宋以后，长江中下游迎来了大开发，如太湖圩田开发和两湖平原垸田开发，以及南北大运河建成，使得长江流域经济文化迅速发展，新兴城市大量涌现，人口急剧增加，促进了中国经济、文化重心的南移。人们对于江河的治理、开发和利用，不仅决定了一个流域的经济社会发展进程，而且对整个国家的文明进步带来全局性的影响和改变。但是，"人与水争地为利，水必与人争地为殃"。这样的开发又加剧了江湖治理与水患形势的严峻。长江中下游地区因洪水出路而产生的矛盾，以及为解决这一严峻问题所做的努力，构成了中国治水文明一项重要的内容。

明清时期，两湖平原上大量兴建垸堤，一方面带来了"湖广熟，天下足"的农业经济繁荣，另一方面却对荆江、汉江产生巨大影响，两岸天然的分蓄洪区纷纷被筑堤围垦，灾害的经济社会影响随之加剧。1788年，清乾隆五十三年，发生了长江大洪水，荆江大堤严重溃决，洪水冲入荆州城内，水深一二丈，两个月后方退，兵民淹毙万众。乾隆皇帝震怒，一年之内下谕旨24道，要求严查对大堤督修不力、玩忽职守的地方官员。此后，荆江大堤由

---

① 邓先瑞、邹尚辉：《长江文化生态》，湖北教育出版社2005年11月第1版，P388。

② 季羡林：《长江文化研究文库总序》（湖北教育出版社《长江文化研究文库》）。

民堤改为官堤，每年拨专款修守。其时，垸田引发的水地矛盾已经十分突出，垸田侵占水面、壅塞水道造成洪涝频繁。乾隆十三年（1748 年），湖北巡抚彭树葵疾呼："人与水争地为利，水必与人争地为殃。水流壅塞，其害无穷。"

晚清思想家魏源看到了这种局面。他在《湖广水利论》中写道，"历代以来，有河患无江患"，长江所经过两岸，"其狭处则有山以夹之，其宽处则有湖以潴之"，所以千百年来溃决很少，不像黄河性悍，横溢溃决无足怪。但是近代以来却不同，长江"告灾不辍，大湖南北，漂田舍、浸城市，请赈缓征无虚岁"，几乎与河防同患。他认为，造成这种局面的原因，就在于"土满人满"。湖北、湖南、江南各省，沿江沿汉沿湖，以前受水之地，筑圩捍水，都围成了田、建起了房，地无遗利。"下游之湖面江面日狭一日，而上游之沙涨日甚一日，夏涨安得不怒？堤垸安得不破？田亩安得不灾？"

中国民主革命的先驱孙中山也关注到这个问题。他说："近来的水灾为什么是一年多过一年呢？古时候的水灾为什么是很少呢？这个原因，就是由于古代有很多森林，现在人民采伐木料过多，采伐之后，又不行补种，所以森林便很少。许多山岭都是童山，一遇了大雨，山上没有森林来吸收雨水和阻止雨水，山上的水，便马上流到河里去，河水便马上泛涨起来，即成水灾。"孙中山看到了人类活动导致环境破坏、灾害发生频率及危害程度增加的事实。进入工业社会，对自然生态环境系统的干预更加激烈，与之相对应，频繁而又广泛的灾害，已成为制约人类经济社会发展的严重障碍。

恩格斯在《自然辩证法》中就曾指出，美索不达米亚等地的居民为了想得到耕地，把森林都砍完了，但是他们梦想不到，这些地方今天竟因此成为荒芜不毛之地。不合理的开发带来的是毁灭性的打击。所以他说："我们不要过分陶醉于我们对自然界的胜利。对于每一次这样的胜利，自然界都报复了我们。每一次胜利，在第一步都确实取得了我们预期的结果，但是在第二步和第三步却有了完全不同的、出乎预料的影响，常常把第一个结果又取消了。"

新中国成立后，党中央把水利建设放在恢复和发展国民经济、保障人民生命财产安全的重要地位，在华夏大地掀起了一轮又一轮水利建设热潮，使我国的江河治理和防洪能力进入一个崭新的境界，特别是以三峡工程和长江

269

堤防为骨干，长江防洪能力得到根本性提升。

"推动长江经济带发展必须从中华民族长远利益考虑，把修复长江生态环境摆在压倒性位置，共抓大保护、不搞大开发。"进入中国特色社会主义新时代，全国上下正在开创治水兴水新局面，中国治江文明正在谱写新的篇章。今天，生态文明是新时代背景下实现人与自然统一、经济发展与生态保护共赢的新要求。长江经济带不搞大开发，共抓大保护，走科学发展高质量发展的道路，就是要尊重自然规律，在自然界可承载的范围之内发挥主观能动性利用和改造自然规律，做到顺天时、量地利，推进新时代生态文明建设，从而实现"天人合一"的美好凤愿。这也是对中国传统生态思想的创造性转化和创新性发展。

老子说，"天归一则清，地归一则宁"。自然就是一个统一整体，人与自然构成生命共同体。从抗洪到治理水生态、水环境，沿江化工厂拆除、码头整治、海绵城市建设、地下管廊工程……中国正立足山水林田湖草这一生命共同体，统筹兼顾各种要素、协调各方关系，把局部问题放在整个生态系统中来解决，实现治水与治山、治林、治田以及城市综合治理有机结合、整体推进。华夏儿女继承和发扬中华民族文明进步史中的治水优良传统和奋斗精神，为中华治水文明注入新的动能。

汉口江滩抗洪纪念碑

1931 年武汉三镇"堤防尽溃，人畜漂流""市镇精华，摧毁殆尽"，水淹三镇百余天，汉口闹市汪洋一片，中山路水深数米，无数人失去家园、失去生命。如今，这样的情形已永成历史记忆，再也没有发生过。站在武汉市长江、汉江两江交汇的龙王庙江滩，高高的防洪墙上，标刻着 1931 年、1954 年、1998 年武汉关最高水位：28.28 米、29.73 米、29.43 米。附近一块石碑上铭着《水府碑志》，碑文说："万众一心，众志成城，坚忍不拔，顽强拼搏，迎难而上，敢于胜利的中国抗洪精神即诞生于此。"生活在大江大河大湖流域的广大人民群众，正努力探索用最科学的方法和最先进的技术，把祖先们开发治理中留下的问题逐步加以解决，并创造出更加灿烂的治水文化、生态文明。

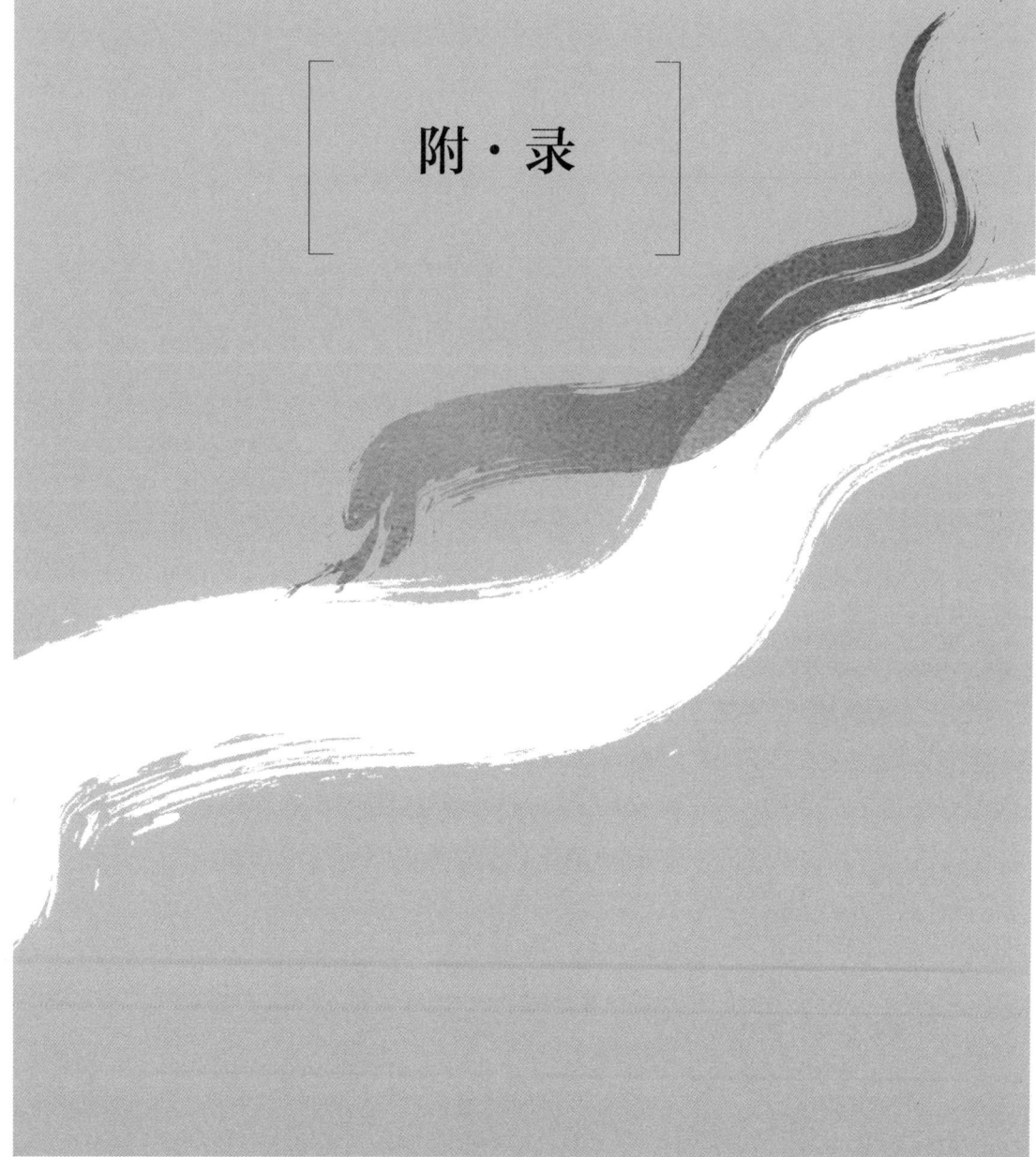

附·录

《诗经》里的长江文明

有一阵子，我特别喜欢读《诗经》，并渴望从《诗经》中去寻找中华文明最原始的一些基因和元素。因为《诗经》是中国最古老的民间文学，这些原始歌谣才是祖先们所思所想的直接反映。《诗经》是北方的文学，它所反映的是中原和北方地区原始先民的生活和情感。但现在，许多研究者也有一个共识，《诗经·国风》中的《周南》《召南》是采自南方江汉一带的民歌，他们不仅在语调音韵上具有南方歌谣的风格，在情感表达、意境渲染上，也具有强烈的南方特色。本书第八章曾试图从《周南·汉广》入手，探索以屈原为代表的楚文化的源头。这里，笔者再将读"二南"部分诗歌的心得辑录下来，试图从中寻求更多长江文明的原始元素、精神基因。在这些原始的歌谣中，我们既可以读到原始先民们最真实的劳动和生活场景，最朴素的情感，也可以窥探这些原始现场背后所潜藏的社会结构和社会关系、文化发展。如果他们确实是南方乃至楚地民歌的话，那么这些隐藏于诗歌文字表象之下的时代意义，就是长江文明的另一种表达。

1.《关雎》：情歌为何能上儒家的"头条"？

关关雎鸠，在河之洲。

窈窕淑女，君子好逑。

参差荇菜，左右流之。

窈窕淑女，寤寐求之。

求之不得，寤寐思服。

悠哉悠哉，辗转反侧。

参差荇菜，左右采之。

窈窕淑女，琴瑟友之。

参差荇菜，左右芼之。

窈窕淑女，钟鼓乐之。

　　笔者的少年时光是在长江的一条支流小河旁度过。河这边是家，河那边是学校。每天，我们从河中一座漫水桥上穿过，洪水季节，河水会漫过石桥，而平时，河水从桥下两个石拱流过。河的两边，有长满青草的洲滩，也有金黄色的沙滩。不管是绿洲还是沙滩，都是我们上学和放学途中的一片乐园。印象之中，常见白色的、灰色的、黑色的水鸟，或在沙滩上踱步徘徊，或在绿草滩头排队静立，或突然掠着水面飞翔、叼起一条小鱼。那时候我们不知道这些水鸟的名字，于是想当然地把它们都叫作"雎鸠"，因为刚刚读到这样一首诗。

　　我童年没读什么书，生活在大别山里，除了语文、算术等少数几门教科书和偶尔的几本连环画，基本上无书可读。不像现在的孩子，不管喜不喜欢，几乎人人都有一本《诗经》，彩图版，注释版，拼音版，什么样的版本都有。而我，直到上了中学才知道有《诗经》，才知道《诗经》是中国古时候小孩子的必修课。更加贻笑大方的是，初识《诗经》，竟是从当时十分流行的琼瑶小说才知道的，由她改编的一首《在水一方》在校园里传唱，让我和我的小伙伴们对《诗经》有了最初的印象。

　　最早读到的版本，是贵州人民出版社1981年版的《诗经全译》。书中对《关雎》这首开篇之作的解读只有一句话："诗人对河边采摘荇菜的美丽姑娘的恋歌。"释义虽简短，却十分精辟，诠释了上古时期的先民们原生态美妙生活，让人顿时对整首诗生出一种色彩浓烈的画面感，这画面与眼前这黄昏里、夕阳下的河滩景象何其相似。从此，这首诗和这样一个画面便根深蒂固在我的脑子里定格。

　　当然，我也曾迷惑，作为儒家经典"四书五经"之一的《诗经》，为什么一上来就是一首"恋歌""情歌"，历朝历代还要作为懵懂未开的孩童的蒙学读物，刚一入学，就摇头晃脑地背诵，"窈窕淑女，君子好逑"，"求之不得，寤寐思服"，这不是要把孩子们给教坏的节奏吗？

孔子《论语·为政》中说："《诗》三百篇，一言以蔽之，曰：思无邪。"如果开篇第一首就是靡靡之音，那怎么能说是"思无邪"呢？岂不是"思有邪"了！及至后来读到一些关于《诗经》的训诂笺解，才知道《关雎》的意义远不止"恋歌"如此简单。在儒学家眼里，《关雎》是"后妃之德""人伦之始"，是做人的基本准则。儒学家们给"诗"加上了《序》，《序》言："关雎，后妃之德也，风之始也，所以风天下而正夫妇也。故用之乡人焉，用之邦国焉。""是以关雎乐得淑女配君子，忧在进贤，不淫其色；哀窈窕，思贤才，而无伤善之心焉。是关雎之义也。"

那意思是，它在宣扬儒家一个最基本的伦常理念，即夫妇之德。夫妇之德是人伦之始，是天下伦常的基础，是社会道德的细胞，修身、齐家、治国、平天下，身、家是国与天下的基本，所以儒学家们认为，不论教化"乡人"，还是安邦定国，都要以"夫妇之德"作为本源，《关雎》告诉大家的就是夫妇应以何为伦常，所以才被列为《风》之始"，上了《诗经》的头条。

那么，《关雎》宣扬的是一种什么样的夫妇之德呢？那就是像河边关关鸣叫的雎鸠一样，"贞鸟雎鸠，执一无尤"。雎鸠这种水鸟，守一不移，找到一个伴侣之后，终身不换，所以称为贞鸟。儒家的主流思想就是男女相配，要像雎鸠一样，"贞洁慎匹"。经学家甚至直接对号入座，认为它颂扬的就是周文王夫妇之德，"后妃有关雎之德和谐，是幽闲贞专之善女，宜为君子之好匹"。

于是，"关雎之德"一直为后世所传扬。朱熹说"盖德如雎鸠，挚而有别，则后妃性情之正固可以见其一端矣"。闻一多在《诗经通义》里，也坚持"雌雄情意专一""尤笃于伉俪之情"这种解释。可想而知，古代那些小孩，蒙读之时就反复接受这样的思想，以致深入骨髓、融入血液，成为日后成人立德的自觉行动。难怪古人很少有离婚的了，在古之君子的潜意识里已经种下了这样一种观念：做人一定要专情，要守一，否则岂不是连鸟都不如了吗！

《关雎》还定义了做人的基本准则：男为"君子"；女为"淑女"。这两个词语在后世应用十分广泛，可以称得上是儒家人生教育之终极目标。人们评判一个男人的好坏，用"君子"还是"小人"就可以明确地定性了；而女人，是"淑女"还是"浪女"，也直接关系到公众对她的社会评价。两个词在这首诗里一同出现，那些儒家的大佬如何能不高度重视。以一首诗同时提出了男女两个做人标准，其实是很罕见的，在诗三百零五首中似乎仅此一处，在其他的儒学经典里，也不多见。

所以《关雎》"上头条"的另一重含义，就是要树立儒家的做人标准。男要做像周文王一样的"君子"，有贤才，能琴瑟，会钟鼓，乐淑女，这个乐是"乐而不淫"的乐，乐在其风度娴雅、勤劳质朴的美德，而不是浸淫于其美色。女则要做后妃一样的"淑女"，窈窕有才，这个"窈窕"并非指身材漂亮，身材是天生的，修为才是后天的，做淑女重要的是有内在、有修为，能为君子之"逑"，"逑"的意义是匹配、和谐，所以《毛传》说"宜为君子之好匹"，还要"能共荇菜，备庶物，以事宗庙"，如此才为"淑女"之德，方值得君子寤寐以求。

有了这些"高大上"的笺注，《诗经》的教化意义就凸现出来。在长达两千多年儒家思想一统江湖的时期，《关雎》一直以一种喜闻乐见的形式，传达了思想家们核心的价值理念。"诗"因而才可以成"经"。

但是，现代学人较少接受这些传统的注解了，他们看到的是先民们在河边对唱的原始场景，或者是小伙子思念心仪的姑娘却求而不得的情绪表达，其意韵之绵长，为后世的诗歌文学创作奠定了最原始的基调。还有一种解读，认为这是一首婚礼上的赞歌，新郎新娘拜了天地，亲朋好友齐声歌唱：郎才配女貌，君子配淑女，今后的生活一定是夫唱妇随，采摘荇菜，琴瑟钟鼓，乐之友之，和谐美满。"诗无达诂"。不论对《关雎》的解读有多少个版本，作为诗三百的"头条"，其所包含的艺术价值和思想价值自然不能小觑。

不过，我更愿意以一种非理性的态度来读这首诗。回到我那少年时代的原生态风景画里，再读关关雎鸠，总有一种超越上述这些理性思考、重新站到感性新起点的冲动。非理性地看，这是一个有着很强主体意识的诗歌经典，甚至读来还颇有点现代诗的感觉。诗人，诗中以"君子"自称，琴瑟钟鼓，寤寐思服，恰似那"撑着油纸伞，独自彷徨在悠长、悠长又寂寥的雨巷"里的"我"，安宁、静谧，只有灵魂在空气中流淌。而那河边采荇的"窈窕淑女"，在这声音祥和、色彩温润的背景中，与"诗人"平等互动，就像"我必须是你近旁的一株木棉，作为树的形象和你站在一起"那样，不仅给诗人，也给旁观的"读诗人"以恬淡、自然、质朴、纯真的美好感受。

其实，孔子编纂《诗经》的时候，并没有赋予"关雎之德"的意义。《韩诗外传》中就有这样的记载，孔子的学生子夏问孔子：《关雎》何以为《国风》始也？"孔子答道："天地之间，生民之属，五道之原，不外此矣。"可见，在孔子看来，《关雎》的意义已经远远超越了普通的男女之情，更超越了所谓的后妃之德，它已经提升到了形而上的层面，是阴阳之道的哲学表现。

自古至今，美好的爱情、阴阳和合一直是诗人、歌者永恒追求的表达主题，也是最能引发读者、听者心灵共鸣的朴素情感，透过这些朴素的情感，人类看到了天地、万物、生民的本源，看到人类区别于动物世界的哲学存在。这才是艺术审美所追求的极至。所以作为"恋歌"，作为原生态的爱情之歌，《关雎》才会有永恒的魅力。

2.《葛覃》：家是华夏远古的宗教

葛之覃兮，施于中谷，维叶萋萋。

黄鸟于飞，集于灌木，其鸣喈喈。

葛之覃兮，施于中谷，维叶莫莫。

是刈是濩，为絺为绤，服之无斁。

言告师氏，言告言归。

薄污我私，薄浣我衣。

害浣害否？归宁父母。

在现代人看来，每逢节假日，尤其是传统节日，"家"总会像风筝收了线，将漂泊在外的游子心牵扯到某一个原点。春节、清明、端午、重阳……每一个节日就好似漫长人生旅途上一座座精神加油站，累了，乏了，前进的动能不足了，内心感到彷徨与焦虑了，人们总会回到"家"的原点，在那个亲情的交换空间，恣意地放纵身心，或者通过某些仪式化的古老祭祀活动，涤荡自己灵魂上的一路风尘，为心灵的再一次整装出发，注满新的动能。

有人说中国人没有宗教，信仰缺失。可这些年，眼看着如滔滔江水般奔涌的春运客流，以及清明时节拥堵如黄河泛滥的山乡公路，我越来越感觉到，"家"就是华夏民族最古老而绵长的信仰，对家的信仰，就是建构华夏文明至为重要的宗教。

这种对"家"的宗教式信仰，在《诗经》时代就已经建立起来。作为诗三百零五首的第二首，《葛覃》就展现出离家的孩子对于家的宗教化情怀。如果说《诗经》的第一首《关雎》描摹了男女之间原生态的朴实情感，那么第二首《葛覃》，就是从纯真的爱情走向了"家"的牵盼。

历代的经学家、诗学家都认为这首诗是女子思念父母、准备回家探望亲人的叙事诗。《诗序》说："《葛覃》，后妃之本也。后妃在父母家，则志在于女工之事，躬俭节用，服浣濯之衣；尊敬师傅，则可以归安父母，化天下以妇道也。"《郑笺》："躬俭节用，由于师傅之教。而后言尊敬师傅者，欲见其性亦自然。可以归安父母言嫁而得意，犹不忘孝。"《孔疏》："作《葛覃》诗者，言后妃之本性也。谓贞专节俭自有性也，叙又申说之。后妃先在父母之家，则已专志于女工之事。复能身自俭约，谨节财用，服此浣濯之衣而尊敬师傅。在家本有此性，出嫁修而不改，妇礼无愆。当于夫氏，则可以归问安否于父母，化天下以为妇之道也。"

可见，作为儒学经典解读的意见基本是一致的，后妃（或其他已嫁女子）在娘家时专志女工，躬身勤俭，出嫁当了后妃（或人妇），还能保持这样的本色，这就是天下女孩学习的榜样。朱熹《诗集传》："此诗后妃所自作，故无赞美之词。然于此可以见其已贵而能勤，已富而能俭，已长而敬不弛于师傅，已嫁而孝不衰于父母。是皆德之厚，而人所难也。小序以为后妃之本，庶几近之。"意思是诗中虽然没有褒奖赞美之词，但是后妃言行中表达的为妇之道，已经可以行为世范了。

总之，诗的要义在于出嫁女子在夫家勤俭持家、孝敬公婆，如此可以归安父母、不忘孝道。经学家希望借助这样一个故事，描摹一个长幼有序、孝老敬亲、勤劳善良、遵规守礼的上古家风，以此教化后世的女子以何为德，怎样做好女人的本分。

但是，这些都是汉以后的儒学家的理解。在笔者看来，《诗经》所记录的民间生活，或许正是稳固的夫妻体例、婚姻制度从成形到完善的时期，在这一时期，具有伦理含义的家庭观念日渐形成。而《葛覃》主旨，就是对"家"的信仰和依恋。有历史学者就认为，商周时期正是一个过渡的时期，商人的世界观是"自然宗教"的信仰，周代的天命观则已经具有"伦理宗教"的品格。"自然宗教"自然是指上古之时人们对于天、地的信仰与膜拜，以及由此而兴的巫术崇拜，这是一种原始的宗教。而到了商周时期，婚姻制度和家庭结构逐渐瓦解了氏族的组织体系，人们不再"知其母而不知其父"，而是"同姓从宗合族属"，一套以父姓为主体的父母、长幼伦理宗法逐渐形成，"伦理宗教"成为社会信仰的主流。

《诗经》的开篇之作《关雎》描述了这个"伦理宗教"的第一重含义，即摈弃了原始状态的男女交合方式，而以君子之礼与淑女之德组织起"婚姻"的家庭模式；而第二篇《葛覃》，则揭示了"伦理宗教"的第二重含义，即"家"的蔓延与繁茂，都不能离开"宗合族属"的根本，父母，父母的父母，由此而至"祖先"，就是一切宗法的起点。

一些诗评人认为，《葛覃》诗中的"葛覃""黄鸟"于诗义并无实质性的意义，不过是起"兴"的一种手法而已。我想诗人既然以此为"兴"，必然有其深刻用意的。葛藤蔓延，茂盛生长，但其根本仍在中谷；黄鸟于飞，喈喈鸣叫，但它们都集栖灌木。葛藤也好，黄鸟也罢，都与人类的家庭一样，繁茂兴旺，蔓延扩张，但是根本与栖息是有宗法的，不论是在外劳作的儿孙，还是重组小家庭的子女，心里始终得有一个牵挂，那就是父母的那个"家"。

就像《红楼梦》里，不管贾府有多大，不管你是信佛还是信道，向老祖宗请安是必须的功课。直至今日还是那样，像枝叶般伸展扩散的家庭成员，不管在外默默打拼还是喈喈鸣唱，总有个时候必须"归宁父母"。这就是中国人的宗教。

在后来的儒家传统里，天、地、君、亲、师形成五位一体的信仰格局，但是在老百姓真实的信仰体系里，天、地、君、师都是不可靠的，或过于抽象，如天和地，或过于具体，如君和师，唯有亲，即"祖先"成为最虔诚的信仰。再后来，不论道教还是佛教在中国的发展，都会融入"祖宗"的神位于其中。庙、观虽能遍及天下，但总不及宗祠更能聚集香火和祷告。人们有时候甚至会混淆祖先与菩萨、神仙的含义，一股脑地进行祭拜。

直至今日，每逢过年过节，农村地区还普遍盛行着祭拜祖先的庄重仪式，这些仪式虽因地域差距或宗族差异而有所不同，但其浓厚的宗教化特征却是大同小异，庄重而神秘，安静而虔诚。在以前，一个犯错误的家庭成员或者宗族成员的忏悔以及对他的教导，也通常是在祖宗的牌位下进行。

所以我以为，"家"就是华夏民族最普遍的宗教，"祖先"是我们最虔诚的信仰。虽然我们每个人信仰的"神"都是各不相同的，因为每个人的"祖先"是不一样的，是由自己的父母而追溯向上的"诸神"，但是其中所蕴含的哲学思维则是一致的，那就是本源。一个一个枝繁叶茂的家庭以"祖先"为"宗"结成一个"宗教派别"，并可由此一直上溯到十分久远的时代，使不同的"派别"找到共同的"根本"，从而形成一个逐渐归于一统的"教派"。这大概就是中国人世界观和人生观的反映吧。《葛覃》正是这种世界观和人生观的最早描绘。

3.《卷耳》：不要让思念远离

采采卷耳，不盈顷筐。

嗟我怀人，置彼周行。

陟彼崔嵬，我马虺隤。

我姑酌彼金罍，维以不永怀。

陟彼高冈，我马玄黄。

我姑酌彼兕觥，维以不永伤。

陟彼砠矣，我马瘏矣，

我仆痡矣，云何吁矣。

"当你在穿山越岭的另一边，我在孤独的路上没有尽头，时常感觉你在耳后的呼吸，却未曾感觉你在心口的鼻息……"很熟悉的旋律，很熟悉的歌词吧。"中国好声音"的舞台上，这首老情歌又回到了许多人的记忆。对，它就是齐秦的《思念是一种病》。说它是老情歌，其实相对《卷耳》，它又是何等年轻。因为《卷耳》，那才是三千多年前真正的老情歌。而这支古老情歌所表达的相思之意，与今天我们夜深人静独自聆听《思念是一种病》之时的心绪，又是何等相似。

穿越数千年的时空，人们的思念还是一样，人们的离情还是一样，人们的忧戚还是一样。正所谓中外同情，古今同慨！

让我们设想一个三千年前的故事：

洒满阳光的山岗上，没有雾霾，也没有尘土飞扬，空气清澈而明净，成双成对的黄鹂鸟儿在树梢和鸣，青翠的葛藤在山谷中交错蔓延。一条宽阔的大路，在层层叠叠的山间蜿蜒，直到渐渐消失远方。年轻的少妇挎着藤编的提篮，时而抬首眺望远方，时而俯身采摘卷耳。一会儿，少妇直起腰身，双眼迷蒙，望向谷中的葛藤、树上的小鸟，忽地发足奔向大路的转弯处，放下了藤筐，举目久久张望。在那里，可以看见山间大道盘旋伸展的最远处，然而，山野寂静空荡，大路上连一个人影也没有。忽然，寂静空山回荡起悠扬的歌声，那歌声满是感伤，满是离别之苦。歌声唱得树上的黄莺也停止了鸣叫，似乎在安静地倾听；唱得山谷里的葛藤轻轻地摇曳，仿佛要用极低极细的沙沙声响为之和声……

这歌声正是那少妇所唱。她用自己的心在吟唱：思念是一种病！

说《卷耳》是千古怀人第一诗一点也不为过。年轻的少妇用歌声表达她的心意、她的思念，但是，她没有直抒胸臆，没有哀叹自己是如何如何想念、如何如何凄苦，却臆想着自己所怀念的人儿，穿山越岭，马瘏仆痛，忧伤沮丧，"怀""伤"已极，只能独举酒杯，一杯一杯饮尽。他那"云何吁矣"的苦闷和悲戚，又何尝不是因为怀念远在故乡的妻子而起。正是"我在孤独的路上没有尽头"，而"你在穿山越岭的另一边"，我能感觉到你的呼吸，你也能感受到我的鼻息，我这边"不盈顷筐"，你那边"酌彼金罍"，我这边"置彼周行"，你那边"酌彼兕觥"。

俞平伯说："当携筐采绿者徘徊巷陌，回肠荡气之时，正征人策马盘旋，度越关山之顷，两两相映，境殊而情却同，事异而怨则一。所谓'向天涯，一样缠绵，各自飘零'者，蕲有诗人之造诣乎！"相隔天涯，却能心意相通，将思念写到物我相忘、"你""我"难分的境界，已是后世诗文很难企及的高度了。诚如戴君恩《读诗臆评》所评："情中有景，景中有情，宛转关生，摹写曲至，故是古今闺思之祖。"

思念使人神情忧惚，恍然若病。明沈守正《诗经说通》："通章采耳一下都非事实，所以谓思之变境也。一室之中，无端而采物，忽焉而饮酒，忽焉而马病，忽焉而仆痛，俱意中妄成之，旋妄灭之，缭绕纷纭，息之弥以繁，夺之弥以生，光景卒之，念息而叹曰：云何吁矣。可见怀人之思自真，而境之所设皆假也。"我们无从追究三千年前的诗作者是否全为假设，或者前半为实景，后半为假设，或者后半为实景，而前半为假设，但是文字中所透射出的种种悲苦、忧戚，无论你怎么解读，其情其意俱是一样。

过去的诗评对《卷耳》确有多种解读，或为妻子怀念征夫（女怀男），或为征夫怀念妻子（男怀女），或为征夫与妻子相互怀念的"两地书"（男妇相思），而经学家又将其笺注为后妃之德。《诗序》："《卷耳》，后妃之志也。又当辅佐君子求贤审官，知臣下之勤劳，内有进贤之志，而无险诐私谒之心。朝夕思念，至于忧勤也。"朱熹《诗集传》也说："此诗亦后妃所自作，可以见其贞静专一之至矣。岂当文王朝会征伐之时，羑里拘幽之日而作欤？然不可考。"

附会于后妃，终究有些牵强。但是，后妃也罢，妻子也罢，征人也罢，怀人之心却是相同的。这首诗的突出特点是情感完全交融汇一，很难分辩"你""我"。如果诗作者是"征人"，那么其本意是要表达自己对妻子深切的思念，却偏偏从对面着笔，自妻子对自己的思念写起，描摹出妻子因采卷耳而动怀人念、不盈顷筐而置彼周行的恍惚之状；如果诗作者是"征人的妻子"，恰恰相反，她由自己的恍惚之状而至设身处地，仿佛自己就是远征的夫君，历想其翻山越岭、人疲马病，极尽忧境伤怀、思家念亲之情。

这种推己及人的写法，足见思念之深之切。后世许多诗人在章法上借鉴这种方式，表达自己如痴如醉、如病如幻的怀人之情，也留下了众多令人嗟叹感叹的作品。杜甫《月夜》诗："今夜鄜州月，闺中只独看。遥怜小儿女，未解忆长安。香雾云鬟湿，清辉玉臂寒。何时倚虚幌，双照泪痕干。"正是安史乱时，诗人困居长安，对离乱中的家小深切挂念，然而心驰神往，偏写家人思己，情从对面而来，怀人之意已进一层；又遥怜儿女年纪尚小，未解相思之苦，思念之情更进一层。老杜这首"语丽情悲"之诗，与《卷耳》情投意合，可谓千古怀人之诗的"绝代双骄"。

元好问《客意》诗也有如此意境。"雪屋灯青客枕孤，眼中了了见归途。山间儿女应相望，十月初旬得到无？"青灯雪屋，异客孤枕，寂寞清冷之时，最是思念成痴之际，诗人因思入迷，因念生幻，仿佛清清楚楚看见了归家之途，恍惚还看见儿女们正在山间周行翘首相盼，依稀又听到儿女们相互议论："不知道父亲十月初旬能不能回家？"其情之真之切，怎不令人动心落魄。

回到《诗经》诞生的那个时代，人世间种种义理伦常尚在完成之际，而人类的情感却已推演到了极高的境界，其时文字也还未发达，民间的歌者却已经将这种情感拟写得如此生动深刻，实在令人叹为观止。《诗经》的前三篇，《关雎》展现了青年男女相思相慕之情，《葛覃》表达了离家儿女念家孝亲之慨，而《卷耳》描摹了夫妻离散思念成痴之意，每一首都情真意切、荡气回肠，自不是几章义理的训诂可以涵盖。

4.《樛木》：山中只见藤缠树，世上哪有树缠藤

> 南有樛木，葛藟累之。
> 乐只君子，福履绥之。
> 南有樛木，葛藟荒之。
> 乐只君子，福履将之。
> 南有樛木，葛藟萦之。
> 乐只君子，福履成之。

读《诗经》肯定不能离开"诗"产生的时代背景，这些诗歌每一首都是其所在时代的社会生活、社会文化、社会心理乃至社会经济的映照和折射，因此说它是一部当时社会生态的"时代密码"也不为过。

周公制礼，中国传统社会制度的产生大约自这一历史时期、这一地域范围开始形成，其中包括婚姻制度、家庭制度这一社会制度的最基本单元、社会细胞。以我们今天的历史观来看，其时正值从原始的部落文明、氏族文明

向稳固的农耕文明过渡的时期，农耕文明即家庭文明，以稳固的家庭结构来组织社会生产，促成了夫妻制度、婚姻制度、家庭制度从成形到完善，过去那种男女之间以相慕相爱为主的结合方式，已经过渡到一种以礼制克制相结合的方式。

《诗经》中大量的诗歌泄露出其时婚姻制度形成的消息，诗人以歌唱的形式对这些新的社会生态给予赞诵和宣扬。比如《国风》开篇三首《关雎》《葛覃》《卷耳》，分别透露出夫妻制度的形成、家庭架构的建立和婚姻生活的稳固等消息。又如《郑风·将仲子》"将仲子兮，无逾我里，无折我树杞。岂敢爱之？畏我父母。仲可怀也，父母之言，亦可畏也。"《豳风·伐柯》"伐柯如何？匪斧不克。取妻如何？匪媒不得。"映射出男女之间相慕相爱就可以在一起的时代已经一去不返了，而婚姻中的禁例、礼制开始出现。

再探《关雎》，我们可以看到原始的爱情冲动被理性所控制。君子虽然寤寐思服，但是他只是辗转反侧，如果搁在以前的社会形态里，他或许毫无顾及，甚至霸王硬上弓了，在原始时代那也是一种常见的情爱表达。但在"周公制礼"的新型社会形态里，这种原始的情爱冲动变成了有礼有节的"君子行为"，虽然"睁眼是你，闭眼是你，摇摇头还是你"，但是君子对所爱之人动心不动手，琴瑟友之，钟鼓乐之，以求打动芳心，自始至终都是"远观"而不是"亵玩"。

这正是采诗的乐官所乐意看到的，认为是周公"德政"的方向和目标。

也许由于产生的年代和地域有差异的缘故，不同的诗歌所表现出的制度形态也是不一样的，越早期的男女情事约束性越少，而越往后来礼制的约束就越来越多；地域上也一样，黄河下游开化早、礼制早，汉水、长江一带开化晚，各种禁例的约束也要稍晚。《关雎》是周南之风，汉水流域的民歌，其"君子"没有如"将仲子"一样"畏我父母"，也没有"匪媒不得"，但是也开始透露出那个时代的共同"密码"：男女青年美好的爱情和婚姻，都是在尊重他人、尊重对方、尊重父母等的条件约束下，才可以获得。

按照一般的考证，《诗经》的产生上自公元前11世纪，下至公元前6世纪，也就是自西周初年至春秋中期。传统的历史观念认为，周代以前，中国历史的主要地盘是在今天山东、河南、河北、山西、陕西一带，就是黄河中下游的区域，而汉水至长江中下游，包括湖北、安徽等地，仍然是蛮荒的未开化之地。而诗的产生从黄河流域到汉水、江水是都有份的，大致在上面所提及这些省份的范围。但是，从"二南"的这些民歌看来，长江流域的先民们家庭伦理的进化，或许也不在中原之后。

《樛木》之诗语义简洁而气韵深长，也有古代婚姻制度的信息透露。这首诗很容易让人联想到电影《刘三姐》里的一段经典民歌："山中只见藤缠树，世上哪有树缠藤，青藤若是不缠树，枉过一春又一春。"樛木为葛藟"累之""荒之""萦之"，其实都是一个意思，就是葛、藟这样的藤本植物，缠绕樛木攀缘生长，迁延覆遮，混为一体，其中缠绵悱恻之意不言自明。

但是，在古代经学家的眼里，这种缠绵悱恻变成了"后妃逮下"的品德。《诗序》："《樛木》，后妃逮下也，言能逮下，而无嫉妒之心焉。"意即后妃能与众妾和谐共处，不嫉其容貌、妒其才能，以通情达理、能言善治逮下安内，成就君子的福禄。汉儒们解诗，总喜欢将之与周文王、文王后妃联系在一起，仿佛这些诗歌都是周王朝时期歌功颂德的阿谀之作。到朱熹还是沿用的这种解释，认为"后妃能逮下而无嫉妒之心，故众妾乐其德而称愿之"。有些儒生或不与文王、后妃挂上钩，但也多解释为多妻的"君子"之家，妻能安妾治内，造福一家。

这样的解释在一夫多妻的时代，"君子"们用以教导妻妾和谐共处是很有用处的，唯乐其内治之成，所以能安享福禄，故曰"乐只君子，福履绥之"。但是，显然这样的教条化的解读使"藤缠树"的意境变得索然无趣了。清代方玉润似乎看到了这种无趣，他在《诗经原始》中指出："诗词并无乐德意，而何以见其无嫉妒之心耶？观累、荒、萦等字有缠绵依附之意，如茑萝之施松柏，似于夫妇为近。"方始探出了"藤缠树"的诗之要旨。

藤缠树，"九腔十八调"的客家山歌，被《刘三姐》借用唱遍大江南北，表达了男女主人公相慕相爱、私授终身的情怀，前几年齐豫齐秦姐弟有一个翻唱版本，更是将青年男女缠绵难分、至死不渝的情感演绎到了极致。"连就连，你我缘分定百年，哪个九十七岁死，奈河桥上等三年。"不知道这令人荡气回肠的山歌，是不是起源于"樛木""葛藟"的意象。

古人表达各种情感，多半会借物来说情，察物而观心，睹物而起意，这也正是诗的意境之所在。《诗经》中的物，多为自然之间的动植物，飞鸟鱼虫，树木藤葛，尽是原生原态的景致，却渗透出质朴和深厚的蜜意浓情。这与当时人们的生活状态是分不开的，农耕狩猎，每天与这些自然之物相伴相随，既是劳作的对象，也是情感的寄托，所以能够物心我用。人们以"比""兴"来概括这种艺术化的表述方式。所谓"兴"，"先咏他物以引起所咏之词也"（朱熹《诗集传》）。就像这首诗歌里，以"南有樛木，葛藟累之"为"兴"，而咏"乐只君子，福履绥之"，从藤蔓缠树的自然景象起兴，来赞颂君子福广禄厚。

这首诗的意境也全在"樛木"与"葛藟"的这种"累之""荒之""萦之"的关系上。现今比较能为众人所接受的注解是，这是一首新婚祝福歌。婚礼之上，新郎携新娘出场，众人齐声赞美，围着新郎新娘以歌声表达祝福，歌中唱道："南山有树高高长，青藤绿葛相缠绕，眼前君子美如斯，一生福禄相伴随。"如此反复吟唱，新郎新娘岂不觉得幸福美满之极。回到当时的时代背景之下，这样一幅"风情画"是不是更合时宜呢？

所以，诗中透露的是人们对于新式婚姻的赞美与祝福。这种新式的婚姻结合方式，究竟是男女自由恋爱，还是"言告父母"而结成的姻缘，在这首诗中没有交代。在当时的人们看来，这似乎并不重要，重要的是夫妻能够藤树相绕、牢不可分，这才是福履"绥之""将之""成之"的源泉。

5.《螽斯》：农耕社会的生殖崇拜

螽斯羽，诜诜兮。宜尔子孙，振振兮。

螽斯羽，薨薨兮。宜尔子孙，绳绳兮。

螽斯羽，揖揖兮。宜尔子孙，蛰蛰兮。

《诗经》里很多篇章都是和结婚生子有关的，展现了中国古代先民对生殖能力的顶礼膜拜，《螽斯》是其中一个代表。《诗序》说："《螽斯》，后妃子孙众多也，言若螽斯不妒忌，则子孙众多也。"朱熹《诗集传》也认为："故众妾以螽斯之群处和集而子孙众多比之。"都是说这首诗告诉了人们子孙众多是人生之大幸福的道理。

子孙，是生命的延续，承载着家族的希望，更担负着人类的繁衍之责。中国人自古以来一直承袭着"多子多福""生生不息"的生命理念，这种理念可以追溯到原始先民的各种图腾。《庄子·天地》记载了"华封人三祝"的故事："尧观乎华。华封人曰：请祝圣人，使圣人富，使圣人寿，使圣人多男子。"在尧的时代，"富、寿、多男子"就是见面最热忱的祝福。《列子·汤问》则记载了"愚公移山"的故事，更表达了古之先民"虽我之死，有子存焉；子又生孙，孙又生子；子又有子，子又有孙；子子孙孙无穷匮也"的美好愿景。

为什么会"借螽斯为比"？我查了一下资料，原来螽斯就是蝗虫、蝈蝈之类的昆虫，是直翅目昆虫的一个科，全世界有 6800 多种。法布尔的《昆虫记》中记载了白额螽斯、蝈蝈、蝗虫等多个螽斯科的昆虫，它们一个共同的特征是繁殖能力极强，一窝可以产下 20 到 30 枚卵，其中尤以蝗虫为甚，一年之内可产下两到三代。中国古人一般将蝈蝈和蝗虫统称为"螽斯"。我认为《螽斯》里的"螽斯"，是蝗虫的可能性更大。在以稻作农业为主的农耕社会里，蝗虫入侵是一种常见的灾害，凡飞蝗掠过，必满目疮痍，正所谓"曾是蝗虫盖地皮"。先民们对于蝗虫带来的巨大灾难，由痛惜而生敬畏，"蝗虫本是飞来物，天遣来为百姓灾"，既是天遣而来，必有神秘缘由，害虫由是衍生为图腾，而这种图腾恰又暗合了先民对生殖能力的崇拜。据说大禹的名字也来源于此，《说文解字》对"禹"的注释即为"虫也"，这个虫应该就是指的蝗虫。

《螽斯》和他前面的一首《樛木》、后面的一首《桃夭》，可能是三千年前婚礼上的赞歌。那应该是一场十分隆重而热烈的仪式：新郎新娘出场，族人们团团围住，手舞足蹈，边跳边唱，一首接着一首，赞美新郎，赞美新娘，祝贺新郎新娘"子孙满堂"，像螽斯一样种族兴旺。由此还产生了一个专门祝福新人的成语"螽斯衍庆"。如今，很多地方仍然有结婚时在婚床上放上红枣、花生、桂圆等物的民间习俗，图的就是"螽斯衍庆"的兆头，正是这种生殖崇拜的残留见证。

实际上，中国古代生殖崇拜的对象还有很多种，例如鱼、蛙、龟等等，俱是远古部落时代的重要图腾,这些图腾通常都与生殖和繁衍的能力息息相关。鱼、蛙、龟不仅具有与人体器官象形的特征,而且是繁殖力极强、生存力极强的动物,原始初民以此寄托繁衍不息的美好愿望。正如黑格尔所说:"东方所强调和崇拜的往往是自然界的普遍的生命力,不是思想意识的精神性和威力,而是生殖方面的创造力。""更具体地说,对自然界普遍的生殖力的看法是以雌雄生殖器的形状来表现和崇拜的。"

闻一多说:"在原始人类的观念里,婚姻是人生第一大事,而传种是婚姻的唯一目的。""生子的欲望在原始女性是强烈得非常,强烈到恐怕不是我们能想象的程度。"他有专门的文章《说鱼》论述了中国古代的鱼崇拜。在出土的古代文物中,鱼是十分普遍而分布广泛的图案和纹饰,尤其以双鱼图最为常见。双鱼形似女性生殖器,而鱼的多产又是生殖能力的象征,因而成为远古先民的图腾。闻一多说,种族的繁衍如此被重视,而鱼是生殖力最强的一种生物,所以在古代青年男女间,若称对方为鱼,那就等于说:"你是我最理想的配偶!"

蛙是中国古代的另一个图腾,蛙纹图形在出土的史前文物中也十分普遍。据社会学家研究,不仅在中原地区的仰韶文化里,鱼、蛙图腾的特征明显,西北地区的马家窑文化里,也常见蛙纹图案,一些少数民族的神话传说中,也能找到蛙图腾的遗迹。蛙和鱼一样,也是生殖能力强盛的符号,蛙的腹部深,形似母腹,产子甚多,每到春季,池塘边蛙卵黑压压成片,夏秋时节,更是"听取蛙声一片"。这和螽斯、鱼在文化人类学上都有如出一辙之妙。一些学者还认为,中国神话传说中抟土造人的始祖"女娲",即由雌蛙图腾衍生而来的神。

为什么东方文化,尤其是中国文化十分强调和崇拜自然界的这种繁殖力、生存力?这与黄河长江为人们提供的特殊生存环境有关。一方面大河冲击出良田沃土,为先民们提供了耕作水稻和其他农作物的生产环境,使他们可以安稳地定居下来,但另一方面,江河泛滥又使人们的生存环境变得恶劣,一场洪水也许会夺走整个部落族群的生命。还有火灾、风灾、地震乃至战争等种种灾难。一场灾难往往造成的是人口减少、部落式微、族群衰落,由是先民就只有祈求能够多生多育，"子子孙孙无穷匮也"。

当然，生殖崇拜在全球文明中都是不可或缺的元素，男女生殖器崇拜的遗物和遗迹，几乎在世界各地都有发现。这也不难理解，在远古人类的活动中，自然环境时时在威胁着他们的生存，只有生殖是一种神圣的力量，可以让人类获得繁衍的机会，也从性的愉快体验中获得灵魂的升华。但是，东西方生殖崇拜的文化差异在于，东方文化强调了前者，即"生殖方面的创造力"，而西方文化则强调了后者，由性而生的"思想意识的精神性和威力"，所以在西方的图腾里，往往与性器官直接相关联的居多，而像中国古代这样与繁衍能力相关联的较少。造成这种差异，可以归结到生殖崇拜幕后的灾难哲学。

6.《桃夭》：陶渊明的"时空异区"

桃之夭夭，灼灼其华。

之子于归，宜其室家。

桃之夭夭，有蕡其实。

之子于归，宜其家室。

桃之夭夭，其叶蓁蓁。

之子于归，宜其家人。

公元405年，也就是距今1600多年前，东晋一位刚过不惑之年的小公务员辞职了。从此隐居山林，一边种田一边读书。然而隐士的生活并不美好，天灾绝收，屋漏逢雨，大火夺去了他的房子，离职公务员一直过着十分清苦的日子。15年之后，一个重大历史事件突然爆发，刘裕篡位弑君，小公务员曾经几度供职、既深恶之又实恋之的国家不复存在，虽然这十多年来一直过着"悠然自得""采菊东篱"的日子，然而"猛志固常在"，心中也不能不生涟漪。

但是，作为一位小人物，他无法改变国家动荡、官吏贪腐、民生疾苦的时代现状，又不愿同流合污参和丑陋的社会现实，只能借助天马行空的想象，寄托自己的政治理想与生活愿望。于是，他写下了中国有史以来的第一部科幻小说，或者也是全世界第一部科幻小说：

"晋太元中，武陵人捕鱼为业。缘溪行，忘路之远近。忽逢桃花林，夹岸数百步，中无杂树，芳草鲜美，落英缤纷，渔人甚异之。复前行，欲穷其林。林尽水源，便得一山，山有小口，仿佛若有光。便舍船，从口入。初极狭，才通人。复行数十步，豁然开朗。土地平旷，屋舍俨然，有良田美池桑竹之属。阡陌交通，鸡犬相闻。其中往来种作，男女衣着，悉如外人。黄发垂髫，并怡然自乐。见渔人，乃大惊，问所从来。具答之。便要还家，设酒杀鸡作食。村中闻有此人，咸来问讯。自云先世避秦时乱，率妻子邑人来此绝境，不复出焉，遂与外人间隔。问今是何世，乃不知有汉，无论魏晋。此人一一为具言所闻，皆叹惋。余人各复延至其家，皆出酒食。停数日，辞去。此中人语云：'不足为外人道也。'既出，得其船，便扶向路，处处志之。及郡下，诣太守，说如此。太守即遣人随其往，寻向所志，遂迷，不复得路。南阳刘子骥，高尚士也，闻之，欣然规往。未果，寻病终，后遂无问津者。"

这位小公务员名叫陶渊明，他的这部充满奇幻想象的作品名为《桃花源记》。说它是科幻小说，是因为它具备了科幻小说的基本要素（虽然科幻小说是近代才兴起的一种文学体裁）：科学、幻想和小说。"幻想"自不必说，"小说"也可以去争论，单就"科学"而言，陶渊明没有写神，没有写怪，没有写狐仙、幽魂，他写的是人，一群未知世界、未知领域里怡然自乐的人，这与中国历史上的神话传说和志怪小说是完全不同的。用今天的科学来看，他构建的或许是一个多维度空间随机演化的"平行宇宙"，或许是因时间长度被磁场改变而出现的"时空异区"。老陶当然不可能知道这些今天的前卫物理概念，但是却在1600多年前用自己的想象创造了这样一个物理世界。看看那个"初极狭"继而"豁然开朗"的小山口，岂不像极了今天好莱坞科幻电影里时空穿梭的桥段？

为什么酷爱菊花的陶渊明，幻想出的"平行宇宙"或者"时空异区"，却是一个桃花盛开、落英缤纷的世界？

在中国传统里，花文化是一种独特的文化现象。古人云："草之晶在花。桃花于春，菊花于秋，莲花于夏，梅花于冬，四时之花，臭色高下不齐。其配于人也亦然，潘岳似桃，陶元亮似菊，周元公似莲，林和靖似梅。"花不仅是各种景物情致的代表，还被赋予了不同的人格象征（陶渊明的人格一直和菊花挂钩）。缤纷的花文化中，又以桃花别具一格。梅花坚韧，菊花恬淡，莲花高洁，都是君子的品格，而桃花，一面是鲜艳靓丽的譬喻，一面又是狂情乱性的表征。在历代的文学文化作品中，桃花的这两种"花性"总是交织出现，成为中国花文化中一个独特的分支。

桃花作为一种文化现象，最早的起源当可追溯到这首《桃夭》。清姚际恒《诗经通论》："桃花为最艳，故以取喻女子，开千古词赋咏美人之祖。"方玉润也说它"艳绝，开千古词赋香奁之祖"。基本上定下了其为桃花文化源流的调子。这里的桃花，"夭夭""灼灼"，婀娜妍茂又热情如火，正是年轻美丽、活力四射青年女子的最好象征。

桃花盛开的季节，正是万物逢春、雌雄情发的时令。桃花色泽艳丽，香气馥烈，古之男女，于艳阳之下，花簇之间，常常会触景而生情，闻香而动性，引发内心的种种骚动，故而很早以来，桃花时节也是青年男女婚配的好时候。《易经》中记载："春桃生花，季女宜家。"说的就是这个道理。而《周礼》记载："仲春之月，令会男女。于是时也，相奔不禁。"可见，在周初或者更早的时候，还有一种男女相会的仪式，而这种仪式正是在桃花盛开之时举行。今天汉族及一些少数民族都有"三月三"的节日，节日里男女相会，水边饮宴，郊外游春，或许就是这种古老仪式残留下的痕迹。可见，在华夏文化里，桃花与男女情事之间很早就建立了联系。

桃花很早就成为一种文化现象，实则也是一种原始的图腾。如前篇所述，在先民的图腾中，蠡斯、鱼、蛙都可以成为生殖崇拜的对象，因为他们都有象形的特点，又有多产多子的特征，符合了先民们期望子孙绵长、族群壮大的心愿。实际上这种图腾不只有动物，也有植物，譬如"施于中谷"的"葛覃"，"累之""荒之"的"葛藟"，它们"绵延""缠附"的特质，也正好符合了先民对家庭和族群的期许。

桃花不仅在时令上与男女情发同期，在性状上也与鱼、蛙、蠡斯等有相近之处，多产是其突出的特点。钱钟书《管锥编》："'夭夭'总言一树桃花之风调，'灼灼'专咏枝上繁花之光色。""第二章、第三章自'其华'进而咏

'其叶''其实'，则预祝其绿荫成而子满枝也。"桃树的勃勃生机、硕果累累，成为古人借以期盼生育旺盛、子嗣众多的一种象征，生殖崇拜不仅之于动物，于植物亦然。实际上，在传统文化里，花常常被用来指代女性生殖器官，一方面是因为象形的缘故，另一方面也是自古以来，人类长期观察植物繁衍以花为本孕育新生得出的结论，花生果，女生子，又是一种会意。先民的图腾，往往都是象形与会意的总合。

由先民的这种图腾和崇拜，桃花逐渐演绎成女性的文化符号，其光艳鲜亮的外形和丰盈甘美的内涵，都符合了人们对于女性的文化诉求，正所谓"人面桃花相映红"。桃文化自此成为中华女性文化的表征。桃花既然象征了女性，在最初的时候又是情欲勃发的代表，后来的文化里又加以衍化，变成了"情色"的隐喻，所谓"桃花运""桃花劫""桃色事件"之类的词语，恐怕即由此而来。明清时代的艳情小说中，如《桃花影》《桃花扇》等，俱是借桃花喻女色，其根源亦在先秦之时的这种桃花崇拜吧。

在陶渊明的时代，桃花文化似乎还没有成为情色的隐喻，但其女性形象和繁殖象征却是显见的。陶渊明在写《桃花源记》时，先秦以来的桃花崇拜恐怕早已根植于他的文化意识，他所奇思妙想构筑的"时空异区"，不是"悠然采菊"的南山下，而是落英缤纷的桃花源，其发轫恐怕还是《桃夭》这首"千古词赋香奁之祖"。就像电影《阿凡达》里潘多拉星球上的"家园树"一样，桃树和桃花象征了"桃花源时空"生命繁衍的能力。在陶渊明的潜意识里，这个自然安逸、宁静和谐的理想世界是可以繁衍的，是一个可以不断生长壮大的宇宙，像桃林一样"灼灼其华""有蕡其实""其叶蓁蓁"，而不会成为孤立的、坍缩的宇宙。他不能改变自己所生存的时空，只能幻想一个理想时空的成长。

7.《芣苢》：三千年前的文字游戏？

采采芣苢，薄言采之。

采采芣苢，薄言有之。

采采芣苢，薄言掇之。

采采芣苢，薄言袺之。

采采芣苢，薄言襭之。

采采芣苢，薄言襭之。

刚刚读到《芣苢》的时候，我以为这不过是三千年前的一个文字游戏：全诗十二句，仅以"采采芣苢，薄言采之"二句反复，每反复一次只改动了一个字。而这改动了的六个字，其字面意思虽然略有不同，但所要刻画的无非是同样一个动作，那就是"采"，采来采去，采了又采。

为什么要这样略改一字地不断重复？最初我以为，先民们对于新创的文字表现出浓厚的兴趣，在诗歌创作过程中，总希望以最齐全的文字创造表达生活中各种细微的差异。比如手上的动作，仅这首诗里就有采、有、掇、捋、袺、襭的不同，用今天的语言可以翻译成用手去采摘、捡拾、用衣襟兜盛等。每一个细小的动作变化，都有一个字可以与之对应。这大概是先民们追求的一种理想的文字表达状态。

《诗经》里这样的"微差异反复"有很多处。比如"参差荇菜，左右流之""参差荇菜，左右采之""参差荇菜，左右芼之"，"之子于归，宜其室家""之子于归，宜其家室""之子于归，宜其家人"。再比如"马"，在《诗经》中就有驹、骒、牡、牝、骖、骐、骥、骐、骃、骝、骊、驳、骢、骆、骃、骝、骃、骍、骝、骥、骓、骥、骝、鱼等几十种说法，不仅不同年龄、不同性别的马叫法不同，每一种有着细微毛色差别的马也有不同的叫法，骊是大腿间有白毛的黑马，骥是小腿上有白毛的马，骍是赤白相间的杂毛色马，鱼是两眼眶有白圈的马，如此"一事一议""一物一词"，实在令人叹为观止。

"采采芣苢"或许是早期农耕时代的一项重要农业活动。劳动者在田野间一边劳动一边体会动作上的变化万端，于是创造了采、有、掇、捋、袺、襭等各种动词。虽是文字创造的一种游戏，但却是先民们智慧的结晶，也为中华文化的语言府库筑起了博大精深的根基。

但它又不仅仅是语言文字的变换游戏。反复吟诵这十二句不断重复的章句，你会感受到一种节奏的律动，这节奏忽张忽弛，时强时弱，与自然界的生发韵律相应相和，又让你生出五彩斑斓的想象。正如胡适先生所说："一群女子，当着光天丽日之下，在旷野中采芣苢，一边采，一边唱。"那画面岂止是太美你不敢看，简直要生出时光机器让自己直接穿越而去，身临其境。

虽然"没有多深的意思"，但你绝不会觉得单调、沉闷，而是在音律的变幻和想象的浮沉中，体悟到生命的张弛与自然的律动。当这张弛有度的生命律动与自然律动浑然一体的时候，音乐诞生了，诗歌诞生了，艺术诞生了。

《芣苢》以最简单的文字和曲调，引起了历代《诗经》研究者致为浓厚的兴趣，我想其中的奥秘或源于此。清代方玉润细致地还原了这种如诗如画的"原始"场景："读者试平心静气涵咏此诗，恍听田家妇女，三三五五，于平原旷野、风和日丽中，群歌互答，余音袅袅，若远若近，忽断忽续，不知情之何以移，神之何以旷。则此诗可不必细绎而自得其妙焉。"诗歌之妙，就在于不去实写个人的心境、遭遇，不去讲话所谓经义的道理，而是用寻常事物、寻常动作描绘出一幅生动画面，展现一个舒缓宁静的意境，给人一种心旷神怡的感受。

这正合了王国维的"境界说"：能写真景物真感情者，谓之"有境界"，不然则谓之"无境界"；境界又可分"有我之境"与"无我之境"，"以我观物"是"有我之境"，"以物观物"则为"无我之境"。《芣苢》一诗，以简单的节奏和明快的韵律，写出真景物真感情，可谓无我之境！

闻一多对《芣苢》也作了一大段的"现场还原"："现在请你再把诗读一遍，抓紧节奏，然后合上眼睛，揣摩那是一个夏天，芣苢都结子了，满山谷是采芣苢的妇女，满山谷响着歌声。这边人群中有一个新嫁的少妇，正捻那希望的珠玑出神，羞涩忽然潮上她的靥辅，一个巧笑，急忙地把它揣在怀里了，然后她的手只是机械似的替她摘，替她往怀里装，她的喉咙只随着大家的歌声唱着歌声——一片不知名的欣慰，没遮拦的狂欢。"

读到这里，你还要对这首诗作什么样的解读呢，就像听一首美妙动人的音乐，你还需要一字一句地给她解说吗？诗中那种原始状态的境界，一定会让你心生辽阔。总共只有48个字，而不计重复的单字则仅为12个，如此简单的一首诗，却成为千古绝唱，我们又岂能不感佩于古人"文字游戏"的功夫？

这样的简单的文字游戏，后世也有："江南可采莲，莲叶何田田。鱼戏莲叶间。鱼戏莲叶东，鱼戏莲叶西，鱼戏莲叶南，鱼戏莲叶北。"简单的重复，初读觉得甚是单调，继而生出一种韵律，由俗生雅，反复吟诵，则会如见其物，如临其境。近现代也有这样的游戏："在我的后园，可以看见墙外有两株树，一株是枣树，还有一株也是枣树。"看似毫无意义，实则景真情真，意境悠然！

8.《麟之趾》：中国人的"朝圣"

麟之趾，振振公子，于嗟麟兮。

麟之定，振振公姓，于嗟麟兮。

麟之角，振振公族，于嗟麟兮！

一年一度的春运，就是一次亿万人的"朝圣"！它是人类历史上规模最大的短期人口流动：将近30亿人次的东西南北大迁徙，相当于在短短40天时间里，全中国人口"乾坤大挪移"了两次。如此举世罕见的挪移奇观背后，目标只有一个：回家、过年。

即使是在沟通联系已经十分方便的现代社会，人们可以通过打电话、视频聊天、QQ、微信等等方式即时、便捷地交流亲情、友情，但是回家过年依然是多数中国百姓一年到头的最大心愿。家的观念，不管在什么样的时代背景下都是中国人最浓厚的传统观念，过年的习俗即使有不断推陈翻新、花样百出的形式，团圆依然是这个节日所秉持的核心文化价值。

可以说，家，是每个中国人心中的圣地，是中国百姓最普遍的信仰教场。而过年，则是一次信仰的仪式化表达，是一场盛大的心灵的修持活动。

这就是中国人的"精神朝圣"，是中国人通往自己信仰圣地的一次旅程。他们有着共同的信念和共同的教义，那就是"家"，以及潜藏在家的信念背后的对于祖先、宗族的信仰。他们没有共同的神，但是每个人的"祖宗"都是自己心中的神。

中国是在开放型社会结构建立之后，才有了"春运"这一世所罕见的流动奇观。但是，中国人的"朝圣"并不是有了春运才开始。实际上，在中国数千年的历史上，祖宗的信仰以及年节时候宗教化的祭祀仪式一直以庄重、严谨的姿态，奉行在汉文化浸染的各地。就像鲁迅在《祝福》中所描述那样："杀鸡，宰鹅，买猪肉，用心细细地洗"，"煮熟之后，横七竖八地插些筷子在这类东西上，可就称为'福礼'了，五更天陈列起来，并且点上香烛，恭请福神们来享用"，"拜的却只限于男人，拜完自然仍是放爆竹"，"年年如此，家家如此"。

我小时候所见的过年仪式，比这描述更加的庄严慎重：从腊月二十四将"祖先"请回家中，直到正月十五送"祖先"回归山野。这期间要经历好几次的盛大祭祀，每次都是摆上八仙桌，桌上是倾尽家道所能摆满的菜肴，酌酒三旬，如同"祖先"真的在座欢谈畅饮，桌前还要化纸钱，点香烛，放鞭炮，家族成员由长及幼，依次跪拜。年长的一边拜嘴里一边叨叨念念，大意是祈求祖先保佑。小孩子们有时候会忍不住偷偷要笑，家长立即瞪眼喷止，孩子也就不敢笑了，赶紧老老实实跪到地上，对着八仙桌结结实实叩上三个响头。

这就是我们最普遍的信仰，信祖宗，信先人，祈求祖先保佑，祈福家道兴旺、子孙昌隆。这种信仰在《诗经》的时代就已见端倪。《螽斯》里"宜尔子孙，振振兮"的颂词，《桃夭》里"桃之夭夭，灼灼其华"的赞美，其意也是祝福儿孙满堂、开枝散叶的意思。《麟之趾》将这种祖宗开枝散叶的关系具体的描绘出来：由"子"及"姓"而至"族"，这是中国古人对于宗族社会基本结构的一种认识，是由原始的氏族部落演绎生成的一种宗法制度。在春秋时期及其以前，人们期盼的就是这种宗法社会结构下的族姓繁荣，子又生孙，孙又生子，子又有子，子又有孙，子子孙孙无穷匮也。

以"公"为祖，往下而子、而姓、而族，由亲及疏，由近及远，由中心而扩散，这就是古时宗法制度的典型结构。这种结构通过诗人们的咏叹吟唱，固化下来，成为人们遵从的社会规范。周代的宗法制度是以血缘关系为基础的群体关系，是以共同的祖先为纽带构成一定的社会结构。西周春秋时期的宗法制度，以嫡庶有别、顺序继承为礼法。实际上是通过标榜尊崇共同的祖先，维系社会关系的稳定，按照一定的礼法约束，来规范社会结构内部的运转，包括秩序的维护、权力的分配、利益的配置。

春秋战国时期的所谓礼崩乐坏，就坏在宗法制度的崩溃上。诸侯之子为争夺诸侯之位互相撕杀，杀兄、弑父夺位的宫斗大戏不断上演，使原来的社会规则逐渐瓦解。但是，宗法制度对于后世的意义却没有随之消失，甚至产生了更为深远的影响，那便是形成了汉文化中"尊祖故敬宗"的特殊的信仰系统。

最初的尊祖敬宗，大约是由于原始的家长制生出权威，使其后辈敬畏，在其死后这种敬畏情绪与子孙的思念情绪交织，而成为一种原始的崇拜，子孙们也希望得到逝去前辈的庇佑。特别是一些有贤名、有建树的"家长"，必定在其子孙之中成为膜拜的对象，甚至渐而至于神化。这种原始的崇拜，演化为一种宗教化的信仰，并生成种种带有宗教仪式感的祭祖活动来。

宗族观念深入人心，在后来两千多年的社会结构中，"宗族"成为中国社会的主要社会结构，"家"的信仰也成为中国社会一贯的主体社会信仰。尤其到宋明以后，理学家和官僚地主主张重建宗法组织，稳定封建秩序，使这种信仰更加固化，形成一套完整的制度。如理学家张载所说："管摄天下人心，收宗族、厚风俗，使人不忘本，须是明谱系世族与立宗子法。宗法不立，则人不知统系来处。"

"宗祠""族谱""族规""族长"等兴盛起来，宗族制度泛化为一种普遍信仰。"族谱"的修订世代不断，如果中断，会被认为不孝，犹如宗教的教义一般。而"宗祠"是同姓同族尊祖敬宗的重要场所，各种隆重的宗族仪式在这里举行，亦如重要的宗教活动场所。

"公""姓""族"的结构，表达了中国人生生不息的繁衍崇拜。但是，于这种崇拜中又加入了"道"与"德"的价值判断：有德行的人子孙绵延，缺德的人断子绝孙！所以，《麟之趾》就是先民基于道德判断的繁衍崇拜。仁厚君子如麒麟出世，子孙绵长，振振不息。这就是中国人对于"家族"崇拜的最简洁描绘。

尽管一段时间以来，以祖先为祭拜对象的祭祀活动变得淡化，形式也日渐简单，甚至有消逝的趋势，但是潜藏在百姓意识深层的集体思维，仍然是以这种家族为信仰、祖宗为真神的自我修行。年节之时，对自己精神来一次盘点回顾，向祖先做虔诚的禀告和忏悔，与内心真正的神祇——祖先——做一回真诚的对话；还要祈求祖先的庇佑，为自己及子孙祈福于先人；当然还是将这种传统向子孙继续传递。

这也许才是回家过年的真正意义。

9.《鹊巢》：先秦时期的炫富婚礼

维鹊有巢，维鸠居之。

之子于归，百两御之。

维鹊有巢，维鸠方之。

之子于归，百两将之。

维鹊有巢，维鸠盈之。

之子于归，百两成之。

我读《诗经》，本来是想钻进故纸堆，感受一下两三千年前祖先们的所思所想，体验一下"文明前"的生活乐趣，借此摆脱俗务之浮躁，沉静繁忙之内心。然而一篇一篇啃读下来，却总是会不自觉地与现实生活勾连起来。然而"细思"之后未必"极恐"，其实两三千年前的老祖宗已经决定了我们今天的生活方式，或者说他们的所思所想正是我们这些晚生后辈"集体意识""集体无意识"的源流。

比如读到这首《鹊巢》，就不由得联想到当下民间流传的"万紫千红一片绿""一动一不动"之类"热词"。原来这些"热词"并非今天所独有，老祖先们早在两三千年前就在为"动"与"不动"而纠结。如果你还不知道这些"热词"是什么意思，那我暂且卖个关子，先来读这首诗——

话说公元前某年某月某一日，晴空万里无云，空气清新透明，那一处野花繁盛、绿树掩映，清泉淙淙从竹林里流出，汇入鱼蛙相戏的池塘。近处，有鹊鸟立在怪石之上，一动不动，似乎乱石之上一只雕刻的作品；远处，空山之间传来一阵阵"布谷""布谷"的子规啼鸣。池塘边的小木屋里，姑娘穿着母亲缝制的新衣，端坐窗前，一会儿抬起眼眉望向窗外新修的大路（当时应该称为周道），一会儿侧目于木屋旁边的竹林深处，满面娇羞。姑娘的母亲拿着鱼骨一样的木梳，一边给女儿梳头，一边不停地说着什么、唱着什么……

忽然，隆隆如震天滚雷一般的轰响从远处袭来，刹那间漫天蔽日的尘土飞扬跋扈似的裹挟了整个村庄，宁静的山村顿时被尘烟笼罩。鹊鸟惊飞，子规早已不知踪影。尘烟散去，只见宽阔的周道上黑压压尽是车马，见首不见尾。车前有骏马精神抖擞，车上有旌旗迎风招展，个个都打着相同的LOGO。这大概就是当时最豪华的跑车，而旌旗上那鲜明招摇的LOGO，就是车主人贵族身份的象征。

大约一个时辰（或者更短的时间）之后，这个超豪华车队再次卷起铺天盖地的烟尘，载着穿上了新衣的姑娘轰隆隆地远去，留给村庄的是烟消云散过后更加安详的寂静。鹊儿回到了怪石上，"布谷"的啼鸣又依稀可闻。一个穿着破旧粗麻单衣的年轻小伙，从竹林深处走出来，痴痴地望着蜿蜒伸向远方的路……

有人在路的那头唱起了歌：

鹊儿筑巢子规居，姑娘出嫁有车御，

马车要有一百辆，姑娘才能出门去；

鹊儿筑巢子规占。姑娘出嫁有车送，

马车要有一百辆，姑娘才能上车行；

鹊儿筑巢子规住，姑娘出嫁有车护，

马车要有一百辆，姑娘才能成双配。

歌声穿林樾，小伙听得心欲碎，只恨自己没房又没车，衣着褴褛还要干粗活，娶不上心爱的姑娘，反让她嫁入了豪门。唱歌的或许是村里的旁观人，他明白小伙的心思，同情小伙的处境；但他也为姑娘祝福，欣欣然于这个礼乐的新时代，也为这样一个奇怪的时代而深感无奈。

以上情节纯属虚构，如有雷同，则是意外。但是，在周公制礼的时代，能娶上个媳妇，也许就是一场意外。《鹊巢》这首召南之地的民歌，历代解诗者多以为是祝福之歌，就像周南之地的《樛木》《螽斯》《桃夭》等民歌一样，是在姑娘婚礼上的赞颂、吟唱。

《鹊巢》之诗，以鸠占鹊巢起兴，是一个很特别的意象。《毛诗序》谓"鸤鸠不自为巢，居鹊之成巢"。这里的鸤鸠就是我们通常所说的杜鹃，或曰子规，民间所称的"布谷"是其中一种。今天我们知道，杜鹃是一种寄生的鸟类，它自己不会做窝，也不会孵卵，而把卵产在画眉、苇莺等的巢窝里，让这些鸟替自己孵化。待到杜鹃幼鸟出来后，还会立刻把其他的卵扔出巢外，不让其孵化成功。聪明的祖先注意到这一自然现象，还将其唱进了歌谣。

古人解读《诗经》，往往以儒家遵从的道德教条作为标准，使诗意变得牵强附会、索然寡味。近世的学者则以为"鸠占鹊巢"是一种不劳而获，甚至是赤裸裸的抢夺行为，因而这首诗的主旨里充满了讽刺与控诉的情绪。从来只见新人笑，有谁看到旧人哭，有人认为这首诗就是弃女所作，或者是旁人作来同情弃妇、为弃妇代言的。以鹊喻弃妇，以鸠喻新妇，新妇以百辆之乘极尽招摇地嫁入了王侯之门，鸠占鹊巢，将旧妇之家据为己有。这便是婚姻制度产生之后丧失社会地位的妇女的悲剧。

《鹊巢》被收为《国风·召南》的第一首，当是召南之地流传甚广的民间歌谣，就像《关雎》作为《国风·周南》的第一首，是周南之地的"风"诗之最要。"风者，民俗歌谣之诗也。""风"诗的要义在于民间广为传唱，而被周朝的诗官辑为"官乐"。如果仅是为贵族弃妇鸣冤叫屈的歌谣，是不可能被当时之世的"官方媒体"收录为正统，且放在显要的"版面""隆重推介"的。

从这一点来看，《鹊巢》作为婚礼上的颂词的可能性更高。但是，这种颂词与其说是祝福、祷告之词（如方玉润所说），不如说是那个时代赤裸裸的"炫富"，是公侯贵族对身份、地位、金钱、财富的肆意炫耀。

周公制礼，以礼乐文化来维系和规范社会等级秩序。而在礼乐之中，婚礼是根本。《礼记》："昏礼者，礼之本也。"婚礼的产生，本意在于"男不亲求，女不亲许"，使原始阶段黩乱的男女关系变得有序起来，同时还要防同姓同族之间所谓的近亲繁衍。但在社会等级分化愈益明显的时代背景之下，婚礼变成了越来越烦琐、隆重乃至物质化的仪式，从纳采、问名、纳吉、纳征到请期、亲迎，每一道工序里都充斥着浓烈的"金钱的味道"。

比如"纳征"，又称"纳币"，就是纳聘礼。周朝"凡嫁女娶妻，入币纯帛，无过五两，士大夫以玄纁束帛，天子加以毂圭，诸侯加以大璋"，最初还只是象征性的意义，分清了等级，并没有看重经济价值。但越往后发展，聘礼的要求也越来越高，经济利益的分量愈重，成为社会地位、财富权势的大比拼。王公贵族们"拼爹"，大彰其"礼"，大显其"能"，娶新弃旧，婚礼的成本越来越高，那意思是"我有房有车，想娶几个就娶几个"。穷人们无爹可拼，越来越难以娶到媳妇，就像竹林中的小伙，无房无车，只能眼睁睁看着心爱的人儿被豪车接走。

于是，民间歌谣遍传，而且得到社会各阶层的普遍追捧。从官方来说，他们所要推崇的就是这种严格的等级制度，所以并不认为这歌谣是对自己的讥讽，反而为这种富而且贵的新气象感到自豪骄傲，歌唱起来声音也格外洪亮。从百姓来讲，他们对这样的制度设计心怀不满，却又无可奈何，只能借歌谣发泄心中的情绪。但同时，他们又充满着对这种排场、气派生活的向往和期盼。唱起来不免愉悦与伤感并存。

所以，我以为这首诗实则糅合了赞美与讥讽、向往与无奈等各种复杂的社会心理。即便是作为婚礼颂词，它所反映的社会现实却是残酷的，相对于原始时期男女自由自在的婚恋生活，社会阶层固化、等级秩序建立起来后，婚礼制度严格地区分了社会等级、金钱地位等这些外在因素，使人们的追求逐渐异化，整个社会心理发生了复杂化、矛盾化的走向。

这种矛盾复杂的心态，今天仍然影响着人们的生活。看看今日之婚礼，"土豪""炫富"之风日盛，动辄豪车数十辆上百辆游街示众，还要故意放慢了速度在大街上排起长龙、制造拥堵，也不管新增了多少PM2.5。有人甚至动用直升机，有人上百个金镯子套在新娘脖子上，有人用扁担挑着人民币送"彩礼"……

回到前文所述的时下热词，所谓"万紫千红一片绿""一动一不动"，就是当下某些地方农村男孩娶媳妇的基本条件：一万张五元钞票（万紫）、一千张百元大钞（千红）、五十元的还要撒一片（一片绿），不仅如此，还要家里一台车（一动）、城里一套房（一不动）。如此下来，没有七八十万乃至上百万，莫想娶媳妇。对于一个靠打工为生的农村青年来说，这是何等沉重的负担？！以至于现在很多农村地区都流行着各种段子："生男一家愁，生女楼外楼"；"男孩是建设银行，女孩是招商银行"；"生男不如生女，生了一个儿子，决不能再生第二个"……如果说《鹊巢》有讽刺的深意，那么它讽刺的是谁呢？

10. 《采蘩》：远古的祭祀

于以采蘩，于沼于沚；
于以用之，公侯之事。
于以采蘩，于涧之中；
于以用之，公侯之宫。
被之僮僮，夙夜在公；
被之祁祁，薄言还归。

《采蘩》是一首关于祭祀的歌谣，这是为大多数研究者所认同的观点。《诗序》："采蘩，夫人不失职也。夫人可以奉祭祀，则不失职矣。"《毛传》："公侯夫人执蘩菜以助祭。"朱熹《诗集传》："南国被文王之化，诸侯夫人能尽诚敬以奉祭祀，而其家人叙其事以美之也。"在儒家经典作家的解读里，一脉相承，大同小异。

祭祀，在华夏文明大系中占据了极其重要的地位，从某种意义上甚至可以称其为华夏文明的集中表现，是文明的仪式化外现。早在古史传说的时期，祭祀的礼仪就已经在原始先民中盛行。人们由于对自然和宇宙的未知和迷茫而生敬畏，因敬畏而生神灵，由神灵而生信仰，有信仰而有祭仪。祭祀的对象是各种各样的神灵，最早的神灵有日神、月神，又扩大至火神、风神、雷神、河神等等，其后进一步演化，有龙、凤等诸样图腾象征；后又泛化为人鬼祖先。

黄帝之时，原始部落的宗教祭祀开始规范化、制度化，专司祭祀的巫师在部落治理中的地位也特殊化。在战胜其他部落建立联合政权之后，黄帝将各个部落的祭仪做了一次整合，归并各种自然的神力，统一而为天帝，并封禅于天，举行了盛大的祭天仪式。

近年来的考古发掘，证明了华夏祭仪的久远。我曾去过长江中游的石家河遗址。那里也有大量祭祀文化遗迹，人工堆筑的台基，边缘是瓮棺、扣碗、立缸等遗存，台基之间，数十个红陶缸首尾套接相连，排成颇为壮观的套缸遗存。这里也被认为是长江中游目前所见规模最大的史前祭祀场所。像这样存在于四五千年前的遗存，如满天星斗散布在华夏大地，表明了史前祭祀活动之兴盛，也显示出华夏文明之肇始。

远古时候的祭祀，最初是部落集体的活动，每个部落都有自己的祭仪，"神不歆非类，民不祀非族"。从部落向城邦乃至方国演进的过程中，祭祀活动越来越集中，规模也越来越大，形成了盛大的典礼。这大概是世界各地普遍的规律。

但在中国古代，祭祀活动后来又出现了不同于其他文明发展的动向：一个从规模化走向分散化、从集体走向家庭的反向演化过程。

商周以后，祭仪进一步规范化，形成祭天神、祭地祇、祭人鬼的祭祀体系。不仅天子有代表国家、象征权威的祭仪，公侯大夫有各自隆重的祭礼，而普通百姓也有自己庄重而神圣的祭祀。《礼记·礼运》："夫礼，必本于天，肴于地，列于鬼神"。《史记·礼书》："上事天，下事地，尊先祖而隆君师，是礼之三本也"。不过，礼教赋予了祭仪严格的等级，天子祭天地，诸侯大夫祭山川，士庶只能祭祖先和灶神。

反观远古时代的祭祀，本是族人们共同的事务，但到了祭祀分化分层之后，就变成了国事与家事交织的复杂形态。天子与诸侯，家国一体，既是国事，亦是家事。天子的祭祀，是举国之大事，天子自称天帝之子，代表天神掌管国事，天子祭天，是向天父述职，也是让万民知道，君权神授，天子之权乃天帝所授。当然，天子也要祭人鬼，就是已经离世的历代天子。公侯大夫的祭祀也往往以公事自居，祭山神河神地祇，以及他们的列祖列宗，无非也是为自己治下的平安，求富贵的长存，说到底也不过是贵胄们的家事而已。士庶百姓的家祭更为普遍，所祭者或为祖先，或为灶神，以求一家一户之平安为祈愿，自然更是家务事了。

胡适曾说：《诗经》并不是一部圣经，确实是一部古代歌谣的总集，可以做社会史的材料，可以做政治史的材料，可以做文化史的材料。万不可说它是一部神圣经典。"《诗经》虽不是"神圣经典"，但确确实实可以作为社会的史料，每一首歌谣都可以管窥两三千年前甚至更久远以前人们生活的侧面。这首《采蘩》映射出的是祭祀礼仪规范化、制度化之后，贵族人家的祭仪盛况。

蘩，一般认为就是白蒿，古代常用来祭祀。"何处可采蘩？沼泽与河畔。用到何处去？公侯家祭事。何处可采蘩？清涧溪流间。用到何处去？公侯宫中祭。"从这首诗的语气来看，是公侯之家的宫女仆妇们一边采蘩一边吟唱的歌谣，是一首劳动歌。宫女们三五成群，为迎接公侯家中隆重的祭祀活动，于山涧溪流之间、沼泽河渚之上，采摘白蘩。他们边采边唱，群歌互答，余音袅袅，既可让枯燥的劳作变得轻松舒缓，又可化解身体的劳累和心中的疲乏。

如果说前两章是一问一答的对唱，那么第三章就是姑娘们的合唱部分："首饰光又亮，日夜公事忙；首饰松又散，何时能归家？"齐声合唱具有很强的表现力，从一问一答的美好劳动场景极具跳跃性地转向了劳动者的思想活动。头上佩饰从"僮僮"到"祁祁"，内心感叹从"夙夜在公"到"薄言还归"，虽然十分简练，但宫女们那种身心俱疲、渴盼回家的心理跃然纸上，表现得淋漓尽致。

对此，顾随有非常精妙的注解："吾人读诗，要从声音中找出作者的意象来。'被之僮僮'，起来；'被之祁祁'，低落。倘寻其意象，则前如日之出海，后如日之落山。""一篇作品的内涵，就如河里的水一样……他的意象是水，他的文字是堤岸，水极力拍打堤岸，堤岸极力约束水，由此便生了'力'。"在他看来，此诗妙就妙在"僮僮""祁祁"二词，音韵之中泄露出极具张力的意象。

所以，与其说这是一首祭祀诗，不如说是一首劳动的歌谣。这种妇女们在山野之间采摘劳作的歌谣在《诗经》中有不少，正反映出那是一个采摘与农耕并重的时代。采蘩、采蘋、采葛、采苓、采荇菜、采苤苢……所采者众多，所用者也很广泛，或食，或医，或祭祀，俱是那个年代社会生活所必须。

在古代的祭仪之中，女性的地位却是很特殊的。至今在许多农村地区一家一户的祭祀中，我们仍可以看见女性忙碌的身影，她们为了家庭的"祭祖大典"，可以辛劳多日去筹办，还要在天不亮就起床，准备丰盛的菜肴作为祭品。但是，真正到了祭仪开始，她们却是不能靠近的，只能继续待在厨房里，等候男人们的拜礼结束。

也许在新中国成立以前，这种情形更为普遍，祭仪之中的禁忌也更加严格。就像鲁迅在《祝福》中描绘的那样："杀鸡，宰鹅，买猪肉，用心细细地洗，女人的臂膊都在水里浸得通红，有的还带着绞丝银镯子。煮熟之后，横七竖八地插些筷子在这类东西上，可就称为'福礼'了，五更天陈列起来，并且点上香烛，恭请福神们来享用，拜的却只限于男人，拜完自然仍然是放爆竹。"

平民的家祭，自然是由家人自己完成；贵族们的家祭，却往往要下人们来给他们劳作。这些劳作者多是穷人，宫人仆女。至于公侯大夫、王公贵胄们家里的夫人，能不能"奉祭祀"或者"助祭祀"，实不敢推想假断。即便她们能够主持宗庙祭祀，大概也不会直接去从事采摘洗煮的活儿，采蘩这样的事情多半还是由宫女仆妇们去完成，甚而至于由祥林嫂那样命运悲怆的妇人来完成。而这些妇人劳作之时，尚且快乐地问答歌唱，便是那个时候最生动的实景。

还有一种说法，以清方玉润《诗经原始》为代表，认为"采蘩"者，以生蚕也；公侯之"事"，乃是蚕事。"盖蚕事方兴之始，三宫夫人、世妇皆入于室，其仆妇众多，蚕妇尤盛，僮僮然朝夕往来以供蚕事，不辨其人，但见首饰之招摇往还而已。蚕事既卒而后，三宫夫人、世妇又皆各言还归，其仆妇众多，蚕妇亦盛，祁祁然舒容缓步，徐徐而归。亦不辨其人，但见首饰之簇拥如云而已。此蚕事始终景象如是。"

不论是采蘩养蚕，还是采蘩祭祀，都是劳动妇女在劳动中的对歌，劳动者既要在劳动中寻找到人生的乐趣，又要纾解身体与心灵的疲乏，这才是这首原始歌谣的"新闻现场"。

后　记

　　我做记者多年，一直热衷于长江报道，目击过"九八抗洪"带给两岸民众的强烈震撼，也见证了三峡工程带给长江沿线的历史巨变，倾听过库区移民的心声，也反映过洪泛区人民的愿望。特别是最近十年间，接触到长江流域精美绝伦的文物和丰富多彩的考古成果，更是令我对长江文化情有独钟。

　　2014年，为了调研长江经济带发展，我和同事在长江航务管理局、长江海事局支持下，上至四川宜宾，下到上海出海口，展开了一次行进式采访。2020年，得到长江水利委员会、长江科学院的支持，我又跟随江源科学考察队到了长江源头的冰川之下。实现走遍长江上中下游的平生所愿，让我对母亲河的博大、厚重有了更全面的认识，也让我对长江文明的传播与传承有了一份特别的责任。

　　近年来，中央提出"共抓大保护，不搞大开发""保护传承弘扬长江文化""延续历史文脉，坚定文化自信"等一系列新思想新理念，更是极大地激发了我对于长江文化、长江文明学习和研究的兴趣。采访专家学者，走访文化古迹和考古现场，阅读历史文献和研究资料，积累了一些关于长江文明的想法。

　　着手写一本关于长江文明的书，就是在不断学习积累过程中萌生的强烈冲动。由于研究历史文化并非我的专长，仅凭一腔热情和浓厚兴趣，内心很是忐忑，但是想法多了，就想把他表达出来、传播出去，给历史文化爱好者一点启发，也算是不辜负了自己的这份热爱。

作为新闻传播工作者，或许是受"本位主义"驱动，我在学习过程中有了这样一种想法：传播的需要是人类的一种本能；传播力是区别人与动物的标志之一；传播力的创造也是人类从野蛮步入文明的标志之一。今天的信息社会自不用说，信息和传播技术深刻改变着现代社会结构和人类文明形态。回溯到远古时候的原始人类，也是因传播技术的革命走上文明的轨道。

动物的传播只能在极小的群体里展开，并且只有十分短暂的记忆，而直立行走的人类一直在尝试扩大传播的范围、加快传播的速度，并将记忆长久保存，实现代际传播。语言的出现将人和动物区分开来。只有人类才能将一次事件或者一个想法编辑成一个故事，横向上口口相传，纵向上代代相叙，成为一种传说、一种思想、一种历史。他们将故事和想法转化为音乐、舞蹈，制作成骨笛，或者刻画在山洞里的石头上，让记忆长久留存。他们还将故事和想法简化为符号，刻在陶器、龟甲或者泥板上，后来就成了原始文字。文字的出现，使人类的传播变得持久、恒定、可追溯，故事、历史、思想都可以被固化、被书写，并不断积累，最终导致人类文明的大爆发。

所以我认为，文明的本质在于创造，而创造的冲动除了来自于生存与发展的本能，还源于传播的需要。中华文明的起源可以追溯到包括长江流域、黄河流域、淮河流域乃至更广阔空间里如满天星斗般的原始创造。在这个广阔空间里，原始先民们各自创造属于自己的原始文化，又在相互传播和影响中实现融合，形成多元一体的中华文明。

考古学家张光直说，中华文明之所以是一个连续的文明，与中华文明中重视"存有的连续性"是密切相关的。"存有的连续性"是什么？我想就是历史记录的连续性，思想传递的连续性，文化传承的连续性。吴军在畅销书《全球科技通史》中说，人类文明进步不仅取决于科技发明本身，还取决于对这些发明的传承和广泛传播，而无论是传承还是传播，都有赖于对科技成就的完整记录。记录和传播知识对文明的重要性可能不亚于创造知识本身。在中华文明的全部创造历史上，有一些被誉为是人类历史上最伟大的发明，比如纸张和印刷术，他们不仅关乎中华文明"存有的连续性"，而且是关系到人类文明"存有的连续性"的创造。

长江文明是中华文明最具创造力、传播力的组成部分之一。她不仅是文明曙光期满天星斗中最为璀璨的一条星河，也是中华文明绵延不断亘古不绝的活力源泉。近些年来跑考古工地、泡博物馆，那些历史新发现所展示的文明力量，每每令我震撼激动。我成长在长江边，生活在长江边，从小就对那烟波浩瀚的滚滚江流满腔激越，对那"大江东去，浪淘尽，千古风流人物"的历史文化充满遐想。这些都是驱使我努力写这样一本书的原动力。

多年的新闻传播工作让我养成了多听、多看、多想的职业习惯，更让我接触到那些思路开阔、思想活跃而潜心于历史文化研究的专家学者，他们让我得以触碰代表着文化文明本质的东西。几年前读到刘醒龙老师的《上上长江》一书，立即被其淡如水墨而浓如醇酒的散文笔触深深吸引，更为其厚积而薄发的历史文化积淀所陶醉。我在完成这本书稿的过程中，受到了《上上长江》很大影响。看过本书样稿，刘醒龙老师还给我以极大的鼓励。本书采写过程中，湖北省文物考古研究院院长方勤、武汉盘龙城博物院院长万琳、荆州文物保护中心主任方北松等许多文博专家给了我很多的帮助。方勤博士不仅多次接受采访，还给了这本书十分中肯的建议，并欣然为之写序。长江水利委员会钮新强院士、长江科学院谭德宝研究员等专家也为我完成这本书给予很大帮助。他们的鼓励和帮助令我特别感动与感激！

这本书的最初底稿是在《半月谈》《新华每日电讯》《瞭望新闻周刊》等陆续发表的一些文章。《半月谈》杂志总编辑叶俊东和编辑王秀珍、邓伽、王永霞等老师曾为我策划"重振长江文明带""中华文明的韧性"等专栏，并给我很多的启发和思路，让我屡次在几近放弃的时候又坚持下来。新华出版社匡乐成社长和唐波勇、蒋小云等编辑老师欣然接受我的拙作，给予精心编辑和设计，才有了这本书现在的模样。在我采写相关稿件和完成此书过程中，我的同事朱华颖、俞俭宝、喻珮、王贤、李思远、罗鑫、侯文坤等也给了大量的帮助和支持。在此向他们表示诚挚的感谢！

传播的冲动掩盖不了学识上的短板。作为一名新闻工作者，我有强烈的意愿去传播长江文明乃至中华文明那些古老的基因、内生的优势、持久的动力，但囿于能力有限和见识浅短，书中难免有这样或那样的错误，诚盼读者诸君给予批评指正。我将为长江文明、长江文化的传承与传播继续努力。

书中图片除注明来源外，均为作者本人拍摄。

2023 年 8 月

于东湖梨园